教育部人文社会科学研究专项任务项目
"高校思想政治理论课实践教学研究"（11JDSZK011）资助

安徽省高等教育振兴计划
"弘扬核心价值观名师工作室"项目"房玫工作室"（2014SZKMSGZS002）资助

安徽省质量工程教学研究重点项目
"思想政治理论课混合式教学的教学要素优化研究"（2016jyxm1140）资助

安徽省质量工程大规模在线开放课程（MOOC）示范项目
"'思想道德修养与法律基础'课"（2016mooc3380）资助

思想政治理论课

教学过程的优化

房玫 汤俪瑾 黄金满◎著

安徽师范大学出版社
·芜湖·

图书在版编目(CIP)数据

思想政治理论课教学过程的优化 / 房玫,汤俪瑾,黄金满著. — 芜湖:安徽师范大学出版社,2018.8

ISBN 978-7-5676-3694-1

Ⅰ.①思… Ⅱ.①房… ②汤… ③黄… Ⅲ.①高等学校－思想政治教育－教学研究－中国 Ⅳ.①G641

中国版本图书馆CIP数据核字(2018)第164800号

思想政治理论课教学过程的优化

房 玫　汤俪瑾　黄金满◎著

责任编辑:陈　艳　谢晓博　丁　翔
装帧设计:陈　爽
出版发行:安徽师范大学出版社
芜湖市九华南路189号安徽师范大学花津校区
网　　址:http://www.ahnupress.com/
发 行 部:0553-3883578　5910327　5910310(传真)
印　　刷:虎彩印艺股份有限公司
版　　次:2018年8月第1版
印　　次:2018年8月第1次印刷
规　　格:700 mm × 1000 mm　1/16
印　　张:16.25
字　　数:254千字
书　　号:ISBN 978-7-5676-3694-1
定　　价:48.00元

前　言

高校思想政治理论课是用马列主义、毛泽东思想、邓小平理论、“三个代表”重要思想、科学发展观和习近平新时代中国特色社会主义思想武装大学生，引导和帮助大学生树立正确的世界观、人生观、价值观的重要途径。在这个意义上，思想政治理论，被称为马克思主义理论；思想政治理论课教学，又可称为马克思主义理论课教学。

《思想政治理论课教学过程的优化》以中共中央、国务院、中央宣传部、教育部，尤其是以习近平总书记在全国高校思想政治工作会议上的重要讲话精神为指导思想，以贴近实际、贴近生活、贴近学生为基本原则，以实现思想政治理论课可亲可爱可敬可信为目的，着力从理论与实践相统一的高度，对“什么是思想政治理论课教学过程优化，怎样实现思想政治理论课教学过程的优化”进行了实践的总结和理性的思考。

本书遵循着从一般到个别再到一般的理路展开。

导论是引言，从正确认识思想政治理论课教学的真实意义出发，概要说明思想政治理论课教学过程优化的目的、前提、关键和保证。

第一章是对思想政治理论课教学过程的总体论述，揭示思想政治理论课教学过程及其优化的重要性。

第二章是对思想政治理论课教学过程优化的整体分析，集中说明思想政治理论课教学过程优化的复杂性。

第三章通过对实现思想政治理论课教学过程优化一般条件的阐述，分析思想政治理论课教学过程优化的可能性。

第四章至第七章，通过对思想政治理论课教学出发点、着力点、着重点和落脚点优化的具体分析和实际操作，简要说明思想政治理论课教学过程优化的可行性。

第八章是对思想政治理论课教学实效性的研究，明确提升实效性是思想政治理论课教学过程优化的目标。

第九章是对思想政治理论课教学评价的综合分析，表明仅仅从结果上评价教学实效性是不科学的，评价是一个系统工程。

第十章是对思想政治理论课教师教学素养的完善与提升的深层思考，论述教师教学素养是实现思想政治理论课教学过程优化的关键。

至此，“什么是思想政治理论课教学过程优化，怎样实现思想政治理论课教学过程的优化”清晰地展示出来。

目　录

导　论
让思想政治理论课可亲可爱可敬可信

高校思想政治理论课是培养德智体美全面发展的社会主义事业建设者和接班人的重要途径。然而，在现实生活中，相当一部分大学生却对思想政治理论课不感兴趣。在他们看来，思想政治理论是一种干巴巴的“高调”；思想政治理论课教师是在空洞洞地“唱高调”，既不可亲，又不可爱，还不可敬，更不可信。而要转变大学生对思想政治理论课的态度，关键在于充分展示思想政治理论课的可亲可爱可敬可信。要展示思想政治理论课的可亲可爱可敬可信，必须实现教学的可亲可爱可敬可信；而实现教学的可亲可爱可敬可信，根本的在于教师的可亲可爱可敬可信。教师的可亲可爱可敬可信，从认识的角度看，是教师对思想政治理论课教学真实意义的认同和接受。

一、正确认识思想政治理论课教学的真实意义

在表层上，思想政治理论课教学的重要性似乎人人都知晓。然而，在实质上，却存在着许多歧义，甚至是误区。把思想政治理论课当作单纯的文化课，或是等同于日常性的思想政治教育课，这是思想政治理论课教学的效果不甚理想的认识根源。因此，正本清源，揭示思想政治理

论课教学的真实意义就显得尤为重要。

（一）世界观意义上的定位：思想政治理论课教学是一种高层次的信仰教育

引导和帮助大学生树立马克思主义信仰，确立正确的世界观、人生观和价值观，促进其德智体美的全面发展，是思想政治理论课教学的根本目标。

第一，信仰及其层次。在马克思主义哲学的视野中，世界观、人生观和价值观是不可分割的统一整体，而信仰是这个统一整体的核心或灵魂。信仰是对某种现象、制度、原则、思想等的极度信服和尊重，并以之为行动的准则。信仰的本质是一种自我感觉和自我意识，是现实的人对自己所处的价值关系的感觉和意识，它不是对当下现实的消极被动的反映，而是力求改变现实的一种超前的反映，因而，信仰蕴涵着对未来的寄托、憧憬和向往。

信仰有高低层次之分。在日常生活中以经验为基础自发形成的信仰是低层次的，而高层次的信仰不仅是以知识为基础，通过价值判断做出的一种理性的抉择，而且已经内化为一种稳定的情感意志状态，表现为对一定思想原则、理想信念和社会制度等不可动摇的心理定势。因此，信仰是一种情感、一种立场、一种价值关心、一种人生追求目标。在这个意义上，信仰不仅是人的政治灵魂，而且是人经受挫折和磨难的精神支柱。信仰一经形成，就从根本上制约着个人的知、情、意、行，支配着个人对整个世界的根本观点、人生追求和现实生活的价值选择。正如W.海森伯说的那样，“我们的主要动力是而且也一直是信仰。……如果说我有信仰，就是说我业已决定去做某事，并甘愿为此而献出自己的一生”①。

在性质上，信仰有先进与落后之分。先进的信仰，可使人胸怀广阔、志向远大、意志坚韧，成功时不骄不躁，受挫时毫不气馁；落后的信仰，却使人心胸狭窄、鼠目寸光、意志薄弱、萎靡不前。信仰坚定，

---

① [德]W.海森伯著，吴忠译：《物理学家的自然观》，北京：商务印书馆1990年版，第35–36页。

可使人贫贱不能移、富贵不能淫、威武不能屈，即使身陷绝境，仍然不改其志；信仰动摇、倾倒或丧失，都将导致整个精神世界的动摇或坍塌。所以，信仰是一个人不可缺少的精神上的“钙”。

第二，马克思主义信仰及其表现。信仰是以经验或知识为基础的。当然，经验或知识有着科学和非科学之分。与崇拜“天启”权威的信仰根本不同，与把权力或金钱视作人生最高追求的信仰完全相佐，马克思主义信仰是唯一建立在科学知识基础上的信仰。马克思主义不仅是在对自然知识、社会知识和思维知识的概括中揭示了世界的普遍本质和发展的一般规律，而且更重要的是揭示了“两个必然”，论证了共产主义是人类历史发展的大趋势。对马克思主义的信仰，归根到底就是站在彻底唯物主义立场上，确信马克思主义是真理，确立社会主义必然代替资本主义、共产主义必然实现的坚定信念。

在民主革命时期，对马克思主义的信仰表现在对中国共产党的忠诚，积极投身于推翻“三座大山”的革命洪流之中。在新中国成立初期，拥护中国共产党的领导和走社会主义道路就表现为对马克思主义的信仰。在决胜全面建成小康社会、进而全面建设社会主义现代化强国的新时代，对马克思主义的信仰就表现为坚信中国特色社会主义道路是实现社会主义现代化、创造人民美好生活的必由之路，坚信中国特色社会主义理论体系是指导中国共产党和中国人民实现中华民族伟大复兴的正确理论，坚信中国特色社会主义制度是当代中国发展进步的根本制度保障，坚信中国特色社会主义文化是激励全党全国各族人民奋勇前进的强大精神力量，自觉投身到建设和发展中国特色社会主义的伟大实践之中。正如邓小平所说的，“对马克思主义的信仰，是中国革命胜利的一种精神动力”①。我们学习思想政治理论，最根本的就是树立马克思主义的信仰。马克思主义自身蕴含着的科学精神、批判精神、超越精神和创造精神，也能够升华思想境界，提升道德情操，校正价值标准和行为规范，帮助我们树立科学信仰。

第三，思想政治理论课教学是高层次的信仰教育。信仰来自后天的

①《邓小平文选》第3卷，北京：人民出版社1993年版，第63页。

教育。在我国，马克思主义信仰教育从初级到高级依次包括互相渗透着的三个层次，即环境熏陶、社会倡导和理论灌输。思想政治理论课教学属于高层次的信仰教育。思想政治理论课所涵盖的“马克思主义基本原理概论”课、“毛泽东思想和中国特色社会主义理论体系概论”课、“中国近现代史纲要”课、“思想道德修养与法律基础”课以及“形势与政策”课，都是通过系统的而不是零散的、深刻的而不是肤浅的、递进有序的而不是杂乱无章的、自觉的而不是自发的理论教学，有效地把马列主义、毛泽东思想、邓小平理论、“三个代表”重要思想、科学发展观和习近平新时代中国特色社会主义思想“灌输”给大学生，使之在大学生心中扎下根子，让为建设和发展中国特色社会主义而奋斗的信念在大学生心中扎下根子。没有这种教学或这种教学缺乏成效，都无法引导和帮助大学生树立起马克思主义信仰。没有马克思主义信仰，就根本不可能正确地运用马克思主义的立场、观点和方法去认识、分析和解决现实问题，作出正确的人生追求和价值取向，就无力抵制错误思潮和腐朽思想的侵蚀，也就根本不可能成为德智体美全面发展的社会主义建设者和接班人。

无论是从性质上还是从功能上看，思想政治理论课教学都不是可有可无的，而是净化、塑造、提升精神世界的思想教育；不是培养哲学社会科学学者的专业教育，而是高层次的信仰教育；不是单纯的知识传授，而是知识传授和思想教育双向结合、共同提高的教育。只有对大学生进行扎扎实实的信仰教育，才能实现思想政治理论课教学的社会功能。

（二）方法论意义上的定位：思想政治理论课教学是培养和提高大学生主体能力的教育

相对于思想政治理论课教学而言，大学生的主体能力，即大学生能主动地顺应思想政治理论对自己实际发展的推动作用，从而使自身得以不断完善和发展的能力。大学生的主体能力主要包括判断能力、选择能力和践履能力。

第一，培养和提高大学生主体能力的必要性。从主观上看，大学生是国家的未来、民族的希望，是实现中华民族伟大复兴源源不断的生力军和中坚力量。全面建成小康社会，实现第一个百年奋斗目标，开启全面建设社会主义现代化国家新征程，向第二个百年奋斗目标进军，终将在一代代青年（大学生）的接力奋斗中变为现实。从客观上看，“国内外形势正在发生深刻复杂变化”[①]。深刻复杂变化不仅给大学生的思想和心理带来了空前的活力，同时还冲击着大学生既有的价值观念、人生态度和行为习惯，大学生不得不在互相震荡的多元文化和多元价值观中进行价值观的判断和选择。大学生的一个突出特点就是，既有着生活热情，又缺乏判断能力；既有着向善的道德意识，又往往与道德行为脱节。因而，提高大学生的判断能力、选择并择善而从的能力及其践履能力就成了思想政治理论课教学的落脚点。这就需要把缜密的理论灌输与生动的社会实践活动有机地结合起来，帮助大学生从内心深处相信并接纳马列主义、毛泽东思想、邓小平理论、“三个代表”重要思想、科学发展观和习近平新时代中国特色社会主义思想，实现从感性认识到理性认识、从认知到认同、从认同到信仰、从信仰到行动的飞跃。

第二，马克思主义的方法论功能。马克思主义作为科学的世界观和方法论，它的最根本的功能就是校正、完善、提升人的精神世界，优化和拓展人的主体能力。主要表现在：

一是对思维方向的定向作用。认识世界的真正任务，就是探索未知的人与世界的关系，揭示其内在奥秘，以获得真理性认识。在对未知世界的探索中，如何避免陷入歧途，沿着正确的方向前进，这始终是认识获得成功的一个至关重要的问题。恩格斯指出，不管人们采取什么态度，“他们还是得受哲学的支配。问题只在于：他们是愿意受某种蹩脚的时髦哲学的支配，还是愿意受建立在通晓思维历史及其成就的基础上的理论思维形式的支配”[②]。马克思主义是建立在通晓思维的历史及其成就的基础上的理论思维，它不仅能够为人确立正确的、可行的认识目标和主攻方向提供整体的宏观思路，而且能对以往实践活动和认识活动中的经验教训进行自我审视和批判，提供进一步修正、补充和完善当下的认

① 习近平：《决胜全面建成小康社会 夺取新时代中国特色社会主义伟大胜利——在中国共产党第十九次全国代表大会上的报告》，北京：人民出版社2017年版，第2页。

②《马克思恩格斯文集》第9卷，北京：人民出版社2009年版，第460页。

识目标，预测未来的认识蓝图的一般理论前提和理论支持，以保证人的认识和实践活动朝着正确的方向，逐步实现由必然王国到自由王国的飞跃。

二是对思维方法的启迪作用。现实的人从来就是按照既定的思维方法认识和处理人与世界关系的。思维方法，往往具有相对稳定性。这种相对稳定性又往往变成惰性，造成某种思维定势，从而扼杀思维的创造性。马克思主义是批判的开放的科学方法论，它是在有限中追求无限的。这就决定了它能够突破既定思维方法的局限性，创建合理的科学的思维方法群。它渗透在人的认识和实践活动中，催发人改造、优化和重建自己的思维方法，强化自己认识和改造世界的功能特征，提高自己改变和创造理想世界的主体性效益。因此，掌握马克思主义方法论，是提高人的思维水平，完善人的思维方法的根本途径。

三是对价值观念的引导作用。价值关系是形成任何一种现实的人与世界关系的前提。人们认识世界和改造世界总会抱有一定的目的，而人的目的总要受一定价值观念的支配与制约。按照唯物史观关于社会存在决定社会意识的原理，人们不可能任意选择和实现自己的利益，从而也不可能任意选择和实现自己的价值要求。这就需要马克思主义给予科学价值观的引导——针对客观世界以及人本身的存在和发展作出正确的价值判断和选择，正确处理个人价值和社会价值、现实价值和历史价值的关系，科学地选择判断真、善、美的价值尺度等，从而正确地确定自己同外部世界的观念和实践的关系及其实践目标，保持崇高的精神境界、审美境界和科学的实践态度，既满怀信心，又百折不挠地实现基于科学的价值取向形成的实践目标。

第三，马克思主义方法论支配着大学生的思考轨迹。思维方向的定向功能、思维方法的启迪功能和价值观念的引导功能，构成了马克思主义的方法论功能系统。价值观念的引导是前提功能，人们只有正确地确定某一特定的价值关系，才能形成具体的人与世界的实践关系，而且正确的价值观念还经常、最终制约着人与世界现实关系的全过程。思维方向的定向是基础功能，它是认识和改造世界的出发点和立足点，并在最根本的意义上制约着人们的实践和认识的科学性。思维方法的启迪是重要功能，在科学的价值观和思维方向既定的条件下，它直接规定着认识和改造世界的成败、效率和速度。这三者的相互作用建构了最一般的科学思维，通过潜意识、下意识和自觉的理性三种形态，因人而异地渗透在人的头脑中，支配着人的思考向往的一切方面和一切过程。因此，思想政治理论课教学的根本意义也正是在于促使大学生自觉地理性地接受马克思主义理论思维，提高和发展自己的主体能力。

（三）教学实施意义上的定位：准确理解和自觉接受是思想政治理论课教学的着力点

马克思主义信仰不仅仅是朴素的感情，更不是盲目崇拜，而是建立在准确理解和自觉接受的基础之上。

第一，准确理解马克思主义是形成马克思主义信仰的前提。在哲学意义上，理解是人应用已有知识揭示认识对象之间的种种联系，认识其本质和规律的思维过程。理解依托于感觉，又高于感觉。因为“感觉到了的东西，我们不能立刻理解它，只有理解了的东西才能更深刻地感觉它”[①]。理解，又是一个情感嬗变的过程。一个人对认识对象的认识及程度，首要在于对认知对象的主观态度。只有当人在认知对象中觉察到了自己所具有的认知目的、认识情趣和认知理想时，才能产生积极的理解。因此，理解是人的心理因素和思维因素和谐统一的活动。这种活动突出表现为情理结合，即“理在情中，理以导情”。相对于思想政治理论课教学而言，理解就是激发大学生的学习兴趣，端正其学习态度，引导他们真正领悟思想政治理论的精神实质，认同思想政治理论的过程。这既是一个情感转变，又是一个理性认定的过程。

“当代大学生是可爱、可信、可贵、可为的。”[②]这就是说，大学生思想状况的主流是健康向上的。他们关心国家的前途和民族的命运，渴望用科学理论武装头脑，指导行动，以便更好地为国家和人民作贡献，实现自己的人生价值。然而，我们也不能不看到，尽管马克思主义的立

①《毛泽东选集》第1卷，北京：人民出版社1991年版，第286页。

② 习近平：《青年要自觉践行社会主义核心价值观——在北京大学师生座谈会上的讲话》，北京：人民出版社2014年版，第2页。

场、观点、方法在大学生中仍有相当的魅力，但确实不同程度地存在着马克思主义信仰迷茫、理想信念模糊、价值取向扭曲等问题①。从认识根源来看，这是由于大学生对马列主义、毛泽东思想和中国特色社会主义理论体系缺少整体把握和系统学习，普遍缺乏马克思主义理论修养，理性思维能力不高所致。对于马克思主义理论，不少大学生只是为了应付考试，死记硬背了一些概念和观点，而没有真正学懂。他们求知欲旺盛，思路新颖，但由于理论修养较差，缺乏鉴别力，往往容易把错误的东西当作新事物来接受；他们思想活跃，有政治热情，但由于不善于思考，缺乏敏锐性，往往容易被一些表面现象所迷惑，有的还会被某种流行看法所左右；他们要求独立思考，不愿盲从，但由于方法简单，思想偏激，易于以偏概全，往往会形成一些片面的认识；他们下意识地把马克思主义的真理性同有用性的实现简单对应起来，把马克思主义的有用性与实现效用的长期性和潜移默化性绝对对立起来，久而久之，就积淀成误解和偏见。在他们看来，教材上写的、老师讲的，都同现实反差太大，马克思主义是一种空远的高调，没有实用价值。因而，他们怀疑、有的甚至诘难马克思主义。显然，把马克思主义的信仰建立在坚实的基础上，需要思想政治理论课教学在准确理解上下功夫。

准确理解马克思主义，就是引导大学生按照马克思主义的本来面目认识马克思主义。为此，必须解决以下几个思想障碍：一是马克思主义是不是真理？如果是，为什么到现在还是社会主义不强、资本主义不亡？二是中国特色搞的是不是社会主义？如果是，为什么与马克思恩格斯讲的不一样，却与当代资本主义有相似之处？三是马克思主义有没有用？如果有用，为什么许多现实问题解决不了？四是马克思主义为什么永葆青春活力？等等。

在解决思想障碍时，要使大学生懂得马克思主义有广义和狭义之分。狭义的马克思主义是马克思恩格斯创立的基本理论、基本观点和学说的体系；广义的马克思主义是由马克思恩格斯创立，马克思主义者继

① 根据我们对本校部分本科生的问卷调查看，信仰马克思主义、毛泽东思想和中国特色社会主义理论体系的约占26%，没有信仰或不知道何为信仰的约占47%，信仰金钱的约占10%，其余的是信仰科学、宗教、亲情、自己、爱情等。

承和发展的基本理论、基本观点和基本方法的体系。我们不能用静止的眼光看待马克思主义，马克思主义是科学，它始终严格地坚持以客观事实为根据，随着社会实践的发展而发展；马克思主义是有用的，但它仅仅是观察、分析和解决问题的根本方法，而不是永恒不变的、包医百病的灵丹妙药，没有“立竿见影”的效用。

第二，自觉接受马克思主义是确立信仰的关键。对于一种理论，由正确理解到确立信仰是一个内化过程，其中自觉接受是不可少的一环。因为，接受是一种理论向接受者深层心理和认知结构的内化。内化是个体在自身认知的调控下，从内心深处相信并自愿接纳某种观点或某种理论体系，从而形成某种态度或从一种态度转变为另一种态度，具有自觉性。就思想政治理论课教学而言，其过程就是思想政治理论课教师向大学生灌输思想政治理论，校正、改变其对马克思主义原先的态度，促成马克思主义信仰过程的确立。马克思主义理论如果不被接受，就无法浸入头脑中，形成情感，铸成信仰。显然，能否自觉接受马克思主义是确立信仰的关键。然而，大学生是以自己原有的世界观、价值观、认知结构以及知识背景为基础，对新的信息进行选择取舍、同化顺应、重构和建构的。不同的世界观和价值观，不同的知识背景，对同一部著作、同一思想、同一命题，会有不同的评价。大学生的这种主体性特征，决定了思想政治理论课教学不能仅仅看到教学内容的更新和体系的完整，更要重视大学生思想实际、心理状态和思维特征。

第三，贴近大学生的思想实际是引导和帮助其确立信仰的基本路径。在校大学生已初步形成了相对稳定的知识结构、一定水平的理性思维和审美情趣。他们不满意甲乙丙丁式的照本宣科；不满意只在经典作家的语录里打圈子，在空泛的概念上做文章的纯学术考究；不满意讲故事式的肤浅生动；不满意开玩笑式的低级趣味；不满意不负责任地借题发挥；不满意蜻蜓点水式地联系实际，而要求理与情、情与理的和谐统一。这就需要思想政治理论课教学贴近实际、贴近生活，尤其是贴近大学生的思想实际，按照传播知识——激发情感——形成意志——确立信仰——指导行动的教育规律，以我国改革开放和现代化建设的实际问题，以我们正在做的事情为中心，着眼于对实际问题的理论思考，着眼于新的实践和新的发展，把马克思主义同生动发展的现实生活联系起来，晓之以理，动之以情，导之以行，从而引导大学生心悦诚服地接受思想政治理论。

二、用"四真"精神展示思想政治理论课教师的可亲可爱可敬可信

在现实生活中经常会有大学生问：老师在课堂上所讲的理论和观点，自己信不信、喜欢不喜欢？问题虽然提得很尖锐，但确实很真诚。这说明，教师本人对马克思主义的真实情感与坚定信念对于大学生形成正确的认识尤为重要。

（一）用"四真"精神感染大学生

"感染"，在病理学上，指病原体侵入机体，在机体内生长繁殖引起病变[①]。在社会领域，"感染"主要是精神的或情感的感染，指通过语言或行为影响和引起他人与自己相同思想或感情的过程。"情感感染在形成人的全部品质中起着特别重大的作用。对世界观真理、观念、原则和规律性所表现的情感上的敏感，形象地说，就像一点星火，从这星星之火里迸发出坚强的信念、原则性和人们对自己信念的忠诚。"[②]用"四真"精神感染大学生，就是教师用自己对马克思主义的真懂、真信、真爱、真做感染大学生。

第一，"真懂"是保持理论上的清醒与坚定的基本前提。"真懂"就是思想政治理论课教师在认真研读马克思主义经典著作，特别是中国特色社会主义理论体系的基础上，真正懂得马克思主义最鲜明的政治立场是致力于实现最广大人民的根本利益，最崇高的社会理想是实现物质财富极大丰富、人们精神境界极大提高、每个人自由而全面发展的共产主义社会，最重要的理论品质是与时俱进，最根本的世界观和方法论是辩

---

① 中国社会科学院语言研究所词典编辑室编：《现代汉语词典》，北京：商务印书馆2013年版，第424页。

② [苏]B.A.苏霍姆林斯基著，黄之瑞等译：《公民的诞生》，北京：教育科学出版社2013年版，第313页。

证唯物主义和历史唯物主义；懂得学习马克思主义的目的不是孤赏、卖弄、把玩，而是坚定正确的理想信念，提高辩证思维能力和政治鉴别能力，自觉划清马克思主义同反马克思主义和非马克思主义的界限，中国特色社会主义先进文化同封建主义、资本主义腐朽落后文化的界限，始终保持理论上的清醒与坚定。

第二，"真信"是保持政治上的清醒与坚定的思想基础。"真信"，就是思想政治理论课教师真正信仰马克思主义，坚信中国特色社会主义是当代中国发展进步的根本方向，是实现"两个一百年"奋斗目标，实现中华民族伟大复兴的中国梦的必由之路，无论何时何地都不动摇。同时，自觉划清社会主义基本经济制度同私有化和单一公有制的界限、中国特色社会主义民主同西方资本主义民主的界限，增强道路自信、理论自信、制度自信、文化自信，"千磨万击还坚劲，任尔东西南北风"，始终保持政治上的清醒与坚定。

第三，"真爱"是保持情感上的清醒与坚定的心理支撑。"真爱"，就是思想政治理论课教师忠诚和喜爱思想政治理论课教学，用爱托起和提升责任，执着于教书和育人的统一，言传和身教的统一，以德立身、以德立学、以德施教。"当老师，就要心无旁骛，甘守三尺讲台"①，用一辈子备一堂课、用一辈子在三尺讲台默默奉献。"衣带渐宽终不悔，为伊消得人憔悴"，始终保持情感上的清醒与坚定。

第四，"真做"是保持行为上的清醒与坚定的实践动力。"真做"，就是思想政治理论课教师能够学会用马克思主义者的眼光看待世界和看待人，坚持运用马克思主义立场、观点、方法来考察和分析世情、国情、民情和学情，解答理论的和现实的问题；弘扬主旋律，传播正能量，不搞台上讲大道理，台下传小道消息；"坚守'三严三实'，拧紧世界观、人生观、价值观这个'总开关'"②，认认真真地做人、踏踏实实地做事，始终保持行为上的清醒与坚定。

总之，只要思想政治理论课教师实现了理论上、政治上、情感上和行为上的清醒与坚定的高度一致，就一定能感染大学生。

① 习近平：《在知识分子、劳动模范、青年代表座谈会上的讲话》，《人民日报》，2016年4月30日。
② 习近平：《在庆祝中国共产党成立95周年大会上的讲话》，《人民日报》，2016年7月2日。

（二）用“三重关系”影响大学生

正确处理师生之间的关系是教师“四真”的具体体现。作为思想政治理论课教师，不仅要讲好课，而且还要关爱大学生，帮助他们健康成长。

第一，“三重关系”的解说。“三重关系”，在这里专指思想政治理论课教师与大学生之间的关系。教师与大学生不仅仅是师生关系，更重要的是朋友关系、亲情关系。作为老师，就是在准确讲授思想政治理论的同时，传播马克思主义的理想信念；作为朋友，就是互相学习，教学相长；作为亲人，就是指导和帮助大学生养成良好的生活习惯和健康的生活方式。

第二，确立“三重关系”的实质。前苏联教育家马卡连柯说过，爱是教育的基础，没有爱，就没有教育。这就是说，教师要以爱护大学生、理解大学生、宽容大学生、尊重大学生，促进大学生的全面发展为己任。在这个意义上，思想政治理论课教学不是冷冰冰的说教，而是一种育心、育德、育人的过程。

大学生处于成长中的青春期，在思想、情感和心理走向成熟的过程中会出现许多思想问题、情感困惑和心理矛盾，处理不好，往往会产生思想偏移、情感扭曲和心理疾病，给学习、生活、身心造成极大危害。因此，帮助他们解决思想的、情感的、心理的问题和思想的、情感的、心理的矛盾，增强身心承受力，维护和促进身心健康也是教书育人的应有之义。

第三，处理“三重关系”的情感路径。正确处理“三重关系”，要致力于“教师和学生的相互关心与相互信任相结合”①。努力做到放低姿态，走近大学生；摆正主体，尊重大学生；贴近心灵，呵护大学生。这样，学生就不会把老师单纯地看成严厉的监督者，也不会把分数当成一种棍棒。为此，教师须付出“真诚、真心、真情”。“真诚”，即坦诚交流，解除大学生与老师之间的隔膜感，用自己乐观、豁达、开朗的生活

① [苏]B.A.苏霍姆林斯基著，杜殿坤编译：《给教师的建议》，北京：教育科学出版社2015年版，第2页。

态度感染大学生；“真心”，即无论在何时何地，耐心听大学生的各种各样（电话、写信、对话）的表述，有的甚至是哭诉，做大学生心理、情感、思想的宣泄场，化解大学生的心理之结、消除思想困惑，留心个性心理特征，注意心理倾向，以便因势利导；“真情”，即中肯指点，不做居高临下的导师，不表“你必须这么做”“你应该这么做”之态，而是用“建议”“想法”来引导大学生独立思考。这样，学生就不会把老师看成高高在上的教书先生，近而疏之，敬而远之。开课之前，首先找相关院系辅导员了解大学生的整体情况，特别是了解思想活跃或思想沉闷的大学生的情况，做到心中有数。上课后，利用课堂调查问卷了解大学生，利用课余时间与大学生谈谈、叙叙、侃侃，并用心记住一些大学生的名字，以此来消除陌生感。这样，大学生会主动找老师谈心——谈国事、谈家事、谈个事，谈苦恼、谈快乐、谈困惑、谈学习、谈就业、谈人生。

（三）用真实可信的理论态度激发大学生

思想政治理论课教学是解决大学生对思想政治理论由知到信再到行的转化问题的。用真实可信的理论态度激发大学生，就是把对马克思主义的信仰、对中国特色社会主义的信念、对改革开放和现代化建设的信心、对中国共产党和人民政府的信任，理性地充满感情地表达出来。

第一，用真实可信的理论态度激发大学生，首要的是在教学中实现“三个转变”。陈先达先生说得好：“我们是传‘道’者，我们为学生的人生保驾护航。”[①]因此，思想政治理论课与专业课在直接的意义上，是“育人”与“教书”的关系，是“道”与“术”的关系，是转变态度与传授知识的关系。所以，思想政治理论课不仅仅是单纯的知识传授，还需要走进学生的心灵，提升他们的精神境界。这就必须实现“三个转变”，即把文字语言转变为口头语言，用科学的方法吸引学生；把教材体系转变为教学体系，用真理的力量说服学生；把理论讲授转变为信仰传播，用健康的情感引领学生。

第二，用真实可信的理论态度激发大学生，还要在教学中实现理性

① 姚晓丹:《用情讲授思政课》,《光明日报》,2017年9月10日。

表达与情感抒发的统一。理性表达和情感抒发是互相依存和互相作用的。理性表达，就是使用概念、判断、推理等逻辑思维方法，准确表达思想观点或意愿态度，做到言之有理、言之可信。情感抒发，就是用真情实感表达思想观点或意愿态度，做到言之有趣、言之有望。没有情感的理性表达往往是呆板的，甚至是冷冰冰的，而没有理性的情感抒发往往是空泛的，甚至是肤浅的。理性表达和情感抒发是相辅相成，缺一不可的。

第三，用真实可信的理论态度激发大学生，还要实现情感影响和道德影响的统一。把知识反映到情感上，这是知识转化为信念的重要条件，也是形成坚强的信念和世界观的条件①。这就是说，教学不是毫无热情地把知识从一个头脑装进另一个头脑，而是师生之间每时每刻都在进行的心灵的接触和碰撞。在现实的思想政治理论课教学过程中，教师对祖国的热爱、对人民的热爱、对中国共产党的热爱、对马克思主义理论的热爱、对生活的热爱，是通过个人的情感状态展现出来的。教师的情感状态就像一点星火，从这星星之火里能够迸发出责任感和使命感以及对责任感和使命感的忠诚与努力，这就需要把情感影响和道德影响统一起来，潜移默化地感染大学生，使他们真正懂得并实践“什么可以做，什么不可以做，什么应当做”。

三、优化教学过程，实现思想政治理论课的可亲可爱可敬可信

任何学科的教学都是一个过程。从主体的角度看，教学过程是由教学的出发点、着力点、着重点和落脚点等要件构成。相对于思想政治理论课而言，展示思想政治理论课的可亲可爱可敬可信，必须实现教学过程即教学的出发点、着力点、着重点和落脚点的优化。

（一）准确把握大学生期盼视野是实现教学过程优化的基本

① [苏]B.A.苏霍姆林斯基著，黄之瑞等译：《公民的诞生》，北京：教育科学出版社2013年版，第311页。

前提

把握大学生期盼视野，必须首先搞清什么是期盼视野，什么是大学生期盼视野，如何把握大学生期盼视野。

第一，期盼视野的界定。所谓期盼视野，指的是个人对于特定信息认可、接纳和向往的幅度。一般来说，期盼视野由个人既有的生活态度、接受能力及发展需求，即由个人的价值观所决定。根据马克思主义哲学原理，有什么样的生活状况就会有什么样的价值观。例如，老年人的生活态度、接受能力、发展需求即价值观更多地受过去的生活状况和社会环境影响，他们的价值观往往指向过去，期盼视野相对狭窄或滞后。而年轻人的价值观则更多地受当前的社会状况和社会环境影响，他们的价值观更多的是指向未来，期盼视野相对开阔或超前。

第二，把握大学生期盼视野的意义。大学生期盼视野，相对于思想政治理论课教学而言，指的是大学生个体对于思想政治理论的信息认可、接纳和向往的程度。大学生是思想政治理论课教学的具体接受者，提高他们的思想政治素质，即思想水平、政治觉悟、道德品质和文化素养，是思想政治理论课教学的根本任务。但这种教学必须建立在大学生追求真、善、美，期盼尊重、理解、信任的心理和情感需求的基础之上。因此，对大学生进行认真细致的研究，摸清其思想脉络和心理特征、生活实际和精神需求、思想困惑和人生追求，即摸清大学生既有的不成熟的价值观，既是实施思想政治理论课教学的前提和基础，更是决定其成功的关键。

第三，从大学生的“所讲”“所思”“所需”“所行”中把握其期盼视野。大学生期盼视野，是通过他们的“所讲”“所思”“所需”“所行”表达出来的。“所讲”“所思”“所需”“所行”体现了大学生的思想脉络和心理特征、生活实际和精神需求、思想困惑和人生追求。这就需要遵循以人为本的原则，通过课堂问卷、专访、师生对话等形式调查研究，深入体察学生的精神世界和日常行为，了解他们正在“想些什么、做些什么，为什么这样想、这样做”。还需要正确处理普遍性和特殊性的关系，既认真把握大学生中带有共性的思想和情绪，又要分析少数大学生中暴露出来的具体问题，选好普遍教育与个别教育相结合的坐标点，科学地设计教案、精心组织教学。

（二）教学内容的科学性是实现教学过程优化的关键

教学内容的科学性是思想政治理论课教学必须解决好的重要课题。因为教学内容直接关系到马克思主义理论的说服力和可信度，影响到教育目标的实现。教学内容的科学性主要包括三个方面：

第一，讲授的内容要新。就是说，内容要有时代气息，依据变化着的新情况对马克思主义的基本原理作出新的有说服力的论证，言之有理。这就需要下功夫讲清马克思主义的本质和功能，让大学生真正懂得马列主义、毛泽东思想、邓小平理论、“三个代表”重要思想、科学发展观和习近平新时代中国特色社会主义思想是科学理论；马克思主义是有用的，但它仅仅是观察、思考和解决问题的根本方法，而不是包医百病的“莫里逊药丹”，没有“立竿见影”的效用。

第二，讲授的内容要实。当今大学生思维方式的一个突出变化就是更重视直观，注重事实，不相信大话、假话、空话、套话。他们相信真理，但更相信亲眼所见和亲身体验，这就需要对现实问题进行理性分析，做出科学的、正确的、合理的解释，切勿做无的放矢的空谈，讲授时用真实可信的语言来表达。一方面，讲授的基本原理、基本命题、基本概念，以及与它们相关的材料都应是真实的，而不是随手拈来的，更不是主观任意的，这是提高可信度的基础。另一方面，讲授时要以基本事实为依据，不能讲哗众取宠的大话、违背事实的假话、不着边际的空话、低级趣味的笑话。对于大学生关心的实际生活问题、社会热点问题和方针政策问题，要实事求是地讲，引导大学生辩证思考。因为，唯有真实，才能使大学生相信并践行。最为关键的是要提高实践教学的效果，让学生在亲力亲为中领悟马克思主义的精神实质。

第三，讲授的内容要精。大学生对现实世界充满好奇心与求知欲，他们关注社会问题，又对一些现象有疑惑或困惑。这就需要选择好教学重点，把马列主义、毛泽东思想、邓小平理论、“三个代表”重要思想、科学发展观和习近平新时代中国特色社会主义思想的基本原理教给他们。选择好理论难点，使他们真正地理解而不是误解或扭曲马列主义、毛泽东思想、邓小平理论、“三个代表”重要思想、科学发展观和习近平新时代中国特色社会主义思想；选择好社会热点，让他们学会用马克思主义的观点去分析现实社会和自身生活的实际；选择好思想疑点，解开问题“结”，使他们从内心深处相信并接纳马列主义、毛泽东思想、邓小平理论、“三个代表”重要思想、科学发展观和习近平新时代中国特色社会主义思想，实现从感性认识到理性认识，从认知到认同，从认同到信仰，从信仰到行动的飞跃。

（三）改进和创新教学方法是实现教学过程优化的保证

实现思想政治理论课教学内容的入门入耳入脑入行，一个重要的工作就是改进和创新教学方法。

第一，方法的改进和创新必须紧紧抓住大学生关心的根本问题。大学学习阶段是大学生成长的重要时期，是世界观、人生观、价值观形成和不断成熟的关键阶段，“成什么才”“怎样成才”始终是大学生最为关注和思考最多的问题。因此，只有紧紧抓住大学生成才的根本，将传授马列主义、毛泽东思想、邓小平理论、“三个代表”重要思想、科学发展观和习近平新时代中国特色社会主义思想与大学生的人生理想、成才目标、成才途径有机结合起来，使学习马克思主义从外在的学校规定变成大学生自身成才和发展的内驱力，变“要我学”为“我要学”，思想政治理论课教学才有实效。

第二，方法的改进和创新必须围绕大学生的期盼视野来进行。大学生已初步形成了相对稳定的知识结构，一定水平的理性思维和审美情趣，这就需要教师高度重视大学生的“期待视野”，采取大学生喜闻乐见的教学活动，例如，以疑引思·重点剖析的理论讲授、大学生自讲互评、主题演讲比赛、专题论坛、理论研讨、撰写小论文和小型调研报告等，吸引大学生主动投入学习，尤其要应用现代化教学手段，建立大数据资源共享平台，使大学生在“听”“看”“思”“议”“做”的过程中，自觉接受思想政治理论。

第三，方法的改进和创新必须有利于培养和提高大学生的政治判断和选择能力。随着互联网、移动终端设备技术的迅猛发展，新媒体几乎席卷人们的日常生活。新媒体在传播方式上的渠道多元、迅捷及时、“多对多”的思想交流，传播内容上的“碎片化”“快餐化”比较契合大学生的接受习惯，同时，社会思潮话语准入门槛降低了，思想观念和价值取向日益活跃、主流与非主流并存交锋，增大了大学生是非、正谬、善恶的判断和选择的难度。这就需要因事而化、因时而进、因势而新，把缜密的理论灌输与生动的社会实践活动有机地结合起来，帮助大学生实现理论上的清醒与坚定、政治上的清醒与坚定和行为上的清醒与坚定的统一。

总之，思想政治理论课教学过程的优化，能充分展示思想政治理论的可亲可爱可敬可信，从而为大学生正确分析社会矛盾，反思思想困惑，提升精神境界，促进自身健康成长，提供科学的理论思维和正确的价值导向。

思想政治理论课教学过程优化的显著成效应该是能够促进大学生发生“两个深刻变化”：对思想政治理论课的态度已经和正在发生着深刻的变化——由排斥到喜爱，由“要我听”到“我要听”；对思想政治理论已经和正在发生着深刻的变化——由不感兴趣到较感兴趣，由被动接受到主动内化。只有这样，思想政治理论课才有可能可亲可爱可敬可信。

第一章
思想政治理论课的教学过程

同所有教学一样，思想政治理论课教学也是一个复杂过程。从教的角度上看，思想政治理论课教学是一种主体的意向活动，教师通过对教学的出发点、着力点、着重点和落脚点的设计，在理论教学与实践教学的统一中，促进教学的主体（教师）和客体（学生）之间矛盾运动的良性运行，实现引导和帮助大学生树立正确的世界观、人生观和价值观之根本目的。

一、思想政治理论课教学的定位

“什么是思想政治理论课教学过程”，这是思想政治理论课的教师和研究者都无法回避、必须解答的基本问题。而“思想政治理论课教学过程是什么”的问题不是凭空出现的，它源于对“思想政治理论课教学是什么”的看法。只有明了“什么是思想政治理论课教学”，才能确定“思想政治理论课教学过程”。而要明了“什么是思想政治理论课教学”，首先得从“什么是教学”开始。

（一）“教学”涵义的若干分析

由于“教学”是个复杂的多方面的活动，历来有不同的诠释和定义，因而也有不同角度的研究。在这里，仅从教学的构成和本质来分析“教学是什么”。

第一，从构成上看，“教学”有广义和狭义之分。在广义上，教学是教师“教”与学生“学”相结合或相统一的活动，教师与学生是构成教学的两个最基本的元素，两者互为对象和互为前提，谁都不可能离开另一方而存在。在凯洛夫主编的《教育学》中，“教学”被定义为“一方面包括教师的活动（教），同时也包括学生的活动（学）。教和学是同一过程的两个方面，彼此不可分割地联系着”[①]。我国基本上接受了这一定义，教育学、教学论、教科书以及教育方面的词典大多是这样解释的。例如，李秉德的《教学论》认为，“教学就是指教的人指导学的人进行学习的活动。进一步说，指的是教和学相结合或相统一的活动”[②]；顾明远主编的《教育大辞典》更为明了：“教学是以课程内容为中介的师生双方教和学的共同活动。”[③]我们认可并采用这一观点。

在狭义上，教学是一种意向活动，是教师引起、维持和促进学生学习的所有行为[④]，其目的在于诱导学生认真学习。这种意向活动，是教师通过对出发点、着重点、着力点和落脚点的教学设计来展开和完成的。正是在狭义的意义上，我们认同并接受“教学就是教师的教的行为”这一观点。

同样，思想政治理论课教学也有广义和狭义之分。在这里，我们不仅仅进行思想政治理论课教学广义角度的思考，而且更着重于狭义的角度，致力探讨思想政治理论课教师的教学行为，即“教什么”“怎么教”“怎么有效地教”，其归旨在于提升思想政治理论课教学的水平和质量，增强其实效。

---

① [苏]凯洛夫主编，陈侠等译：《教育学》，北京：人民教育出版社1957年版，第130页。

② 李秉德主编：《教学论》，北京：人民教育出版社1991年版，第2页。

③ 顾明远主编：《教育大辞典》，上海：上海教育出版社1990年版，第178页。

④ 施良方、崔允漷主编：《教学理论：课堂教学的原理、策略与研究》，上海：华东师范大学出版社2007年版，第2、9页。

第二，从本质上看，教学是促进学生全面发展的统一过程。在哲学的意义上，所谓本质，就是决定事物性质、面貌和发展的根本属性。本质是内在的，通过纷繁复杂的现象表现出来，人们只有透过现象才能抓住本质。由于教学是一个多层次、多结构的复杂活动，对其认识角度的不同，必然带来了对本质理解的不同。在近代西方，就出现了形式教育学派和实质教育学派的分歧。

形式教育也称形式训练、形式陶冶、心智训练、心智陶冶。主要代表人物是英国的洛克和瑞士的裴斯泰洛齐。形式教育学派强调，教学是训练学生先天具有的官能或能力，使之充分发展的过程；形式学科（如希腊文、拉丁文、数学、逻辑学等）或古典人文课程最有发展价值；教学的原则和方法以学生心理官能的内在发展秩序为依据[①]。

实质教育又称实质训练，是对立于形式教育而出现的一种教育学说。主要代表人物是德国的赫尔巴特和英国的斯宾塞。实质教育学派强调，教学主要是获得有价值的知识的过程，而学习知识本身就包含着能力的培养，能力无须加以特别训练；实质学科（如物理、化学、天文、地理、法律）或实质课程最有价值；教学原则和方法应适应儿童身心发展规律，是愉快的和有效的[②]。

其实，教学是培养能力与传授知识互为条件的统一过程。正如美国的布鲁纳在《论教学的若干原则》中所阐释的，教学就是引导学习者通过一系列有条不紊地陈述一个问题或大量知识，以提高他对所学事物的掌握、转换和迁移的能力。形式教育学派和实质教育学派的片面性在于各执一端，前者只重视能力的培养，后者单纯抓知识的传授，这就割裂了教学过程，有意无意地偏离了教学的本质。

在我国漫长的教育发展历程中，教学是知识授受过程的认识居于主导地位，并逐步积淀成为一种固定的“教—学—考”的教学模式。“教—学—考”的教学模式，强调以书本知识为主，以讲授间接经验为主，“满堂灌”“堂堂灌”；学科或分科课程占主导地位，忽视或轻视活动类课程；以学科逻辑来组织教材，并以教材为课程的范本。“教—学—考”的

① 辞海编辑委员会编：《辞海》（缩印本），上海：上海辞书出版社1990年版，第918页。
② 辞海编辑委员会编：《辞海》（缩印本），上海：上海辞书出版社1990年版，第1146页。

教学模式与实际相脱节、与生活相脱节、与学生相脱节。早在20世纪初，梁启超就批判了这种教学模式是“贩卖知识的杂货店”①。

第三，教育改革中对教学本质的不同看法。近年来，在我国教育改革实践中，对于教学的本质有以下三种理解。一是认为教学是一种特殊的认识活动，个体在教师引导下掌握人类总体文明成果，是主体能动反映世界、改造自身的过程。二是认为教学是一种特殊的交往，师生之间、学生之间的交往，是师生共享知识、精神、智慧和意义的过程②。三是认为教学是一种特殊的实践，是人的存在形式和生活方式，以培养完美人格为目标，引导学生去体验生活、理解世界、理解人生的价值和意义③。

这三种认识从不同的角度界说了教学的本质，反映了现代教学理论的丰富多样性，这有助于我们对思想政治理论课教学的定位思考。

通过对教学的构成和本质等观点的梳理，我们采纳并扩展了王策三的定义：所谓教学，乃是教师教、学生学的统一活动；在这个活动中，通过教师的意向行为，让学生掌握一定的知识和技能，同时，身心获得一定的发展，形成一定的思想品德④。

思想政治理论课教学既属于一般教学，又有着自己的特殊性质。就思想政治课教学的性质而言，它包含两层意蕴：一是思想政治理论课教学所反映的制度性质；二是思想政治理论课教学自身的学科性质。

（二）思想政治理论课教学的制度性质

思想政治理论课教学的制度性质，主要表现在以下几个方面。

第一，思想政治理论课教学是中国特色社会主义国家制度巩固和发展的客观要求。我国是以马列主义、毛泽东思想、邓小平理论、“三个代表”重要思想、科学发展观和习近平新时代中国特色社会主义思想为指导的社会主义国家。巩固和发展社会主义制度，确保我国在激烈的国际

① 梁启超：《饮冰室合集·文集》第40卷，北京：中华书局1989年版，第9页。
② 转引自杜德栎、范远波主编：《教学艺术论纲》，北京：中国人民大学出版社2013年版，第3页。
③ 转引自杜德栎、范远波主编：《教学艺术论纲》，北京：中国人民大学出版社2013年版，第3页。
④ 王策三：《教学论稿》，北京：人民教育出版社1995年版，第88-89页。

竞争中始终立于不败之地，确保实现全面建成小康社会、加快推进社会主义现代化的宏伟目标的实现，确保中国特色社会主义事业兴旺发达、后继有人，客观上要求学校教育必须把培养和造就具有正确的政治方向、良好的思想道德素质、较强的工作能力的建设者和接班人作为自己的根本任务。思想政治理论课教学的课程设置，正是适应了这种需要，从维护、巩固和发展中国特色社会主义事业的高度，着眼于引导和帮助大学生掌握马克思主义的立场、观点和方法，为提高思想道德修养和精神境界，树立正确的世界观、人生观、价值观打下坚实的思想理论基础，思想政治理论课是每个大学生的必修课。

第二，思想政治理论课教学是社会主义办学方向的直接体现。我国高校是社会主义的大学。社会主义大学教育的根本任务，就是为实现中华民族伟大复兴的中国梦提供人才保障和智力支持。育人为本、德育为先，思想政治理论课教学关系着学校工作的大局，是高校坚持社会主义办学方向的直接体现。对大学生进行马列主义、毛泽东思想、邓小平理论、“三个代表”重要思想、科学发展观和习近平新时代中国特色社会主义思想的教育，培育和弘扬社会主义核心价值观，则是全面贯彻党的教育方针，坚持社会主义办学方向，完成高等教育任务的基本途径。思想政治理论课教学的全部工作就在于从政治上、思想上、道德上，培育人、塑造人，造就为社会主义事业服务的，为社会主义制度所需要的人才。因此，看高等学校人才培养的性质是否符合党和国家的教育方针的要求，是否坚持了社会主义的办学方向，不能不看思想政治理论课的教学是否到位，这是我们把握思想政治理论课教学制度性质的至关重要的一点。

第三，思想政治理论课教学是高校思想政治教育的主渠道。思想政治理论课是由“马克思主义基本原理概论”课、“毛泽东思想和中国特色社会主义理论体系概论”课、“思想道德修养和法律基础”课、“中国近现代史纲要”课和“形势与政策”课等课程组成的，这些课程所包含的基本理论和知识内容虽然来源于不同的学科领域，如哲学、经济学、法学、政治学、伦理学、心理学等，但其核心内容是思想政治教育。思想政治教育是特定社会或社会阶层用一定的思想观念、政治理念和道德规范，对其成员施加有目的、有计划、有组织的影响，使其成员形成符合社会所要求的思想道德的社会实践活动。在阶级社会，一切统治者为了维护其统治地位，总是坚持以自己的意志去教育人、培养人。他们运用种种手段，宣传各种有利于加强其统治地位的观点和理念，以使人们认同其政治理想和道德规范。所以，这种从政治上、思想上、品德上培养人、教育人的活动并非现代社会才有，而是自有文字记载以来的一种社会现象，只不过是不同国家、不同时期的称谓不同而已。同样，这也并非是社会主义国家的专利，世界各国都非常重视，尤其是在当今时代，各个国家都愈来愈强化思想政治教育。与其他国家不同的是，我国的思想政治教育主要是以学校开设系统的课程（各类各级学校设置统一规范的课程体系，规定统一的大纲、统一的教材、统一的课时要求），对学生进行全面的、直接的理论灌输为主要渠道的，思想政治理论课教学正是高校思想政治教育的主渠道。在主渠道的意义上，思想政治理论课体现了我国高等教育发展方向同我国发展的现实目标和未来方向的一致，表明了思想政治理论课教学是为人民服务，为中国共产党治国理政服务，为巩固和发展中国特色社会主义制度服务，为改革开放和社会主义现代化建设服务。

（三）思想政治理论课教学的学科性质

从思想政治理论课教学的学科性质来看，它归属思想政治教育学科，是一门综合性的必修课程。这样的学科性质决定了思想政治理论课教学的特殊性。

第一，思想政治理论课是政治教育课。思想政治理论课是每一个大学生的必修课，但是又不是一般意义上的必修课。之所以如此，关键在于，它是大学生在校学习的所有课程的灵魂，是一门事关大学生的政治方向性的课程。思想政治理论课教学是政治教育，它体现了高校的社会主义本质特征，是区别于资本主义高等教育的根本标志。

早在抗日战争时期，毛泽东就把坚定正确的政治方向规定为“抗大”的教育方针。改革开放初期，邓小平就提出社会主义精神文明建设的根本目的是要全面提高人的素质，培养“四有”新人。“四有”中的第一个"有"，就是要"有理想"，这个"理想"指的就是社会主义的理想。所以，理想问题就是方向问题。邓小平说，要确保这一理想的实现，我们对青年学生，要抓紧四项基本原则的教育，马克思主义基本理论的教育。针对1989年的经验教训，他指出："十年最大的失误是教育，这里我主要是讲思想政治教育，不单纯是对学校、青年学生，是泛指对人民的教育。对于艰苦创业，对于中国是个什么样的国家，将要变成一个什么样的国家，这种教育都很少，这是我们很大的失误。"[①]邓小平这里所讲的"中国是个什么样的国家""将要变成一个什么样的国家"，讲的也是方向问题。2016年，习近平在中国科学技术大学给学生提出了做有理想、有追求的大学生，做有担当、有作为的大学生，做有品质、有修养的大学生，讲的也是方向问题。所以，是否进行以及能否真正很好地进行思想政治教育，这是能否坚持正确的办学方向的大问题，是关系到培养社会主义事业的建设者和接班人的大问题，是关系到党和国家的前途和命运的大问题。

第二，思想政治理论课是思想教育课。从广义上讲，思想政治理论课是文化教育课，但是它又不是一般意义上的文化教育课，而是一种专门的思想教育课，其根本目的在于使学生逐步形成正确的世界观、人生观和价值观。

马列主义、毛泽东思想、邓小平理论、"三个代表"重要思想、科学发展观和习近平新时代中国特色社会主义思想属于文化范畴。从这个意义上说，对大学生进行马克思主义理论教育也是文化知识教育。但是这种教育决不是单纯的文化知识教育，而是通过这些理论知识的教育，达到转变大学生思想的目的。在思想政治理论课教学中，不能把马列主义、毛泽东思想、邓小平理论、"三个代表"重要思想、科学发展观和习近平新时代中国特色社会主义思想当作一般的知识来学习，更不是为了让大学生仅仅掌握一些名词概念和几个基本原理，去获得一个好的分数成绩。从根本上说，是为了使大学生能够形成正确的世界观、人生观和价值观，是为大学生一生成长奠定科学的思想基础，这就是思想政治理

①《邓小平文选》第3卷，北京：人民出版社1993年版，第306页。

论课教学与其他文化课教学不同的地方。

当然，其他文化课程作为社会主义文化教育的一个组成部分，从归根结底的意义上说也具有这方面的功能，也要求其他文化课程从自己的课程的特点出发，有目的、有针对性地去做这方面的工作，但是这只能从间接意义上去理解，是一种渗透功能，从直接意义上说它并不具有这种功能。这里有一个直接和间接的关系问题，我们不能把二者等同起来，更不能使之互相代替。

第三，思想政治理论课是品德教育课。品德，即品质道德，是指个体的人依据一定的社会道德准则和规范行动时，对社会、对他人、对周围事物所表现出来的稳定的思想行为倾向。一个人的品德如何，对人的一生具有重大意义。思想政治理论课是高校的重点课程和主干课程。之所以如此，因为它不仅是对大学生的政治教育和思想教育，而且又是对大学生的品质道德教育，其目的是让大学生明白，做一个讲道德、有品行的人，必须堂堂正正，守住做人、处事的底线，自觉立德、修德、践德，这是一个更为基础的方面。不能设想一个没有良好道德品质的人，能够接受进步的优秀的政治思想，会有正确的政治方向和政治立场。正是在这个意义上，学校的思想政治教育又称为德育。

第四，思想政治理论课是文化知识教育课。马列主义、毛泽东思想、邓小平理论、“三个代表”重要思想、科学发展观和习近平新时代中国特色社会主义思想的基本原理知识、中国近现代革命和建设的历史知识、文学知识、政治知识、法律知识、心理健康知识和中国特色社会主义核心价值观等，都是人类优秀文化的结晶，有着丰富的知识内涵和意义。然而，相对于大学生而言，这些知识是外在的。只有通过对这些知识进行准确、透彻和深刻的讲解，才能使大学生了解、认识、认同、接受，内化为自己的情感、态度、价值观，丰富和提升文化素养，锻造出认识和改造自然、认识和改造社会、认识和改造自我的能力。正是在这个意义上，思想政治理论课是文化知识教育课。

总之，思想政治理论课教学直接体现为理论讲授与思想教育、教书与育人的高度契合。它不是单纯的知识传授，而是通过教师情感的激励、思想的引领、方法的启迪、行动的示范，潜移默化地帮助大学生审视、矫正、提升自己的精神境界，是帮助大学生成人、成才、成功的重要途径。

二、思想政治理论课教学是主体和客体的双向互动过程

作为一种教学活动，思想政治理论课教学同样是一个复杂的矛盾运动过程。思想政治理论课教学中的基本矛盾是主体（教）与客体（学）的矛盾。它的存在和发展，规定和影响着其他矛盾的存在和发展，决定着整个教学过程，关系着教学活动的成败得失。因此，有必要从一般教学论的角度来论说主体与客体及其矛盾运动。

（一）教学活动中的主体与客体

明白教学活动的主体与客体，需了解认识的主体与客体。马克思主义把实践引入认识论，建立起能动的反映论，首先在于用实践的观点对认识的主体与客体及其相互关系做了科学规定。

第一，认识的主体与客体。认识的主体与客体是在社会实践中分化出来的。所谓主体，是在认识活动中居于主导地位并具有自主性和创造性的矛盾一方，它是认识系统中的首要因素，对认识系统的形成及其诸要素的结合方式起着决定作用。认识主体必定是人，但并不能抽象地说人就是认识主体。只有具备一定认识能力并从事一定认识活动的人，才是现实的认识主体。客体是与主体相对应的矛盾另一方，是主体认识活动所指向的客观对象。主体与客体是矛盾着的双方，它们相互规定、彼此照应。当我们说，某人是认识主体，是因为他认识着特定的事物（客体）；当我们说，某物是认识客体，则是因为有认识它的人（主体）。当然，人既可以是主体也可以是客体。当某人从事一定的认识活动时，他就处于认识主体的地位；而当他成为他人的认识对象时，他又处于认识客体的地位。这一点，对于我们把握教学活动中的主体与客体及其关系是至关重要的。

第二，教学的主体与客体。在教育界，对于教师与学生来说，究竟谁是主体、谁是客体，认识并不完全一致。概括起来，有以下四种观点：

一是“教师主体和学生客体”说。此观点认为，教学过程是教师教授、影响学生的过程，教授、影响活动的执行者是教师，学生是作为教授、影响的对象而存在的，所以主体只能是教师，客体是学生。教师是通过教材来影响学生的，教材是主体（教师）作用于客体（学生）的中介。

二是“学生主体”说。此观点认为，教学过程是学生进行认识活动从而获得发展的过程，认识活动的承担者显然是学生，因此，学生是教学过程中的主体；学生的认识活动所指向的对象是教材，所以，教材是客体[①]。教师在教学过程中所处的地位有两种情况或两种不同的理解：或是认为教师起辅助作用，即辅助作为主体的学生，围绕学生转[②]；或是认为教师起主导作用，而学生所处的主体地位乃是教师主导下的主体地位[③]。

三是“学生双重地位”说。此观点认为，在教学过程中，学生是教师影响、教授的对象，就这个意义来说是客体；同时学生又是学习活动的承担者，就这个意义来说是主体。因此，学生在教学过程中既是客体又是主体，处于双重地位。持这种观点者又有两点明显的差异：有的认为，就教的活动而言，教师是该活动的承担者，因而是主体；学生是该活动的承受者，因而是客体，教材是中介。而就学的活动来说，学生又是主体，教材是客体，所以学生处于一种双重地位[④]。有的认为，教师与学生是互为主客体的：一方面，教师影响学生，在此，教师是主体，学生是客体；另一方面，教师又是学生认识、影响和学习的对象，在此，学生是主体，教师是客体；至于教材，则是教师影响学生的中介，是学生学习、认识活动的客体[⑤]。

四是“教师和学生都是主体”说。此观点认为教师与学生都是人，

---

① 刘佛年：《教育学》，北京：人民教育出版社1979年版，第119页。

② 燕国材：《再论学生是教育过程的唯一主体》，《少先队研究》，1993年第5期。

③ 王策三：《论教师的主导作用和学生的主体地位》，《北京师范大学学报》（哲学社会科学版），1983年第6期。

④ 黄甫全：《试论学生主、客体双重性的动态模式》，《东北师范大学学报》（哲学社会科学版），1992第6期。

⑤ 马福业：《教学过程中主体和客体问题的再思考》，《天津师范大学学报》（社会科学版），1988年第4期。

他们都能有目的、有计划地从事各项活动，都是教学过程中的主体；教材是客体[①]。持这种观点的学者又包括三种看法：第一种看法认为，教学过程包括教与学两个方面的活动，在教的活动中，主体是教师，客体是教材；在学的活动中，主体是学生，客体是教材，所以教师与学生是两个平行性的主体[②]。第二种看法认为，虽然教学过程中包括教师的教与学生的学两个方面，但教与学在目的、对象、手段上是共同的，因而是复合在一起的，教师与学生是复合主体，教材是客体[③]。第三种看法认为，教师与学生都是教学过程中的主体，他们面对共同的客体即教材；教师与学生之间的相互作用是一种交往活动，他们在认识论上的关系是主体间关系，即主体与主体之间的关系，这就是近年来有些学者提出的“教师与学生之间的主体间性”观点[④]。上述三种观点，从不同的角度看，都有一定的道理，是值得重视的。

第三，具体分析教学的主体与客体。对于在教学过程中谁是主体，谁是客体，要作具体分析，不能作简单的肯定和否定。因为，主体和客体的区分既是确定的又是不确定的。如果从教的角度来看，教师作为教育者，当然是主体；学生作为教育的对象，当然是客体。如果从学的角度来看，学生作为教学内容的吸纳者，当然是主体；教师作为教学内容的供给者，是学生吸纳的对象载体，具有客体的属性。但是如果将教与学统一起来，作为一个统一而不可分割的过程来看，教师和学生都是主体；教学内容，即属于教材范畴的东西是客体。教师与学生的共同目的都是将教学内容吃准吃透。正是在这个意义上，教师的主导作用与学生的主体作用相统一的观点是合乎逻辑的。

（二）思想政治理论课教学活动中的主体和客体

从教的角度看，思想政治理论课教学中的主体是教师，客体是大学生。不过，两者的角色不是凝固不变的，而是互换的；两者的作用不是

① 施良方、郭允漷主编：《教学理论：课堂教学的原理、策略与研究》，上海：华东师范大学出版社1999年版，第77页。

② 魏立言：《教育主体论（上、下）》，《上海教育科研》，1989年第5期、第6期。

③ 张传燧：《论教育过程中主体的作用及其转换》，《教育理论与实践》，1999年第3期。

④ 甘其勋、蔡明：《关于“主体”与“主导”的问题》，《教育研究》，1988年第2期。

割裂的，而是互相联系的。

第一，教学主体及其主导作用。教师作为教学活动的组织者，肩负着“传道、授业、解惑”的责任，具有主导作用。主导作用能否有效地实现主要取决于：他所传授的教学内容是否具有科学性、现实性和说服力，即讲授的原理是否准确，观点是否鲜明，是否具有时代气息，是否把马克思主义理论本身蕴涵着的科学精神、批判精神、超越精神和创新精神真实地展现出来；他所实施的教学方法是否具有愉悦性、启发性和创造性，即是否能创设出和谐而又情理交融的教学氛围，最大限度地吸引大学生学习、理解、接受和信服马克思主义。

第二，教学客体及其能动作用。教学客体并非是一个被动的存在物，而是学习的主人或学习主体。他以自己的“主观能动性”或“自觉的能动性”，制约着教学主体的教学活动。教师的教学如果违背大学生的实际状况，大学生就会以其“自觉的能动性”抗拒教师的教育，使教学的过程和目的无法实现。因此，主导作用的发挥，在很大程度上还取决于教学客体的客观状况，尤其是教学客体的学习积极性。这种积极性集中体现在大学生对思想政治理论课具有浓厚的学习兴趣，具有高涨的学习热情，具有强烈的探究意识和对真理的执着追求。而“学习兴趣”“学习热情”“探究意识”“执着追求”是潜在的，仍然需要教学主体的调动和发挥。

主导作用和能动作用之间既相互区别又相互联系，它们的矛盾运动，促进教学主体和教学客体双方的辩证化合和有效共振，从而健康地有效地进行着思想政治理论课教学活动。

第三，主体与客体角色的互换。在教学过程中，教师和大学生呈现出既作为主体又作为客体的不同角色。教师作为教学主体作用于大学生时，大学生是被教育的客体，但是在其接纳教师传输的信息的同时，就将自己转化为学习的主体，大学生或积极或消极地接受教师发送的信息，经过思考后又能动地作用于教师。在这里，教师作为信息的载体既被大学生认识着，同时又吸纳着大学生的认识和思维之后的反映。教师将大学生的反映进行分析，对不同的反映作出相应的处理。在整个教学过程中，教师和大学生互换着主体与客体的不同角色。只有在这种角色的正常互换中，教师和大学生才能充分发挥各自的作用，既促进大学生的思想进步，又促进教师教学水平的提高，从而使教学达到最佳的境界。

（三）思想政治理论课教学活动中的主客体的双向运动

思想政治理论课教学中主体和客体是双向运动的。双向运动具体表现为教学客体主体化和教学主体客体化这两种运动的辩证统一。

第一，教学客体主体化。所谓教学客体主体化，指的是思想政治理论课教师把思想政治理论“灌输”给大学生，使之认同、接受、内化马克思主义理论的过程。这一过程包含两方面的内容：一是教学主体自身的素质在教学客体中被赋予特性，教学主体所应具有的坚定信念、扎实的理论功底、科学的思维方式、良好的文化知识结构和完善的教学组织能力是客体主体化形成并优化的关键；二是教学主体通过有针对性的灌输使教学客体获得自我意识，教学客体认同、接受教学主体的灌输，实现自我认识、自我审核、自我校正、自我控制和自我践行，是客体主体化的标志。在这里，教学客体学习积极性的充分调动和发挥是客体主体化形成并优化的必要条件。

第二，教学主体客体化。所谓教学主体客体化，指的是思想政治理论课教师有目的地选择和整理大学生不断发展着的客观实际，自觉调整两者之间的关系，提高自身素质的过程。首先，教学主体必须把自己放在认识与改造的位置上，先作为教学客体接受教育。“以其昏昏，使人昭昭”是思想政治理论课教师的致命弱点，“打铁还须自身硬”。其次，思想政治理论课教学的效果与教学主体自身的表率作用和模范行动密切关联。教学主体的身教重于言教。言行一致向来就是一种行之有效的教学方法。最后，教学主体的素质必须而且能够随着教学客体素质的提高而提高。教学客体既是被教育的对象，同时也是教学主体充实和提高自己的一个“能量源”。

教学客体主体化和教学主体客体化，贯穿于思想政治理论课教学过程的始终，两者相互作用，缺一不可。任何一个“化”不到位，都实现不了思想政治理论课的教学目的。

第三，教学中主客体双向运动的根本目的。促进师生思想道德素质的全面发展，是思想政治理论课教学中主客体双向运动的根本目的。

一方面，促进教学客体的发展。实际上，思想政治理论课教学是教师与大学生的世界观、人生观和价值观相互碰撞和交融的过程。具体来看，“马克思主义基本原理概论”课与“毛泽东思想和中国特色社会主义理论体系概论”课是对大学生进行确立马克思主义信仰的教育；“思想道德修养和法律基础”课、“中国近现代史纲要”课与“形势与政策”课，是运用马克思主义的立场、观点和方法对大学生进行世情、国情、理想信念、社会主义核心价值观和法治观等的教育。因此，教学过程就不仅仅是知识的传授与接受，更重要的是教师与大学生的知、情、意、行的相互沟通和相互激荡的过程。这就是说，思想政治理论课教师在传马克思主义之“道”的同时，就已经在用自己对马克思主义的信仰、对教育事业的忠诚、对现实生活的严肃而乐观的态度影响着大学生对科学理论的渴望，对现实生活的热爱，对人生理想的科学的、合理的追求。因此，有效的思想政治理论课教学，能够引导大学生心悦诚服地接受马克思主义，自觉地运用马克思主义的立场、观点和方法去观察和思考问题，按照人民的要求正确规范自己的行为，抵制、批判和克服腐朽思想和不良行为的诱惑，确立起在中国共产党领导下走中国特色社会主义道路、实现中华民族伟大复兴的共同理想和坚定信念，把自己锻炼成德智体美全面发展的建设者和接班人。

另一方面，促进教学主体的发展。古人早已提出教学相长的论点。战国后期，思孟学派的著作《礼记·学记》就对教学相长作了阐释，指出：“学然后知不足，教然后知困。知不知，然后能自反也；知困，然后能自强也。故曰：教学相长也。”当然，思想政治理论课教师对所讲授的内容，早已身先力行，对大学生的状况在整体上也可能有一定程度的了解。但大学生的具体实际——知识结构、心理特征、价值取向、审美情趣、政治态度、道德行为、生活阅历等，以及他们在与自己的互相运动过程中的动态，则只能从互相运动的信息反馈中感知和体味。教师怎样从根本上帮助大学生掌握科学理论，促使其对自己原有的世界观、人生观、价值观进行审视、校正和重构；大学生主体能力发展的一般规律是怎样的；教师在教学过程中又如何充实，促进教学素养的完善和提升等，则都需要在教学实践中不断地摸索、总结、校正、提高和升华。教师也正是在这种自觉的教学实践中实现着自我完善和自我发展的。

当然，思想政治理论课教学中主客体的双向运动不是自然而然实现的，必须具备一定的条件。忽视或轻视条件的主观臆断，都不能实现思想政治理论课教学中主客体的双向运动。

三、思想政治理论课教学过程是理论教学与实践教学的高度统一

思想政治理论课具有深刻的理论性和鲜明的实践性，作为教学环节，理论教学与实践教学的高度统一是思想政治理论课的生命力所在。

（一）思想政治理论课理论教学是不可或缺的教学环节

今天的大学生肩负着实现中华民族伟大复兴的中国梦的历史责任，一方面需要积累丰富的专业知识和技能；另一方面，还需学会做人，具备较高的思想水平、政治觉悟、道德品质、文化素养、健康的身心素质和厚实的社会践履能力等。而这恰恰是思想政治理论课所要完成的历史使命。正是在这个意义上，思想政治理论课是大学生的必修课。

思想政治理论课的理论教学是完成其历史使命的主要方式，它是在课堂内完成的。理论教学的主体是教师，以教师讲授为主，理论教学是不可或缺的。

第一，大学生正确的世界观、人生观和价值观不是自发形成的，它需要系统的理论灌输。"灌输"是马克思主义的一个基本原理。列宁在《怎么办》一书中详细论述了这一原理，他认为："工人本来也不可能有社会民主主义的意识。这种意识只能从外面灌输进去，各国的历史都证明：工人阶级单靠自己本身的力量，只能形成工联主义的意识。"[①]在这里，列宁界定了"灌输"的内涵：一是向工人群众灌输他们原本不了解或不具有的先进的无产阶级意识；二是引导工人群众善于从工人阶级的角度去认识问题，认清社会生活中无产阶级与资产阶级的对立，完成无

①《列宁选集》第1卷，北京：人民出版社1995年版，第317页。

产阶级的历史使命。实践也验证：列宁在20世纪初为批判“自发论”，有针对性地提出的“灌输”原理并未过时。在我国决胜全面建成小康社会、进而全面建设社会主义现代化强国的伟大实践中，培养德智体美全面发展的社会主义建设者和接班人，仍然离不开马克思主义的灌输，离不开中国特色社会主义理想信念的教育，离不开社会主义核心价值观的引领。认为“灌输”就是不联系实际的教条式的“满堂灌”，那是对灌输原则的片面的、错误的理解。在新的历史条件下，我们必须坚定不移地坚持并把“灌输”原理自觉地运用到思想政治理论课理论教学之中，通过文字灌输、语言灌输、形象化灌输，把马克思主义的思想意识、理想信念内化为大学生的思维品质和行为习惯。

第二，大学生受年龄和阅历的局限往往良莠不分，需要系统的理论灌输。2000年后出生的大学生年龄不大、涉世不深，难以抵制不良思潮的侵袭。现在的世界是开放的世界，大学生面临着五花八门的西方文化思潮、资本主义价值观念、腐朽没落生活方式的影响和冲击。随着市场经济的深入发展，一方面，个体主体地位和主体意识提升，人们思想活动的独立性、选择性、多变性和差异性日益增强；另一方面，多年来，经济叠加的矛盾、深层次积累的矛盾日益凸显。这既有利于大学生树立自强意识、成才意识、创业意识，同时也带来一些不容忽视的负面影响。一些大学生不同程度地存在政治信仰迷茫、理想信念模糊、价值取向扭曲、诚信意识淡薄、社会责任感缺乏、艰苦奋斗精神淡化、团结协作观念较差、心理素质欠佳等问题。同时，他们对马克思主义基本理论的理解比较肤浅，有的根本不理解，甚至是误解。对此，思想政治理论课教师的理论讲授，一方面通过理论论证、案例分析和不同观点交锋的论说，深入系统地讲解基本理论和基本观点，让大学生较为系统地掌握马列主义、毛泽东思想、邓小平理论、“三个代表”重要思想、科学发展观和习近平新时代中国特色社会主义思想的基本理论知识，通过理论思维来理解和把握马克思主义的内在逻辑，接受和信仰马克思主义；逐步了解并能正确认识世情、国情、党情、民情和自情，在理论上知道“是什么”“为什么”和“应该怎样做”的道理，为树立正确的世界观、人生观和价值观打下坚实的理论基础；另一方面，能帮助大学生学会运用马克思主义的立场观点方法观察、分析和解决问题，进而提高他们的判断能力、选择能力和践履能力。

理论教学是思想政治理论课教学的主要环节，任何轻视、忽视和放弃思想政治理论课理论教学的看法或做法都是需要克服和摒弃的，理论教学必须毫不动摇地坚持下去。

第三，“教—学—考”教学模式的历史反思。20世纪80年代以来，思想政治理论课教学已成为高校对大学生进行思想政治教育的主渠道。然而，“教—学—考”的教学模式，使相当一部分教师把主要精力投入到该教学模式的前后两端，在集中精力进行“教”和“考”的同时，忽视了现实社会的发展和大学生对马克思主义理论需求的价值取向。由于停留于“教—学—考”中，有意或无意地忘记了“学生不是一台复制知识的机械仪器”①的警示，思想政治理论课的教学效果不甚理想。具体表现在：

其一，思想政治理论课教学与中学的思想品德课和思想政治课的教学没有实质性的区别，基本上属于机械性和突击式记忆，抄笔记、背笔记、考笔记，教学内容并未进入内心深处，学完后收获不大。“死记硬背不仅危及智力发展，而且对道德发展也是极其有害的。死记硬背会抹杀教材的思想内容。”②

其二，用断然命令、不容反驳的语气“满堂灌”“堂堂灌”的“硬性说教”，忽视了大学生的思想实际、学习兴趣和思考的“兴奋点”，导致大学生的神经系统极其疲劳、衰弱、压抑，进而产生了排斥和抗拒的心理，影响了他们对马克思主义的正确理解。

其三，重视课堂理论教学，轻视或忽视实践教学。一方面要求教师课前认真备课，课堂上认真讲课，期末考试认真把关；另一方面考查学生的出勤率、听课率和考试合格率。对于实践教学，要么仅仅写入课程表，要么弄弄少数学生受益的精英活动，要么搞搞与所授内容关系不大

① [苏]B.A.苏霍姆林斯基著，黄之瑞等译：《公民的诞生》，北京：教育科学出版社2013版，第163页。

② [苏]B.A.苏霍姆林斯基著，赵玮等译：《和青年校长的谈话》，北京：教育科学出版社2013版，第172页。

但学生感兴趣的活动，追求表面的轰轰烈烈、热热闹闹。根据相关院校的调查，对于实践教学，60%左右的大学生只是“偶尔参加”，30%左右的大学生“从没参加”，仅有10%左右的大学生“经常参加”；真正能做到理论教学与实践教学有机结合的院校仅是少数，存在着马克思主义理论与社会实践相脱离的情况。

这就使思想政治理论课的理论教学陷入相对困难的境地：一方面，党和国家非常重视思想政治理论课教学；另一方面，有些大学生对思想政治理论课漠视冷淡、不感兴趣，认为思想政治理论没有实用价值，不能解决自己的实际问题，课堂出勤率不高，即使来上课，一些大学生也是一心多用，注意力分散，抬头率不高。同时，思想政治理论课教师深感课难讲，心理压力特别大，普遍感觉上思想政治理论课太累。尽管教师尽心尽力讲课，想方设法吸引大学生，但效果仍不理想。“教师没底气、学生没生气、课堂没人气”的现象普遍存在。

解决这些问题单靠理论教学是不够的，而实践教学则是解决上述问题的有效途径。中共中央、国务院在《关于进一步加强和改进大学生思想政治教育的意见》中指出：坚持政治理论教育与社会实践相结合。既重视课堂教育，又注重引导大学生深入社会、了解社会、服务社会。明确地把坚持政治理论教育与社会实践相结合，作为加强和改进大学生思想政治教育的一个基本原则。并进一步强调，社会实践对于促进大学生了解社会、了解国情，增长才干、奉献社会，锻炼毅力、培养品格，增强社会责任感具有不可替代的作用，思想政治理论课所有课程都要加强实践环节[①]。

（二）思想政治理论课实践教学是不可缺少的重要教学环节

“05方案”实施以来，各高校在开拓思想政治理论课实践教学思路，建立和完善实践教学保障机制方面开展了积极而有益的探索，广大思想政治理论课教师对实践教学也进行了大量的实践探索和理论研究。但是思想政治理论课实践教学仍旧缺失规范，没有完整的教学体系，没

① 教育部社会科学司主编：《普通高校思想政治理论课文献选编（1949—2006）》，北京：中国人民大学出版社2007年版，第216页。

有明确的教学要求，没有统一的教学标准，教学安排偶然性和随意性较大，存在制度性、规范性和品牌性不足等突出的问题。究其原因，很大部分源自对实践教学的片面理解。

第一，思想政治理论课实践教学的内涵和形式。如何理解思想政治理论课实践教学，一直存在狭义和广义的分歧。

狭义论者认为，思想政治理论课实践教学应走出课堂，投身于鲜活的社会实践，应是大学生直接参与的感性活动[①]。广义论者认为，理论教学之外的所有与实践相关的教学方式都应属于实践教学，它可以体现在课堂教学之中，也可以体现在课堂教学之外[②]。这就是说，实践教学强调的不是教学的物质场所或者物质条件，不能简单地将实践教学理解为由思想政治理论课教学部门组织、思想政治理论课教师实施的课堂教学之外的社会实践活动。同时，思想政治理论课实践教学又不同于一般意义上的实践活动，它具有明确的课程性和规范性特征，只有被纳入课程计划、与理论教学的具体内容衔接，且让上课的全体同学参加的实践活动才能属于思想政治理论课的实践教学。这样理解实践教学，既避免了将有关无关的大学生社会实践活动都视为实践教学而导致的杂乱无章和敷衍了事，又能够突破实践教学所面临的师资、经费、场所、安全等客观因素的制约，从而实现思想政治理论课实践教学的有效性。我们认可这一观点。

具体来说，所谓实践教学，就是在思想政治理论课教师的主导下，大学生在一定的思想政治理论认知基础上，积极参加带有“社会实践性内涵”的教学活动，通过亲身体验和身体力行，印证马列主义、毛泽东思想、邓小平理论、“三个代表”重要思想、科学发展观和习近平新时代中国特色社会主义思想的理论价值和现实意义，加深对所学理论知识的理解和把握，并将其内化为自己的思想和行为的教学活动。实践教学的主体是大学生。

从思想政治理论课教学过程的宏观角度看，根据发生的场域，学界

① 教育部社会科学研究与思想政治工作司主编：《高校思想政治理论课实践教学的探索与思考》，北京：高等教育出版社2005年版，第58页。

② 吕健：《对思想政治理论课实践教学的几点思考》，《沈阳航空工业学院学报》，2006年第6期。

一般认为实践教学有三种基本形式：课堂实践教学、校园实践教学和社会实践教学①。我们认可这种界定。

所谓课堂实践教学，就是思想政治理论课教师在课堂理论教学的同时，采取课前5分钟学思政·读经典、专题讨论、理论论坛、主题演讲比赛、自讲互评等多种形式，引导大学生主动地参与，自觉自愿地学习和思考的教学活动。课堂实践教学只改变一言堂的授课方式而不离开教室，组织方便，少需或无需额外经费，不占有或少占有大学生的课余时间。所以，从思想政治理论课教学过程的微观角度看，思想政治理论课的课堂教学是理论教学和实践教学高度统一的过程，我们不能把课堂教学与理论教学等同起来，把实践教学排除在课堂教学之外。思想政治理论课教师的主要任务就是实现课堂教学中的理论教学和实践教学高度统一。

所谓校园实践教学，就是思想政治理论课教师根据教学内容的要求，以大学生课外学习小组为载体，通过影片欣赏、诗词赏析、模拟法庭、模拟听证会和校园学情调研等校园文化活动，使大学生在这些活动中学会思考、学会做事、学会关爱和帮助他人的教学活动。校园实践教学可以充分利用校内资源完成实践教学任务，但要避免出现为了完成实践教学，不分性质、不计内容地将有关无关的校园活动统统纳入，从而导致实践教学流于形式的情况。换言之，与思想政治理论课教学内容没有关系或不是任课教师主导、大学生开展的活动只是校园文化活动，而非思想政治理论课的实践教学②。所以，不能把一般的校园文化活动与思想政治理论课实践教学混淆起来。

所谓社会实践教学，就是思想政治理论课教师根据教学内容和培养目标的要求，设计一些有现实意义的课题，让大学生根据自己的喜好选题或者带着自己关心的问题，主要在节假日，借助参观、走访、社会调查、企业调研、农村考察等形式走进社会，直接体验、引起思考、深化认识、寻求答案的教学活动。例如，“思想道德修养与法律基础”课可采

① 左鹏:《思想政治理论课实践教学研究进展》,《思想教育研究》,2011年第1期。

② 阎占定:《对高校思想政治理论课实践教学中相关问题的探讨》,《湖北社会科学》,2008年第11期。

取人物访谈、志愿服务、公益活动、法庭旁听等形式；“中国近现代史纲要”课可就近带大学生参观革命圣地、纪念馆、展览馆，祭扫烈士陵园，观看优秀的革命影视片等；“毛泽东思想和中国特色社会主义理论体系概论”课可带大学生到社会主义新农村建设试点、改革开放的成功点和社会主义现代化建设示范点，围绕社会主义现代化建设的主要问题开展调研等；“马克思主义基本原理概论”课可让大学生对某一社会现象、某一社会问题进行调研等[①]。社会实践教学是广受大学生欢迎和公认教学效果最好的实践形式，但是客观上需要的物质投入大、组织协调困难、师生安全不易保障、参与的大学生数受到严重限制，其很难展开。

将课堂实践教学、校园实践教学和社会实践教学这三种形式协同运用，使之取长补短，才能实现思想政治理论课实践教学的实际效果。我们认为，“‘感—行—思’三阶一体实践教学模式”，就是三种形式协同运用的体现。“‘感—行—思’三阶一体的实践教学模式”，以体验型、践履型、研究型三种主要形式架构起来。大一主要安排体验型实践教学形式，让学生去历史博物馆、烈士陵园、革命纪念地等地参观访问，并开展红色之旅等实践活动，以与学生正在接受的中国近现代史教育内容相吻合；大二主要安排践履型实践教学形式，组织学生走进敬老院和特殊教育学校，组织扶危帮困、法律咨询等各种志愿服务活动，以与学生正在接受的思想道德修养和法律基础的教学内容相吻合；大三主要安排研究型实践教学形式，组织学生以马克思主义基本理论为指导，进行国情调查，结合实际研究一些理论问题，最终形成自己的观点。由于实践教学的内容和形式与学生正在接受的思想政治理论知识相吻合，因而，思想政治理论课深受学生喜爱并富有实效[②]。

在理解实践教学的内涵和形式时，有两方面的问题值得注意的。

一是在实践教学中，教师的角色定位不在于讲授理论、传道授业，而在于组织活动、指导实践。大学生不在于被动地接受理论灌输，而在于主动地参加实践活动，从社会实践活动中觉悟理论、深化认识、升华

① 唐文利:《高校思想政治理论课实践教学存在问题与对策研究》,《高教论坛》,2010年第3期。

② 张森年:《“‘感—行—思’三阶一体实践教学模式”的建构与实践》,《思想理论教育导刊》,2011年第7期。

情感、磨练意志[1]。

二是实践教学区别于一般性的大学生校园实践活动和社会实践活动，具有明确的课程性，必须紧紧围绕教学的内容和目的展开。因此，只有被纳入课程计划的校园活动和社会实践活动才能成为思想政治理论课的社会实践教学环节[2]。在实践教学过程中，要准确认识和把握思想政治理论课实践教学的科学内涵，既不能把实践教学等同于理论教学的方法，泛化实践教学，也不能把实践教学等同于一般的社会实践，淡化实践教学的本质，使其无法达到预期的目的和效果。

第二，思想政治理论课实践教学的作用。实践教学是思想政治理论课不可缺少的教学环节。

从理论上看，马克思主义理论是对实践经验的高度抽象和概括，学习马克思主义理论，必须借助于实践才能把握其真谛。实践教学向大学生提供的就是理解理论的桥梁。在实践教学过程中，大学生带着学到的马克思主义理论知识走进社会生活，通过实践活动，将自己的切身感受和体验融进对马克思主义理论的印证、理解和消化之中，从而使马克思主义理论由抽象的铅印文字变成内涵丰满的鲜活的精神。同样，马克思主义理论的真理性和现实指导性，仅凭教师的灌输是难以让大学生信服的。实践教学为大学生提供了耳闻目睹、亲身践行的机会，既探究了马克思主义理论的发源地，又验证了马克思主义理论的真理性，从而加深了大学生对马克思主义理论的理解。马列主义、毛泽东思想和中国特色社会主义理论体系不再是电视、报纸上的话语，不再是课本中的枯燥文字，不再是空空洞洞的“条条”和“杠杠”，而是与现实生活、与自我发展紧密结合的科学理论，可亲可信可用。对马克思主义理论的深刻理解，能够有力地促进大学生由认知转化为认同，由认同升华为信仰。同时，大学生带着理论问题走向社会，又带着实际问题回到教室，从而使自己的辩证思维能力得到锻炼，用马克思主义立场、观点、方法分析和

---

① 黄蓉生、白显良:《关于加强高校思想政治理论课社会实践教学环节的几点思考》,《学校党建与思想教育》,2009年第2期。

② 汤俪瑾:《思想政治理论课实践教学的基本原则和具体环节》,《思想理论教育导刊》,2014年第1期。

解决问题的能力得到提高[1]。总之，只有在实践教学中，引导大学生将深刻的理论思维与鲜活的感性体验相结合，才能使他们在活生生的事实、图像、景观以及真切实在的亲身感受和体验中，印证马克思主义的理论和现实的价值，将教学内容逐步转化为自己的内心需要，转化为大学生自觉奉行的理想信念和行为准则[2]。

从现实上看，无论是在课堂上、在校园还是在校外，实践教学都使教学双方的地位发生变化，大学生由被动的一方，转变成主动的一方。这不仅使"教"与"学"的互动性增强了，更为重要的是激发了大学生学习积极主动性，大学生的学习兴趣浓厚了，学习热情高涨了，探究意识强烈了，对真理的追求执着了。他们对马克思主义理论的学习不再是"要我学"的被动学习，不再是"为考而学、考后即丢"的一次性的学习，而是"我要学"的主动学习。为了完成即将开展的实践活动，他们提前预习有关理论内容，甚至自主地学习课本之外的有关内容；为了在实践活动中更好地展示自我，他们研学理论、认真思考、搜集资料、准备发言提纲（教案），力争用自己的观点说服他人。学马列的人多了，讲马列的人多了，做马列的人多了。

第三，思想政治理论课实践教学的基本原则。思想政治理论课实践教学的有效展开，必须遵循以下基本原则。

一是系统性原则。思想政治理论课有严密的内在逻辑，各门主干课程既有各自具体的教学内容、教学目标与教学要求，同时又反映了马克思主义理论由浅入深的编排布局，形成结构合理、功能互补、相对稳定的课程体系。思想政治理论课实践教学，必须确立从宏观上作整体性设计的理念，把握不同课程实践教学的差异性与统一性、独特性和一致性的关系，既适应主干课程的具体的教学大纲及教学要求，实现实践教学的针对性，又体现主干课程之间的逻辑体系，构建系统、完整的实践教学体系。思想政治理论课实践教学的系统性要求将实践学分进行整合，围绕实践教学目标，制定具有针对性的、规范的实践教学方案，而不是

① 张森年：《"'感—行—思'三阶一体实践教学模式"的建构与实践》，《思想理论教育导刊》，2011年第7期。

② 熊友华：《浅议思想政治理论课实践教学的必要性》，《思想政治教育研究》，2005年第2期。

分散到各门主干课程中，更不是分散到具体的章节中，否则必将导致实践教学的支离破碎。这一点与有关文件要求也是一致的。中共中央宣传部、教育部《关于进一步加强高等学校思想政治理论课教师队伍建设的意见》中规定了思想政治理论课实践教学的学分，即本科思想政治理论课实践教学2学分、专科思想政治理论课实践教学1学分，而没有将实践教学的学分再分解至思想政治理论课主干课程。事实上，如果将实践教学分解，无论是分解至主干课程还是更进一步分解到各个章节，依靠任课教师组织开展，会造成校内外实践教学资源统筹使用上的困难，往往无法解决大学生在理论学习中遇到的实际问题，无法实现实践教学对于理论教学的深化。

二是协同性原则。中共中央、国务院《关于进一步加强和改进大学生思想政治教育的意见》中明确提出，要构建全员育人、全方位育人、全过程育人的格局[①]。在这样的育人视野下，思想政治理论课的实践教学应当协调运用与整合更多资源，全方位拓展社会实践渠道，通过形式多样的实践教学活动，提高大学生思想政治素质和观察分析社会现象的能力，在实践活动中升华思想、磨练意志、增强社会责任感和历史使命感，深化思想政治理论课教学的效果，全面实现实践育人目标。

首先，发挥校内思想政治理论课建设领导小组的协调作用。一般来说，高校有三个系统在组织大学生的实践活动，即团委组织的暑假社会实践、志愿者服务等大学生活动，各专业的专业实践以及思想政治理论课的教学实践。为了有效整合资源，可以建立以高校思想政治理论课建设领导小组为协调者，思想政治理论课教学部（马克思主义学院）为主体，教务处、宣传部、学工部、团委和各学院参与的实践教学联动工作机制。通过这种由思想政治理论课教师设计、大学生工作系统组织、思想政治理论课教学部（马克思主义学院）与学工系统共同指导的工作机制，使思想政治理论课社会实践与团委组织的暑假社会实践、志愿者服务等大学生活动有机结合，引导大学生深入基层、深入实际，弥合思想政治教育与社会现实之间的裂痕，激发大学生的社会责任感。还可以加

① 教育部社会科学司主编：《普通高校思想政治理论课文献选编（1949—2006）》，北京：中国人民大学出版社2007年版，第243页。

强与学院的沟通，把专业实习与思想政治理论课实践教学有机结合起来，挖掘实习企业中有利于实现思想政治理论课教学目标的教育资源，给大学生布置思考题，要求大学生将思考题融入专业实习，并在专业实习结束时提交思想政治理论课实践教学报告。

其次，发挥思想政治工作队伍与思想政治理论课教师队伍的协同作用。辅导员、班主任工作在大学生思想政治教育的第一线，是高等院校从事德育工作、开展大学生思想政治教育的骨干力量，应当按照校党委的部署有针对性地开展思想政治教育活动。

最后，发挥地方政府对大学生思想政治教育的积极作用。高校应当拓宽视野，加强对当地及周边地区社会文化资源的了解，发挥地方政府对大学生思想政治教育的积极作用，制定符合地方特色的实践教学方案，充分利用、积极争取当地的各种教育资源，建立思想政治理论课实践教学基地。

三是规范性原则。规范性原则是为思想政治理论课实践教学提供制度支撑和组织保障的，主要从计划性的增强、课程性的强化、管理性的完善和评价性的提高等方面体现。

首先，增强思想政治理论课实践教学的计划性。明确思想政治理论课实践教学的学分，将思想政治理论课实践教学纳入教学计划。2011年教育部颁布的《高等学校思想政治理论课建设标准（暂行）》，在“教学管理”指标体系中“实践教学”部分明确规定“实践教学纳入教学计划，落实学分”。

其次，强化思想政治理论课实践教学的课程性。思想政治理论课实践教学应当有明确的教学要求，包括教学形式、教学时数、考核方式等，这些要求应当具有连续性和持续性，为实践教学的组织实施提供可操作的制度依据，以避免实践教学的盲目和随意。要开展实践教学有效性的教学研究，加强对大学生思想政治理论课教学中存在问题的调研，设计基于问题、有针对性的实践教学方案，探索具有推广意义的实践教学案例。

再次，加强思想政治理论课实践教学的管理性。思想政治理论课实践教学应当有规范的教学管理，要明确实践教学的管理部门和管理职责。教务处应当作为教学管理部门对思想政治理论课实践教学承担宏观管理的职责，要将思想政治理论课实践教学纳入统一的教学计划，统筹、协调各种形式的实践教学，落实学分学时。思想政治理论课教学部门对思想政治理论课实践教学承担过程管理的职责，要求教师对于实践教学做到事先有完善的计划和方案，事中有及时的控制和指导，事后有科学的总结和交流。

最后，提高思想政治理论课实践教学的评价性。推进思想政治理论课实践教学的专项评估，制定实践教学评价指标体系，把实践教学的学时、经费投入、基地建设及教学管理制度、实践教学成效等纳入评价指标体系，设立校级、厅级、部级等不同层次思想政治理论课实践教学研究项目。

第四，思想政治理论课实践教学的具体环节。思想政治理论课实践教学不是空洞的、千篇一律的学生活动，它的展开是现实的具体的。

一是模块化设计，保证教学的覆盖面。实践教学是思想政治理论课的重要环节，必须具有足够的覆盖面。而且，实践学分的要求决定了其应当面向全体大学生，能够让全体大学生都有机会参与其中。必须注意的是，实践教学的覆盖面，不能单纯依靠某一种实践教学形式，而是应当采取模块化设计，依靠包括课堂实践教学、校内实践教学以及社会实践三种实践教学形式共同实现。具体地说，可以将思想政治理论课实践2学分分为两个部分，各1学分，即课堂实践教学1学分，由思想政治理论课教师在课堂上通过分组讨论、主题辩论、案例分析等方式开展，同时，选拔思想政治理论课学习优秀、品行优良的大学生开展统一组织的实践活动；校内实践教学和社会实践活动1学分，对校内实践教学和社会实践活动进行模块化设计，既包括覆盖多数大学生的专题讲座、暑期社会实践、感恩母校等实践活动，也包括以课题研究的方式开展的社会调查等实践活动。不同模块包含的具体形式不同，体现的特点不同，提出的要求不同，但应该总体遵循由大学生自行选择、由学校进行总量控制、保证每个大学生都能参加的实施原则。

二是个性化教学，发挥大学生的主动性。大学生是实践育人的对象，也是开展实践教学的主体。实行个性化实践教学模式，就是要充分发挥大学生在实践育人中自我教育、自我管理、自我服务的主动性，激发大学生参与实践的自觉性、积极性。具体地说，在模块化设计下，将被纳入实践教学课程计划的实践活动，以菜单的方式向大学生公布，要求大学生在思想政治理论课授课的两个学年内，自行选择参加不同模块、一定次数的实践活动，并按照要求提交实践论文或实践报告，获得实践学分。鼓励大学生根据专业特点组成实践活动小组，申报社会调查课题，由教务处、思想政治理论课教学部门（马克思主义学院）以及其他有关部门审核申报材料，支付活动经费。

三是过程化管理，实施科学的考核方式。采取模块化设计、个性化教学的思想政治理论课实践教学，不能延续传统的以笔试为主的考核方式，应该对于大学生的实践活动开展过程化管理，实施科学的考核方式。教师应当在大学生选择教学模块、申报实践课题、参加实践活动、撰写实践论文或报告的整个过程中，进行及时的组织、指导和参与，以全面地了解大学生对于实践教学的参加情况，回答大学生在实践教学中遇到的问题。在实践活动完成后，综合考量大学生对于实践教学的参加情况以及所提交的实践论文或报告，给出考核结果。

（三）理论教学与实践教学的高度统一是思想政治理论课教学的基本要求

思想政治理论课教学过程是理论教学和实践教学高度统一的过程。实践教学不是用来充当理论教学的调味剂，不是为了让大学生变得活跃或热闹起来而开展的系列活动，而是与理论教学相辅相成。理论教学是教师对理论的讲授，实践教学是对理论教学的内容的展开，是对大学生的理论知识的掌握和运用的检验。因而，对于实践教学的内容和形式，应该从大学生发展与成长的需要入手，紧紧围绕思想政治理论课程内容进行考虑和设计。

第一，根据课程内容特点设计实践教学内容和形式。思想政治理论课课程的教学内容，既相互联系，又各有特点。既要整体设计，又要根据各门课程的特点，确定课内实践教学的内容，采取灵活多样的形式。例如，“思想道德修养与法律基础”课可结合大学生的思想实际开展“大学生谈诚信”“中国梦·我的梦”“理想信念与精神‘钙’”“校园文明面面观”“大学生活中的你我他”等演讲系列活动，弘扬和培育社会主义核心价值观。“马克思主义基本原理概论”课可开展“马克思主义灵不灵”“资本主义亡不亡”“市场经济是法治经济还是权力经济”“顺境更有利于人的成长还是逆境更有利于人的成长”“大学恋爱是青苹果还是红苹果”等辩论赛活动，培养大学生理论思维和逻辑思维能力。“毛泽东思想和中国特色社会主义理论体系概论”课与“中国近现代史纲要”课，可以建立“网络红色体验室”，即专门的展览教室，将中国近现代史重大事件以及在社会主义改造、建设、改革期间的成果通过数字、图片、声像等多种元素的组合，全方位地展现在师生面前，给大学生一个直观、真实、近距离的感觉，增强理论的说服力和感染力。通过对中国历史和现状的直观感受和认识理解，坚定大学生立志成人成才、报效国家的决心和信心。

第二，根据年级特点设计课内实践教学的内容和形式。由于不同年级大学生的社会阅历、思想情感、心理状态和知识背景不同，在开展课内实践教学时应有不同的侧重。对于大一年级的学生，因为入学时间较短，多数尚未接触专业课，运用专业知识解决问题的能力比较低，但他们具有较为强烈的政治热情和浓厚的好奇心，可以组织他们开展理想信念教育和爱国主义教育活动等。大二、大三年级的学生，已逐步深入学习了一些专业课，有一定的专业知识和分析问题、解决问题的能力，可以组织他们开展一些探索性研究性的实践活动。例如，师生团队式暑期调研①，能将专业性与思想性结合起来，更好地促进大学生的全面发展。大四年级学生即将踏入社会，需要对他们进行职业道德规范教育和法治教育。针对不同年级大学生的特点，确定课内实践活动的相关主题和形式，突出大学生的主体地位和因材施教原则。

第三，根据专业特点和大学生特点设计课内实践教学的内容和形式。在课内实践教学内容和形式的设计时，既要注意普遍性和共同的需要，也要注意结合大学生不同的专业特点。例如，根据我国现阶段基本

① 张君、刘洁、龙兵：《师生团队调研：高校思想政治理论课实践教学的有效形式》，《思想理论教育导刊》，2017年第6期。

经济制度、经济结构和发展方式转型转轨等理论内容，结合经济类专业的特点组织开展相应的实践活动，把所学的理论知识和专业问题结合起来，从而有利于调动大学生参与实践活动的积极性和主动性，增强课内实践教学的效果。理工科类大学生，抽象思维和逻辑思维能力较强，自然科学基础知识比较宽厚扎实，但人文科学知识相对薄弱，语言表达能力欠缺；而文科类大学生形象思维较强，语言表达能力较好，但自然科学知识较为薄弱。针对不同学科专业学生的不同特点，在课内实践教学内容及方式上要有所取舍，充分调动不同类型大学生参与实践教学活动的积极主动性，可以促进他们综合素质的提升。

总之，实现理论教学与实践教学的高度统一，必须做到：

一是在教学理念上，实践教学的内容与思想政治理论课课程内容相一致，实践教学的形式与大学生正在接受的思想政治理论知识相一致。

二是在教学实施中，理论教学与实践教学步调相一致。大学生的思想政治理论的知识学习与实践冶炼、教师的理论讲授与实践指导合二而一。只有这样的教学，才能使大学生得到真实的长进，教师得到真实的提升。

三是在考核方式上，实践教学成绩与理论教学成绩都是课程成绩的有机组成部分。具体做法为，期末考试成绩占总成绩的50%，实践教学成绩占总成绩的30%，平时成绩占总成绩的20%。对于平时学习成绩和实践教学成绩都优秀的学生，经本人申请、学科组审核，准予该课程期末免考。免考比例控制在学生总数的5%左右，免考成绩在85—92分数段①。理论教学成绩通过期末考试的成绩来判定。期末考试可以全部以材料的形式呈现。不过，这些材料都得是与大学生的所学、所思、所需紧密相关的。所给出的问题不能过于单薄，也就是说，不能仅仅停留于对书本知识的检测。既要检测学生对基本知识的把握，又要检测学生的思维能力，还要检测学生的理解能力，更要检测学生的综合运用能力。可以用想一想（基本知识测试）、辨一辨（思维能力训练）、谈一谈（理解能力展示）、用一用（综合能力运用）等四大题型命题。实践教学成绩以

① 张森年：《“‘感—行—思’三阶一体实践教学模式”的建构与实践》，《思想理论教育导刊》，2011年第7期。

参加实践活动的次数、态度和效果来判定。平时成绩由出勤成绩、课堂表现成绩、参与教学互动以及听课笔记、完成作业等构成。“期末考试+实践活动+日常行动”，这样的考核才是全面的。

理论教学和实践教学相辅相成，缺一不可。两者的任何缺失与缺陷都会导致思想政治理论课教学过程的不完整，并对教学的效果产生负面影响。

第二章
思想政治理论课教学过程的优化

思想政治理论课教学过程优化的研究和实践，是各类各级高等院校思想政治教育中一个带有根本性的问题。因为学校思想政治教育目标的实现与教学过程是否优化有着密切的关系。如果我们对教学过程的优化没有一个全面正确的认识，那么，对其他教育和教学问题的处理就有可能发生偏差甚至失误。因此，思想政治理论课教师要重视教学过程优化的研究和实践。

一、思想政治理论课教学过程优化及其现实意义

全面认识"思想政治理论课教学过程优化"，首先需要明确"优化"的一般内涵和思想政治理论课教学过程优化的必要性。

（一）思想政治理论课教学过程优化的现实考量

当今时代是多元化的时代。多元化的时代，使大学生的价值基础、需求目标、接受方式都发生了质的变化，呈现出多样性趋势，从而也更凸显出思想政治理论课教学过程优化的迫切必要性。

第一，充分发挥思想政治理论课主渠道作用，必须优化教学过程。

众所周知，思想政治理论课是大学生思想政治教育的主渠道，是帮助大学生树立正确的世界观、人生观、价值观的重要途径。然而，在现实生活中，思想政治理论课教学的重要性与实效性之间的“落差”现象仍然不同程度地存在。这一“落差”制约着思想政治理论课主渠道作用的发挥。而缩小和解决“落差”，推进主渠道的疏通和畅行，归根到底得落实在教学过程之中。为此，教育部党组在《2017年高校思想政治理论课教学质量年专项总体方案》中强调：必须聚焦思想政治理论课教学效果和大学生获得感这一核心指标，切实改革教学内容，改进教学方法，改善教学手段，即实现教学过程的优化。

第二，深化思想政治理论课教学改革，必须优化教学过程。“05方案”实施以来，思想政治理论课教学呈现出持续加强改进、不断向上向好的态势。思想政治理论课教师以十足的劲头，在教学内容、教学形式、教学方法和教学手段等方面进行了一系列的改革探索，取得了丰硕的成果，这些成果为有效地改进思想政治理论课教学提供了不可缺少的经验资料。但就总体而言，这些改革探索还多处于相对零散的个案层面。思想政治理论课的教学改革，必须是整体的、系统的、过程的改革。整体的、系统的、过程的改革也就是教学过程的优化。

第三，强化思想政治理论课的教学研究，必须澄清优化问题上的模糊认识。在已经发表的直接标以“优化”的研究论文中，一般都以“优化”为一个约定俗成的、人所共知的概念直接使用，并由此进入“优化”的对策性研究，且这种对策性研究又多抓取几个具体问题展开。这样的思路和方法使得“优化”问题的研究多徘徊在局部的、个别的层次上，重复性论说、经验性描述也相当程度地存在着。局部的个别的研究是必须的，但却是低层次的。实现思想政治理论课教学过程的优化，首先要全面研究“优化”。

“优化”问题的研究要得到全面深化，必须首先对“优化”作出科学的一般规定。

（二）“优化”的一般定义及其运用

近些年，“优化”概念是一个时髦用语。至于什么是“优化”，在什么意义上使用“优化”，则是需要进一步探究的问题。

第一，“优化“的一般定义及引申。“优化”一词，原意为采取一定措施使变得优秀。狭义的“优化”，指的是为了更加优秀而“去其糟粕，取其精华”。广义的“优化”，一是指为了在某一方面更加出色而去其糟粕；二是指为在某方面更优秀而放弃其他不太重要的方面；三是指使某人或某物或某事变得更优秀的方法和技术等。

第二，“优化”概念的运用。据柴秀敏考证，“优化”一词原是数学术语，以后成为系统论、控制论中一个基本概念。它指按某一衡量指标来寻找最好方案，以达到最经济、最有效地使用人力、物力，获得最好效果[①]。

由于“优化”概念反映了人类实践活动中的一种普遍现象——在一定的社会经济条件下和人力、物力及时间因素的约束下，人们总是希望自己的工作在可能范围内取得最佳效果。例如，在物质产品上要求有最佳性能、最低能耗、最低成本等；在精神产品上，则要求时耗少，社会效果最佳；在企业中，劳动优化组合，就是企业根据生产经营的需要，重新调整劳动组织，使之更为合理，在尽可能短的时间内，提高劳动效率和效益。这样，“优化”概念便被运用到各行各业中，成为各行各业组织实践活动的一条重要原则。

第三，教学活动同样需要优化。教学活动是一项教书育人的社会实践活动，在本质上属于精神活动。尽管教学活动是一项精神活动，但同样也要讲求效益，即尽可能节约时间、精力和经费，达到教育出的人才最顶用的目的。所以，教学活动也需要优化。

早在20世纪70年代，苏联的尤·克·巴班斯基就提出了教学过程最优化理论。

① 柴秀敏:《现代教学艺术新论》,北京:中国戏剧出版社2007年版,第147页。

二、尤·克·巴班斯基教学过程最优化理论的主要内容

尤·克·巴班斯基（1927—1987年），前苏联著名的教育家和教学论专家。

尤·克·巴班斯基毕生致力于教育科学和教学过程的研究。20世纪60年代初至80年代中，为了纠正由教学理论研究的片面性所导致的教学实践的片面性，深入研究教学过程最优化的本质和标准及其实现途径，解决学校教学整体优化的问题；为了解决为实现教学内容的现代化，过分强调“高难度”和“高速度”而导致的学生负担过重、学习成绩不佳、留级过多的问题；为了解决由劳动教育有所放松所“造成的中学教育与劳动就业在一定程度上脱节”，以“保证思想政治教育、道德教育和劳动教育的统一性”[①]的问题。随后，为了总结罗斯托夫地区教师创造的在普通学校中大面积消灭留级现象、预防学生成绩不良的成功经验，尤·克·巴班斯基以罗斯托夫地区的普通学校为基地，潜心进行教育实验和研究教学过程，形成了具有丰富内容和现实意义的完整的教学过程最优化的理论。

教学过程最优化的理论成果集中于尤·克·巴班斯基的《教学过程最优化——一般教学论方面》《教学、教育过程最优化——方法论基础》以及他主编的《教育学》等著作中。

尤·克·巴班斯基的教学过程最优化理论主要包含以下几方面的内容。

（一）尤·克·巴班斯基界定了教学过程最优化的涵义

尤·克·巴班斯基对教学过程最优化涵义的界定不是漫不经心、主观随意的，而是以科学的方法论为基础，在分析教学过程的要素和结构成分、总结教学规律、制定教学原则中完成的。

---

①［苏］尤·克·巴班斯基著，张定璋等译：《教学过程最优化——一般教学论方面》，北京：人民教育出版社2013年版，第3页。

第一，尤·克·巴班斯基把辩证的系统论作为教学过程最优化研究的方法论基础。尤·克·巴班斯基教学过程最优化理论的特色，就是在总结以往教学论经验教训的基础上，用辩证的系统论研究教学过程最优化。他在《教学过程最优化——一般教学论方面》的第二章开宗明义地提出，“用辩证的系统观点评价现有教学任务的各种可能的解决办法，乃是教学过程最优化的方法论基础”①。因为，教学过程最优方案的选择，不是仅凭直觉、凭联想或凭尝试错误，而是按照教学的规律性，遵循反映教学规律性的原则来完成的。而以往的教学论在一定范围、一定意义上说，也反映了教学的某些规律性，但它们反映的只是教学过程的某一侧面或某个片段。如果以偏概全，予以绝对化，那就难免会犯形而上学的错误，以致走上形式主义教学的道路。而“辩证的系统观点能保证针对当时条件选出最佳方案”②，“最优化只有在教师的辩证思维的基础上才可能实现”③。

第二，尤·克·巴班斯基用整体性观点考察教学过程的要素和结构成分，在揭示出教学规律的基础上，建立起一套较完整的优化教学过程的原则。尤·克·巴班斯基认为，“社会主义学校中具有整体性的教学和教育过程，其目的是为了造就全面而和谐发展的人，教学过程是这种整体性过程中的一个组成部分”④。教学过程内含教和学两个组成要素，它们彼此是有联系的。教学过程不是教和学两种过程的“机械的总和”，而是一种本质上完全新的、具有整体性的现象。

“教学过程的整体性决定于教和学的主要目的的一致性，决定于教学的两个组成要素的世界观基础以及认识论基础的一致性”，这就是“教师对学生的教学影响，学生对这些影响的内心反映、领会和主观想法，学生在掌握知识和技能技巧以及其他教养因素方面的独立活动等等，都是

① [苏]尤·克·巴班斯基著，张定璋等译：《教学过程最优化——一般教学论方面》，北京：人民教育出版社2013年版，第53页。

② [苏]尤·克·巴班斯基著，张定璋等译：《教学过程最优化——一般教学论方面》，北京：人民教育出版社2013年版，第53页。

③ [苏]尤·克·巴班斯基著，张定璋等译：《教学过程最优化——一般教学论方面》，北京：人民教育出版社2013年版，第259页。

④ [苏]尤·克·巴班斯基著，张定璋等译：《教学过程最优化——一般教学论方面》，北京：人民教育出版社2013年版，第6页。

统一在一起的”[①]。所以，教学过程实质上就是“师生教学上的互相影响”[②]、相互作用的过程，由教学目的成分、教学内容成分、激发动机成分、操作—活动成分（包括教师和学生活动的组织形式和师生活动的方法）、检查—分析成分（教学活动的检查与自我检查形式和方法）和评价—结果成分等六个基本成分构成。这六个基本成分有一定的序列性，每个成分中都包含着师生的双边活动因素。此外，还有教学条件成分，这是实现教学过程最优化必须充分考虑并尽可能予以改善的成分[③]。

在尤·克·巴班斯基看来，教学过程的结构成分不是彼此孤立的，而是相互联系的。它们之间客观存在的本质联系就是教学规律。这些规律是：教学与生活、与劳动者为建立共产主义新社会而进行的斗争相联系的规律；学校教养与科学知识、技术和文化发展水平相适应的规律；教学与教育相统一的规律；教学与发展相统一的规律；在教学与教育中发挥学生积极性的规律[④]。

“有效地组织教学过程的各项原则是根据教学过程的各种规律引申出来的”[⑤]。也就是说，考察教学过程结构成分的目的在于从整体性出发，按照教学规律，制定教学原则，力求使教学全过程及其每一成分都能发挥最优的功能，实现最优的效果。这些原则是：

一是发挥目的成分最优功能的原则：“教学过程旨在使学生个性全面而和谐发展的方向性原则”，“教学与生活、与共产主义建设实践相联系的原则”[⑥]。发挥目的成分最优功能原则是最根本的原则，体现着以人的全面而和谐发展的教学目标，与其他成分有着直接的关系。

---

①[苏]尤·克·巴班斯基著，张定璋等译:《教学过程最优化——一般教学论方面》，北京：人民教育出版社2013年版，第6–7页。

②[苏]尤·克·巴班斯基著，张定璋等译:《教学过程最优化——一般教学论方面》，北京：人民教育出版社2013年版，第13页。

③[苏]尤·克·巴班斯基著，张定璋等译:《教学过程最优化——一般教学论方面》，北京：人民教育出版社2013年版，第8页。

④[苏]尤·克·巴班斯基著，张定璋等译:《教学过程最优化——一般教学论方面》，北京：人民教育出版社2013年版，第23页。

⑤[苏]尤·克·巴班斯基著，张定璋等译:《教学过程最优化——一般教学论方面》，北京：人民教育出版社2013年版，第23页。

⑥[苏]尤·克·巴班斯基著，张定璋等译:《教学过程最优化——一般教学论方面》，北京：人民教育出版社2013年版，第25页。

二是发挥内容成分最优功能的原则：科学性原则、可接受性原则、教学的系统性和连贯性的原则[①]，这是完成教学任务必须首先遵守的原则。

三是发挥激发动机成分最优功能的原则：在教师指导作用下发挥学生在教学中的自觉性、积极性和独立性的原则；尽力激发和诱导学生形成良好的学习态度的原则[②]。

四是发挥操作—活动成分最优功能的原则：口述的、直观的和实践的教学方法最优组合原则，再现的和探究的学习认识活动的统一性及其最优的相互联系原则，课内和课外，全班、分组和个别的教学形式的统一性和最优结合原则[③]。

五是发挥检查—分析成分的原则：保证在教学中随机应变地进行检查和自我检查的原则[④]。

六是发挥评价—结果成分的原则：知识、技能和技巧的巩固、理解性和实效性的原则，教养效果和教育效果相统一的原则[⑤]。

上述原则不是单独起作用的，只有在综合地运用这些原则的基础上，才有可能设计和实施最优的教学过程。因此，教学过程最优化不是一种什么新的教学形式或教学方法，而是科学地指导教学、合理地组织教学过程的方法论原则。

第三，尤·克·巴班斯基界定了教学过程最优化的最一般定义。“教学过程最优化是在全面考虑教学规律、原则、现代教学的形式和方法、该教学系统的特征以及内外部条件的基础上，为了使过程从既定标准看

① [苏]尤·克·巴班斯基著，张定璋等译：《教学过程最优化——一般教学论方面》，北京：人民教育出版社2013年版，第32、33页。

② [苏]尤·克·巴班斯基著，张定璋等译：《教学过程最优化——一般教学论方面》，北京：人民教育出版社2013年版，第26页。

③ [苏]尤·克·巴班斯基著，张定璋等译：《教学过程最优化——一般教学论方面》，北京：人民教育出版社2013年版，第26页。

④ [苏]尤·克·巴班斯基著，张定璋等译：《教学过程最优化——一般教学论方面》，北京：人民教育出版社2013年版，第34页。

⑤ [苏]尤·克·巴班斯基著，张定璋等译：《教学过程最优化——一般教学论方面》，北京：人民教育出版社2013年版，第35页。

来发挥最有效的（即最优的）作用而组织的控制”[①]。也就是说，教学过程最优化，是一种有目标的科学的控制行为，就是按照教学规律和教学原则，制定和选择一个最好的教学方案，用尽可能少的时间，以较少的精力达到当时条件下尽可能最大的效果。

为了澄清在教学过程最优化概念问题上的模糊认识，尤·克·巴班斯基还从不同的侧面对这一概念进行了阐述。

首先，把“最优化”理解为单指教师的劳动，是片面的。“教学反映着教师活动和学生活动的辩证统一”，“教学过程最优化不仅要求科学地组织教师的劳动，还要求科学地组织学生的学习活动”。因而，最优化就是“依靠科学地组织教师和学生的劳动，其目的是在具体条件下达到可能范围的最大效果”[②]。

其次，“当谈论最优性时，必须强调指出，这里所说的尽可能最大的效果并非泛泛而谈，乃是针对一所学校或一定班级现有的具体条件而说的，也就是说，指的是学生和教师当时所具有的全部可能性。对某些条件来说是最优的，未必对另一些条件也是最优的”[③]。过去看来是最优的，现在则未必仍然最优。同样，现在看来是最优的，将来也可能发生变化。所以，“最优化思想与教师的教条主义也是格格不入的”[④]。

再次，“不能把最优化思想归结为仅仅是从某种一成不变的目录中选择一些教学手段，而是要求研究制定一些新的教学方式和方法”，也“不容许在每堂课上‘平均的’使用所有已知的教学方式”，“而必须是要针对一定的具体条件，着眼于解决一定的教学教育任务，有科学根据地选择组织教学过程的最优方案”，“使教师和学生花最少的时间和精力获得

---

① [苏]尤·克·巴班斯基著，张定璋等译：《教学过程最优化——一般教学论方面》，北京：人民教育出版社2013年版，第55页。

② [苏]尤·克·巴班斯基著，张定璋等译：《教学过程最优化——一般教学论方面》，北京：人民教育出版社2013年版，第53-54页。

③ [苏]尤·克·巴班斯基著，张定璋等译：《教学过程最优化——一般教学论方面》，北京：人民教育出版社2013年版，第2页。

④ [苏]尤·克·巴班斯基著，张定璋等译：《教学过程最优化——一般教学论方面》，北京：人民教育出版社2013年版，第259页。

最好的教学效果”[1]。

最后，“最优化不能是泛泛一说，它只有针对现有的控制任务”，“才可能有意义”[2]。作为人类实践活动的一个重要领域，师生的教学活动也存在着三大因素，这就是社会因素，即教育目的和内容；心理因素即师生双方的动机、注意力、意志、情感等；控制因素就是教师对教学的组织、方法的选择和计划的调整以及学生的自我控制。这三个方面的最佳统一，就达到了教学过程最优化的境界。在这个意义上，教学过程的最优化，就是要求将社会的具体要求与师生的具体情况和所处的教学环境、条件以及正确的教学原则几方面结合起来，从而选择和制订最佳工作方案（即最优教案），并在实际中坚决而灵活地实行，最终达到最佳的教学效果。

（二）尤·克·巴班斯基制订了评价教学过程最优化的标准

尤·克·巴班斯基首先提出了评价标准的重要性，“必须明确地认识到，究竟是什么应当最优化，按照既定的目的，系统的何种参数应达到最优值。如果不确定最优化的标准也就不能谈什么最优值”，也就无法判定是否最优。只有在分析和论证了最优化的标准之后，才有可能顺理成章地被广大教师所接受、所运用。所以，“最优的”就是“从一定标准来看是最好的”[3]。

尤·克·巴班斯基要求把效率与效果同时加以考虑：“不单纯是提高它的效率，而且是要达到最优的，即对该条件来说是最佳的结果。”“在现代学校条件下，我们认为首先必须解决教学教育任务的效果、质量，以及教师和学生为解决这些任务所花费的时间和精力作为教学过程最优性的最重要标准。”关于效果，不仅要依据学生的成绩，还要依据品德方面和一般发展方面的成果；关于质量高低和时间的消耗量，主要是依据

① [苏]尤·克·巴班斯基著，张定璋等译：《教学过程最优化—— 一般教学论方面》，北京：人民教育出版社2013年版，第259–260页。

② [苏]尤·克·巴班斯基著，张定璋等译：《教学过程最优化—— 一般教学论方面》，北京：人民教育出版社2013年版，第56页。

③ [苏]尤·克·巴班斯基著，张定璋等译：《教学过程最优化—— 一般教学论方面》，北京：人民教育出版社2013年版，第56页。

国家提出的目的、任务及其他规定。例如，与教学计划、教学大纲的规定相符合的程度，与现行学校卫生标准相符合的程度，等等。此外，还要按照每个学生最大的学习可能性的水平来看待每一个具体的学生。在这里，尤·克·巴班斯基给教学过程最优化赋予了明确的标准：一是效果和质量标准，二是时间和精力消耗标准。

第一，评价教学过程最优化的效果和质量标准。尤·克·巴班斯基指出："教学过程的效果和质量的标准是看学生的知识、技能、技巧和品德的水平是否同现行国家教学大纲的要求相符合，而且，每个学生都应在自己的最大可能性水平上掌握一定范围的知识，不低于现行评分标准规定的'及格'"[①]。

第二，评价教学过程最优化的时间和精力消耗标准。尤·克·巴班斯基指出，"判断教师和学生的时间和精力消耗的最优值，我们将依据消耗的时间和精力跟现行的学校卫生标准相符合的程度"[②]。也就是师生在教学过程中的时间消耗和精力消耗是否超过学校规定的课堂教学和家庭作业的时间定额（教学计划严格规定了课堂教学活动的时间，学校卫生标准严格规定了学生家庭作业的时间）。这些规定在当前的条件下是最优的。关于精力耗费的多少，由于目前没有直接的评测方法，尤·克·巴班斯基主张用折算的办法，或者用间接的观测法。如果既定的任务是在科学规定的时间内完成的，那么为此消耗的精力可以认为是最优的。

第三，教学过程最优化的标志。尤·克·巴班斯基指出，能同时符合下列两条标准的教学过程是最优的：一是教学过程的内容、结构和发挥作用的逻辑，都要根据国家教学大纲的要求，按照每个学生最大的学习可能性的水平，保证有效地和高质量地解决学生的教学、教育和发展任务；二是保证达到既定的目的，既不要超过现行教学计划用于课堂作业的时间，也不要超过现行学校和劳动卫生学规定师生用于家庭作业的

① [苏]尤·克·巴班斯基著，张定璋等译：《教学过程最优化—— 一般教学论方面》，北京：人民教育出版社2013年版，第60页。

② [苏]尤·克·巴班斯基著，张定璋等译：《教学过程最优化—— 一般教学论方面》，北京：人民教育出版社2013年版，第58、61页。

最高时间标准，同时还应防止师生出现疲劳过度的现象①。

总之，尤·克·巴班斯基所讲的教学过程最优化，“指的是对于教学过程的组织要能保证：教学教育任务的解决，应取得现有条件下尽可能大的效果，而师生用于课内外工作和学习的时间并不超过目前学校的规定”②。

（三）尤·克·巴班斯基建立了教学过程最优化的方法体系

尤·克·巴班斯基认为，教学过程最优化需要选择最优的方法，但方法不是单一的，而是一个体系，是用来达到教学目的的各种方法的体系。

第一，尤·克·巴班斯基明确了教学方法的定义。鉴于教学过程是教师教授活动与学生学习活动的统一，那么，在最优的“教学方法的结构中应反映出教师活动和学生活动的统一性。因而，教学方法最合理的定义是：师生为达到既定的教学和教育目的而进行的相互有联系的活动和办法”③。

第二，尤·克·巴班斯基概括了教学方法体系及构成。教学方法体系是相互联系的，导致教学过程最优化的方法的总和至少有三大类构成方法体系。这就是“组织和自我组织学习活动的方法、激发学习和形成学习动机的方法、检查和自我检查教学效果的方法”④。

第三，尤·克·巴班斯基具体分析了三大类方法的构成。三大类方法如下：

第一大类“组织和自我组织学习活动的方法”，从传递和感知知识信息的来源看，包括口述法（讲述、讲演、谈话）、直观法（图解、演示等）和实践法（练习、实验、劳动等）；从传递和感知知识信息的逻辑

① [苏]尤·克·巴班斯基著，张定璋等译：《教学过程最优化——一般教学论方面》，北京：人民教育出版社2013年版，第58页。

② [苏]尤·克·巴班斯基著，张定璋等译：《教学过程最优化——一般教学论方面》，北京：人民教育出版社2013年版，第256页。

③ [苏]尤·克·巴班斯基著，张定璋等译：《教学过程最优化——一般教学论方面》，北京：人民教育出版社2013年版，第39页。

④ [苏]尤·克·巴班斯基著，张定璋等译：《教学过程最优化——一般教学论方面》，北京：人民教育出版社2013年版，第39页。

看，包括归纳法和演绎法；从思维方面看，包括复现法和问题探索法；从学习管理方面看，包括学生独立学习法和教师指导下的学习方法。

第二大类激发学习和形成学习动机的方法，包括激发和形成学习兴趣的方法、激发和形成学习义务感和责任感的方法。

第三大类检查和自我检查教学效果的方法，包括口头检查和自我检查法、书面检查和自我检查法、实验实践检查和自我检查法。

尤·克·巴班斯基认为，每类教学方法都有自己的优点和不足，有自己的适用范围，且各类各种方法又互相渗透和相互作用。因此，教师应该根据相应教学阶段的任务、教材内容的特点、学生的可能性以及教师运用各种方法的可能性来选择教学方法，并对教学方法进行最优组合，配合运用①。

“他山之石，可以攻玉。”以上我们简要地研习了尤·克·巴班斯基教学过程最优化的理论，尽管这一理论存在着优选步骤繁琐、对学生创造力的培养不够重视，“最优化”概念的使用是否得当等局限，但仍是一个很有价值的教学理论。我们研读的目的是汲取其精华，为实现思想政治理论课教学过程的优化提供经验的借鉴和理论的支持。

三、思想政治理论课教学过程优化及其基本特征和具体环节

研究思想政治理论课教学过程优化，既要明确思想政治理论课教学过程优化的内涵，找出关键点和切入点，又要揭示思想政治理论课教学过程优化的基本特征和具体环节。

（一）思想政治理论课教学过程优化的界定

界定“思想政治理论课教学过程优化”，可以借鉴尤·克·巴班斯基教学过程最优化的定义，根据我国思想政治理论课教学的实际来进行。

第一，思想政治理论课教学过程优化的涵义。所谓思想政治理论课教学过程优化，如同其他所有教学过程优化一样，指的是根据培养目标

---

①［苏］尤·克·巴班斯基著，张定璋等译：《教学过程最优化—— 一般教学论方面》，北京：人民教育出版社2013年版，第39-52页。

和教学任务，按照教学规律和教学原则，制定一个适合于大学生健康成长的教学方案，然后灵活机动地实施这个方案，在规定的学时内，提高教学的效率，获得最佳的教学效果。

培养德智体美全面发展的社会主义建设者和接班人是教育的根本目标。传授马列主义、毛泽东思想、邓小平理论、“三个代表”重要思想、科学发展观和习近平新时代中国特色社会主义思想，弘扬和培育社会主义核心价值观是思想政治理论课教学的根本任务。这个根本任务主要包括：认知任务，就是让大学生真正理解和掌握马列主义、毛泽东思想、邓小平理论、“三个代表”重要思想、科学发展观和习近平新时代中国特色社会主义思想；情感任务，就是着眼于培养和提升大学生对马列主义、毛泽东思想、邓小平理论、“三个代表”重要思想、科学发展观和习近平新时代中国特色社会主义思想的信任度，加深对中国特色社会主义的思想认同、理论认同、情感认同、文化认同，增强道路自信、理论自信、制度自信、文化自信；能力任务，就是帮助大学生正确认识错综复杂的社会环境，提高判断能力、选择能力和践履能力，其目的是提高大学生的马克思主义理论素养，使其具有坚定的社会主义和共产主义的理想信念，具有适应中国特色社会主义发展要求的思想政治道德品质和实践能力。优化教学过程的设计须以完成思想政治理论课教学的根本任务为落脚点。

第二，思想政治理论课教学过程优化的关键。思想政治理论课教学过程优化的关键，是在强调教师主导作用的同时，充分尊重并发挥大学生主体性及其作用。思想政治理论课教学过程是教的过程与学的过程的辩证统一，教学过程的其他成分都受制于教与学的活动，因而提高教学过程的效率和效果，一方面取决于教与学自身优化的状况，另一方面起决定性作用的是教与学相互间的动态发展关系的和谐程度。为此，优化教学过程的设计，一是以大学生现实的认知特点、认知发展水平和期盼视野为出发点。二是在提升教师的基本素质，即夯实学识功底、修正教学态度、积累科学方法、拓展胸怀视野、修行道德情操、提高教学能力等上下大功夫，让教师以自身的气质魅力，即服饰端庄得体、精神饱满、充满朝气；人格魅力，即善恶分明，诚信友善；才学魅力，即学识和能力等来引导学生，从而使教的过程与学的过程处于和谐状态，进而达到让每一个大学生得到健康发展的目的。

第三，思想政治理论课教学过程优化的切入点。建立良好的师生关系，创造优质的教学氛围是思想政治理论课教学过程优化的切入点。毋庸置疑，思想政治理论课教学中依然不同程度地存在着“教师没底气、学生没生气、课堂没人气”的现象。这个中的原因是复杂多样的，而师生之间情感淡薄，甚至不和谐是一个重要原因。从学生方面看，有些学生对待思想政治理论课往往先入为主，以偏概全，怀有抵触之情；有些学生为考试分数而学习的惯性难以改变，认为思想政治理论课听不听无所谓，考试前突击背一下，及格就行；有些学生把就业作为求学的重点，认为思想政治理论课与就业关系不大，往往不予重视。为了维护课堂纪律，老师又不得不采取多点名措施，而一旦点名，想学的还是不想学的学生都有意见，显性或隐性逃课的现象时有发生。少数学生还存在着自理能力弱、心理脆弱、人际障碍、经济困难、学习基础差等问题，这些都是思想政治课教师必须关注的。从教师方面看，受时间、精力和能力的限制，教师多数是心有余而力不足。由于学校逐年扩招，多校区教学，一些教师有上不完的课，没有时间和精力搞教研和科研，难以关注教学质量的提高。同时，教学内容多而课时少，学生的性格爱好、脾气秉性、兴趣特长、家庭情况、学科专业不一，这些都影响着教师的教学情绪及教学技巧的施展；一些教师往往自觉不自觉地把自己当作单纯的管理者，居高临下地对待学生；个别教师过于依赖现代化设施，要么以PPT替代讲稿，要么一上课就是放录像看电影；一些兼职教师公务繁杂，调课、停课时有发生；还有一定数量的教师，他们或是缺乏对事业的热爱，或是缺乏对学生的关怀，或是教学的投入不足和激情不够，或是个人性格局限、语言表达有所缺失等，都影响了学生听课的情绪，进而影响着师生之间的关系，导致师生之间不和谐。师生之间不和谐直接制约了思想政治理论课教学过程的良性运行，降低了思想政治理论课教学实效性的发挥。因此，优化教学过程，要着力建立良好的师生关系。

建立良好师生关系，首先要在思想上提高认识。苏霍姆林斯基说：“教育——这首先是关心备至地、深思熟虑地、小心翼翼地去触及年轻的心灵。”[①]在严爱相济的前提下，晓之以理、动之以情。这就是说，教育绝不是单纯的知识传授，而是育心、育德、育人的过程。为此，思想政治理论课教师要真正认识到：教师和学生，一切都是相互的平等关系。尊重学生、理解学生、宽容学生、信任学生，促进学生全面发展是思想政治理论课教师的重要职责。在这个意义上，教师绝不能把学生仅仅当成点名册上的符号，因为学生是鲜活的独立的现实的人。在实践中，要尊重大学生的个性，关注每位大学生的发展。大学生是一种由生理力量、精神力量、思想、情感、意志、情绪等因素组成的极复杂的综合体，具有鲜明的个性。正因为如此，习近平总书记在2014年教师节讲话中说，好老师，要有仁爱之心。用爱培育爱、激发爱、传播爱，通过真情、真心、真诚拉近同学生的距离，滋润学生的心田，使自己成为学生的好朋友和贴心人[②]。当教师做到了既是学生学习上的良师，又是生活上的益友和亲人，师生自然心往一处想，劲往一处使，良好的师生关系定能推进思想政治理论课教学过程的良性运行，进而提高思想政治理论课教学的实效性。

（二）思想政治理论课教学过程优化的基本特征

在马克思主义哲学的视野中，任何事物都是普遍性和特殊性的统一。普遍性即共性，是同类事物具有的共同属性。特殊性即个性，是同类事物中每个事物所具有的不同特点。既没有离开个性的共性，也没有离开共性的个性。教学过程的优化也是如此。

第一，一般教学过程优化的共同特征。在一般意义上，思想政治理论课教学过程优化同其他教学过程优化一样，也是教师教的过程优化与学生学的过程优化的统一。

一是教的过程优化与学的过程优化是紧密联系的。紧密联系是指教学过程中，教与学两者相互依存和相互作用，不可分割。一方面，教是

① [苏]B.A.苏霍姆林斯基著，杜殿坤编译：《给教师的建议》，北京：教育科学出版社2015年版，第102页。

② 习近平：《做党和人民满意的好老师——同北京师范大学师生代表座谈时的讲话》，《人民日报》，2014年9月10日。

为了学。教师依据教学目标和教学大纲规定的教学任务，只有在学生愿学和爱学的情况下，才能转化为学生的学习行为，使教学任务落到实处。也只有在学生愿学和爱学的情况下，才能检验教学任务规定得是否恰当、是否科学。所以，教学内容的提炼、教学方法的选择、教学结构的组合、教学环境的创设，目的都在于使学生会学、会思、会用，也只有当学生会学、会思、会用了，才能实现教与学的统一。另一方面，学离不开教。教师不仅能够明确学生为什么学，学什么和怎样学，并且也深知自己为什么教，教什么和怎样教。因此，教师要为学生的会学、会思、会用，精心提炼教学内容、选择教学方法、组合教学结构和创设教学环境。如果教学内容空泛，教学方法死板，教学结构单一，教学环境低劣，那么，学生不可能愿意学习、愿意思考，更谈不上运用。再一方面，教学效果的评价也离不开教和学两个方面，因为，教的效果是通过学的效果表现出来的。只有当教的评价与学的评价相一致时，教学效果的评价才是全面的、准确的、科学的，对教学过程才能真正起到促进作用。教学过程就是教的过程优化与学的过程优化不可分割的统一过程。

二是教与学双方的优化统一于教学目标。教学过程的优化不是教与学双方局部优化的简单相加，而是依据一定的目标进行科学的组合。任何课程的教学目标都是培养目标的具体化，是衡量教学质量高低的标准，是优化活动的出发点和落脚点。因此，教学双方的优化活动必然以达到培养目标为目的。习近平总书记指出："我们的教育是为人民服务、为中国特色社会主义服务、为改革开放和社会主义现代化建设服务的，党和人民需要培养的是社会主义事业建设者和接班人。"[①]这就再次重申我国的培养目标是培养德智体美全面发展的社会主义建设者和接班人，所以，教学双方的优化活动只能是为实现培养德智体美全面发展的社会主义建设者和接班人这一目标而努力。唯有这样，教学双方才能找到最佳的结合点。

三是教与学双方的优化统一于教与学需求的一致。在教学过程中，教与学是同时出现的。假如教师和学生在教学过程中各自活动，老师不

① 习近平:《做党和人民满意的好老师——同北京师范大学师生代表座谈时的讲话》,《人民日报》,2014年9月10日。

知道学生在想什么、想要什么、能要什么；学生也不关心老师讲什么、做什么、能做什么，教和学互不相干，那就不能实现教学目的了。所以，教学过程优化首先要充分了解学生在想什么、想要什么、能要什么，否则，知识学习过多过难，疲劳过度，不但造成学生厌学弃学，而且影响健康。而知识学习过少过浅，则会让学生丧失学习兴趣，不重视学习，甚至不愿学习。因此，教学活动一定要准确把握学生的年龄特征、身心发展水平和知识背景，从学生的当下需要和发展需要出发，否则，不利于学生会学、会思、会用。

当然，从学生的角度看，教师的教是外因，是学生学好学不好的一个重要条件，而学生的学是内因，是学生学好学不好的根据。教师的教是通过学生的学这个内因来起作用的。教学是学生的一种复杂认识活动，别人不能代替，没有学生的自觉积极性，教学就会落空。为此，教师要使学生明确学习目的，端正学习态度。正是在这个意义上，教师教的本质是提高学生学习的独立活动的因素，使外在因素顺利地转化为学生的内在因素，学生将会健康成长。教师要有目的、有计划地引导学生能动地进行认识活动，自觉调节自己的志趣和情感，循序渐进地掌握科学知识、基本技能和基本方法，促进自己全面发展。正如苏霍姆林斯基所说的：教师的一项重要任务就是“使学生的知识不要成为最终目的，而要成为手段；不要让知识变成不动的、死的‘行装’，而要使它们在学生的脑力劳动中、在集体的精神活动中、在学生的相互关系中、在精神财富交流的生动的、不断的过程中活起来，没有这种交流，就不可能设想有完满的智力的、道德的、情绪的、审美的发展”[①]。

第二，思想政治理论课教学过程优化的基本特征。在马克思主义哲学视域中，所谓特征，指的是一事物区别于其他事物的内在规定性。事物的内在规定性不是单一的，而是复杂多样的。其中，表征事物根本性质的规定性就是事物的基本特征。思想政治理论课教学过程优化的基本特征是方向性、思想性、科学性的有机统一。

方向性、思想性、科学性的内在关联。方向性，体现了思想政治理

① [苏]B.A.苏霍姆林斯基著，杜殿坤编译:《给教师的建议》，北京:教育科学出版社2015年版，第22-23页。

论课教学过程优化的明确的目的性，这就是，旗帜鲜明地用马列主义、毛泽东思想、邓小平理论、“三个代表”重要思想、科学发展观和习近平新时代中国特色社会主义思想武装大学生，着力引导其深刻认识马列主义、毛泽东思想和中国特色社会主义理论体系的科学内涵和意义，增强理论自信、制度自信、道路自信、文化自信。思想性，指明了思想政治理论课教学过程优化是着眼于帮助大学生掌握马克思主义的立场、观点、方法，树立正确的世界观、人生观和价值观，引导大学生把社会主义核心价值观的要求变成日常的行为准则，从知行合一上下功夫。科学性，体现了思想政治理论课教学在内容上的真理性和方法论上的正确性，要求思想政治理论课教学要真正做到以科学的方法吸引学生，以真理的力量说服学生，使学生心悦诚服地接受并运用马克思主义。

方向性是第一位的。习近平总书记在2016年全国高校思想政治工作会议上再次强调：“我国高等教育肩负着培养德智体美全面发展的社会主义事业建设者和接班人的重大任务，必须坚持正确政治方向。”能否坚持正确的方向，是关系到“高校培养什么样的人、如何培养人以及为谁培养人这个根本问题”，是关系到能否“为人民服务，为中国共产党治国理政服务，为巩固和发展中国特色社会主义制度服务，为改革开放和社会主义现代化建设服务”①的大问题。那种借口尊重和体现学生的自主性，而在重大思想和政治原则问题上采取放任自流的态度是要坚决制止的。

当然，方向性离不开思想性和科学性。坚持以科学的教学内容和新鲜活泼的教学方法提高大学生的思想水平、政治觉悟、道德品质、文化素养，也就坚持了正确的政治方向。坚持了方向性，就必然具有正确的思想性和科学性。只要坚持了思想性和科学性，也就必然坚持了正确的方向。正如恩格斯所指出的：“科学越是毫无顾忌和大公无私，它就越符合工人的利益和愿望。”②所以，思想政治理论课教学过程优化首要的是坚持思想政治理论课教学的方向性、思想性、科学性的统一。

第二，方向性、思想性、科学性体现了思想政治理论课真理性与价值性的统一。在马克思主义哲学视野中，凡是具有真理性的科学理论，

---

① 习近平：《习近平在全国高校思想政治工作会议上的讲话》，《人民日报》，2016年12月9日。

② 《马克思恩格斯选集》第4卷，北京：人民出版社1995年版，第258页。

本身就具有价值性。而价值，是揭示客观世界满足人类生存发展程度的关系范畴，是指具体历史过程中客体对于主体需要的意义。相对于思想政治理论课教学而言，真理性是指作为主体的思想政治理论课教学所具有的正确反映并改造客体的科学性质。价值性是指作为客体的思想政治理论课教学所具有的满足主体需要的有用的属性。思想政治理论课教学的科学性体现了其真理性，而思想政治理论课教学的方向性和思想性则体现了其价值性。一方面，思想政治理论课教学的方向性和思想性，要求其为实现“两个一百年”奋斗目标和中华民族伟大复兴的中国梦服务，为中国共产党治国理政服务，为广大人民的根本利益服务；另一方面，也强调思想政治理论课教学是为大学生个人的成长成人成才服务，为大学生将来能够最大限度地实现自身的社会价值和自我价值服务。这其中，既包含思想政治理论课教学推动人类社会进步发展的价值，同时也包含其对于促进个人健康成长的价值。思想政治理论课教学价值的实现，必然要求思想政治理论课教学具有科学性。思想政治理论课教学的方向性、思想性的价值体现和其真理性要求具有内在的一致性。

第三，方向性、思想性、科学性的统一彰显着马克思主义的科学态度。马克思主义的科学态度就是坚持与发展相统一的态度。马克思主义自创立以来，之所以能一直保持其科学的生命力，始终洋溢着鲜明的时代精神，就在于它是随着时代的发展而不断发展的科学理论体系。思想政治理论课教学过程的优化，无论是教的优化，还是学的优化，都要充分体现马克思主义的科学态度，既要坚持马克思主义的基本理论、基本立场、基本观点和基本方法的有机统一丝毫不动摇，防止借口时代的变化否认马克思主义的真理性和价值性的错误态度，又要弘扬马克思主义与时俱进的理论品质，防止用马克思主义经典作家在特定历史条件下，针对具体情况作出的某些个别论断和具体行动纲领，裁剪现实生活的僵化态度。

（三）思想政治理论课教学过程优化的具体环节

从主体的角度看，教学过程包括教学的出发点、着重点、着力点和落脚点。因此，优化教学过程，就是通过教学目标、教学内容、教学方法、教学评价和教学条件的优化，实现教学的出发点、着重点、着力点和落脚点的优化。

第一，优化教学出发点，解决“入门”问题，让大学生自愿走进思想政治理论课。进行各类形式的调研（课堂问卷、专访、师生对话等），把握大学生的期待视野，组织课前5分钟“学思政·读经典”活动，让思想政治理论课接上地气，克服以教师为轴心，“能教什么，就教什么”“想讲什么，就讲什么”的旧习，使大学生亲近思想政治理论课。

第二，优化教学着力点，解决“入耳”问题，让大学生喜爱思想政治理论课。结合大学生的认知水平和心理旨趣，创作出学生愿读、爱读、喜读、耐读的课程教材和辅助读物，用“以疑引思·重点剖析”的理论讲授，即设计“问题”情境（社会热点、理论难点、认识困惑），引发学生的学习兴趣，激活学生思考，用分类教学法进行有的放矢的教学，使学生从“高”“空”“远”的“满堂灌”“堂堂灌”的教学方式中摆脱出来。

第三，优化教学着重点，解决“入脑”问题，让大学生思考思想政治理论。开展自讲互评、理论论坛、专题知识竞赛等实践教学活动，调动大学生参与意识，释放他们的主动探究精神，实现“要我学”向“我要学”的转变。

第四，优化教学落脚点，解决“入行”的问题，让大学生践行思想政治理论。举行主题演讲、微型情景剧和社会考察等实践教学活动，引导大学生自觉接受并运用科学理论，提高分析和解决问题的能力，改变“记笔记、背笔记、考笔记、丢笔记”的状况。

第三章
实现思想政治理论课教学过程优化的“三个转变”

思想政治理论课教学过程优化的实现既不是一蹴而就的自然而然的过程，更不是主观随意的为所欲为的过程，而是在努力完成教材体系向教学体系的转变、文字语言向口头语言的转变、理论讲授向信仰传播的转变过程中实现的。忽视或轻视“三个转变”的主观臆断，是不能实现思想政治理论课教学过程的优化的。在这个意义上，“三个转变”是实现教学过程优化的根本保证。

一、教材体系向教学体系的转变

中共中央宣传部、教育部《关于进一步加强高等学校思想政治理论课教师队伍建设的意见》（简称“05方案”）明确指出：为充分发挥思想政治理论课作为大学生思想政治教育主渠道的作用，思想政治理论课教师要以教材为教学的基本遵循，在教材体系向教学体系转变上下功夫，真正做到融会贯通、熟练驾驭、精辟讲解。这就表明了教材体系向教学体系转变在发挥思想政治理论课教学主渠道作用中的重要意义。

（一）思想政治理论课教材体系向教学体系转变的必要性

在思想政治理论课教学实践中，常常可以看到这样的情况：同样一门课程，使用同样的教材，但不同的教师却产生出了不同的效果。之所以如此，就是因为有些教师没有正确认识和处理教材体系和教学体系之间的关系，没能实现教材体系向教学体系的转变。

第一，教材体系和教学体系之间的辩证关系。恩格斯在谈到事物普遍联系的"辩证图景"时指出："当我们通过思维来考察自然界或人类历史或我们自己的精神活动的时候，首先呈现在我们眼前的，是一幅由种种联系和相互作用无穷无尽地交织起来的画面。"①这就是说，世界上没有孤立存在的事物，每一事物都是和其他事物相联系而存在着。联系是相互区别的联系，是辩证统一的关系。同样，教材体系和教学体系也是相互联系、辩证统一的关系，它们既相互区别，又相辅相成，缺一不可。

一是教材体系和教学体系之间的区别。教材体系和教学体系之间的区别主要表现在以下几个方面：

首先，教材体系和教学体系的内涵不同。教材体系讲的是教科书怎么编写的问题，具体指某一学科或某一专业的教科书内部的章节目结构框架以及相互联系的内容所形成的一个整体。教材是课程之本，一门课程的目的要求能否真正实现，关键在教材。自2005年以来，思想政治理论课课程的所有教材，都是纳入党中央马克思主义理论研究和建设工程的高质量的重点教材，既比较全面准确地体现了马列主义、毛泽东思想、邓小平理论、"三个代表"重要思想、科学发展观和习近平新时代中国特色社会主义思想的基本原理，体现了社会主义核心价值观的基本精神，体现了中国共产党人的道路自信、理论自信、制度自信、文化自信；又比较充分地反映了马克思主义的立场、观点和方法，反映了人类社会发展规律、社会主义建设规律和人才成长规律，对大学生进行系统的马克思主义理论教育，突出了思想政治教育的任务。

教学体系说的是"怎么教课"的问题，包括教师实施教学的程序、

①《马克思恩格斯文集》第3卷，北京：人民出版社2009年版，第538页。

内容和方法等内容，具体指为了完成教学目的，教师依据教学对象、教学目的和教学情境等因素，融会贯通教材内容而设计的一整套实施方案（教案），主要解决“为什么讲”“讲什么”“怎么讲”的问题。同样，思想政治理论课的教学体系是教师为了达到教学目的，在吃透教材内容的基础上，根据大学生的实际设计的教学实施方案。教师可以根据具体情况作出自己的选择和规定，设计各种不同的教学体系。

其次，教材体系和教学体系的特点不同。教材体系是对一门学科进行系统阐述的理论体系，是某一门或某一类课程的教学目的和教学标准的载体，以较稳定的书面文字为表现形式，一般都具有理论科学性、表述准确性、学术权威性和体例稳定性。无论是“马克思主义基本原理概论”课、“毛泽东思想和中国特色社会主义理论体系概论”课、“中国近现代史纲要”课、“思想道德修养与法律基础”课，还是“形势与政策”课的教材，都是比较科学、准确、权威且相对稳定的理论体系，具有鲜明的政治性和深刻的思想性。

教学体系是指导教师系统传授教材内容、实现教育目的的理论讲授表达体系，以较灵活的口头语言和实践活动为表现形式。教学体系在内容的选择上具有问题针对性、重点突出性和难点深入性，在教学过程中具有方法灵活性和手段多样性。无论是“马克思主义基本原理概论”课、“毛泽东思想和中国特色社会主义理论体系概论”课、“中国近现代史纲要”课、“思想道德修养与法律基础”课，还是“形势与政策”课的教学体系，都应该是根据学生的实际和所关注的问题或所困扰的问题，围绕本课程的主线，打破章、节、目格局，突出重点、难点和热点，采取以疑引思・重点剖析法、分类教学法、专题讲授法、问题教学法、讨论教学法、案例教学法，使用多媒体教学手段，可以更好地实现教学目的。

再次，教材体系和教学体系的目的不同。思想政治理论课的教材体系以完整表述马列主义、毛泽东思想、邓小平理论、“三个代表”重要思想、科学发展观、习近平新时代中国特色社会主义思想，思想道德修养与法律基础和中国近现代史的基本理论为目的，讲究的是主题鲜明、立场坚定、结构严谨、层次清晰、前后呼应；内容全面覆盖、章节均衡。

所以，它在命题上简明准确、原理推演上逻辑严密，甚至对于每一章节的理论观点的安排、字数的限制都有一定的要求。同时，教材体系具有相对稳定性。

教学体系则以如何让大学生理解和接受所学的马列主义、毛泽东思想、邓小平理论、“三个代表”重要思想、科学发展观、习近平新时代中国特色社会主义思想，以及社会主义核心价值观和法治观、中国近现代史的理论知识并解决相应的问题为目的，一切教学活动都围绕这个目的进行。教学活动需要以教材为基本遵循，但是不能完全按照教材体系进行，必须遵循思想政治理论课教学规律，遵循大学生的接受规律。

最后，教材体系和教学体系的设计思路不同。在设计教材体系、编写教材时，使用的主要是从个别到一般的思路。通过对大量的社会现象以及数据资料的研究和概括，形成教材中的概念、命题、理论观点等。例如，“中国近现代史纲要”课，是通过大量的历史资料展现了新中国站起来、富起来、强起来的发展脉络，得出“三个选择”的历史必然性的结论；而在设计教学体系、形成教学方案时，其思路恰恰相反，使用的主要是从一般到个别的思路。运用教材提供的概念、命题、理论观点，结合现实的、具体的、生动的、典型的社会现象以及数据资料，进行理论的实际运用，解决大学生的思想认识问题。在第一个思路上，实现的是认识的第一次飞跃，从感性认识上升到理性认识；在第二个思路上，实现的是认识的第二次飞跃，理性认识回到了实践。

总之，教材体系和教学体系是不同的，两者既不能混淆，又不能等同。

二是教材体系和教学体系之间的相互联系。教材体系和教学体系之间又是相互联系的，这种联系表现为相互依存、相互渗透和相互支撑。

首先，教材体系是设计教学体系的基础和依据。教材体系根据教学的目的，按照特定的范式，给教学活动提供全面、准确、严谨的知识体系，是教师教学活动的依据，是大学生学习和把握理论知识的依据。相对于思想政治理论课而言，教材体系全面而严谨地阐述了马列主义、毛泽东思想、邓小平理论、“三个代表”重要思想、科学发展观和习近平新时代中国特色社会主义思想的基本理论、基本观点和基本方法，为思想政治理论课教师准确传播马克思主义，帮助和引导大学生树立正确的世界观、人生观和价值观提供了可靠的蓝本。

其次，教学体系是教材体系的具体体现和实际运用。教学体系是教师在教学过程中为了完成教学目的，依据教学对象、教学情境构建的一套实施方案。它是教师系统传授教材内容、实现教育目的的基本渠道。相对于思想政治理论课而言，只有通过教师对教材内容的展示，才能实现教育目的——促使大学生正确理解和接受马列主义、毛泽东思想、邓小平理论、“三个代表”重要思想、科学发展观和习近平新时代中国特色社会主义思想的基本理论、基本观点和基本方法，树立正确的世界观、人生观和价值观，提升判断能力、选择能力和践履能力，成为全面发展的建设者和接班人。

总之，教材体系和教学体系是紧密联系、不可分割的，思想政治理论课教师既不能拘泥于教材体系，亦步亦趋、生搬硬套；也不能脱离教材体系，另起炉灶、信口开河。

第二，教材体系向教学体系转变的必要性。在思想政治理论课教学中，如何正确认识教材体系向教学体系转变的必要性，是思想政治理论课教师亟待解决的一个重要问题。教材体系能否向教学体系转变以及转变效果的好坏，不仅影响教学的质量和效果，而且也直接影响到思想政治理论能否“三进”的问题。

首先，大学思想政治理论课和中学思想政治课之间的递进关系，决定了教材体系向教学体系转变的必要性。在我国，学校思想政治教育依次主要包括小学道德与法治课、初中道德与法治课、高中思想政治课和大学思想政治理论课。大学思想政治理论课主要是向大学生系统地讲授马列主义、毛泽东思想、邓小平理论、“三个代表”重要思想、科学发展观和习近平新时代中国特色社会主义思想的基本理论、基本观点和基本方法，为其终身发展奠定思想的、道德的、政治的理论基础。大学思想政治理论课，既基于中学思想政治课，又是学校思想政治教育的高级阶段。这种递进关系，决定了教材体系向教学体系转变的必要性。

其次，消除大学生对思想政治理论课的误解，决定了教材体系向教学体系转变的必要性。大学生在中学期间普遍学习过马列主义、毛泽东思想、邓小平理论、“三个代表”重要思想、科学发展观、习近平新时代中国特色社会主义思想以及思想道德修养和法律基础知识、中国近现代史，对这些知识已有了一定程度的了解，且大学思想政治理论课与中学思想政治课的教材内容存在着部分的交叉或重复，如果仍然完全按照教科书的内容，或是一、二、三，甲、乙、丙的讲解条条杠杠，或是蜻蜓点水泛泛谈一些理论常识，就会使大学生感到思想政治理论课只不过是中学思想政治课的一种简单重复，远离自己的生活实际，抽象、空洞，没有实际的用处，从而产生厌倦心理，逆反情绪。消除大学生对思想政治理论课的误解，决定了教材体系必须向教学体系转变。

再次，教材内容与教学时数之间的突出矛盾，决定了教材体系向教学体系转变的必要性。例如，“思想道德修养与法律基础”课（2018年修订版，以下同）教材，由绪论和六章总计22节组成，16万字，包括伦理学和法学两个学科，而其只有3学分，51计划学时（包括课堂理论教学、实践教学和考核，以下同）；“马克思主义基本原理概论”课教材，由绪论加七章总计21节组成，26万字，包括马克思主义哲学、马克思主义政治经济学和科学社会主义等学科，而其也只有3学分，51计划学时，教材内容与教学时数之间的矛盾十分突出。严格按照章节目进行教学，展不开、说不透。再如，“中国近现代史纲要”课教材，以1840年鸦片战争为上限，下限是目前，时间跨度相当大，内容极其丰富。而“中国近现代史纲要”课教学时数非常有限，只有2学分，34计划学时。在这有限的课时内要将170多年中的重大历史问题和理论问题都讲清楚，是很难做到的。这就要求思想政治理论课教师必须把教材体系有效地转变为教学体系。

最后，因需施教、因材施教，决定了教材体系向教学体系转变的必要性。目前各高校普遍使用的思想政治理论课统编教材，具有高度的普适指导性。但是由于各个高等学校所处的地域不同、办学特点不同、人文环境也不同，即使是同一所学校的大学生也存在着文化修养、专业背景、个性特点、认知能力、关注点以及理论需求等方面的差异。教师只有依据自己所面对的大学生的具体情况——思想脉络、心理特征、接受度和期盼视野，灵活地使用统编教材，才能实现思想政治理论课的教学目标。所以，因需施教、因材施教，决定了教材体系必须向教学体系转变。

（二）教材体系向教学体系转变应遵循的基本原则

中共中央、国务院《关于进一步加强和改进大学生思想政治教育的意见》指出：思想政治理论课要联系改革开放和社会主义现代化建设的实际，联系大学生的思想实际，把传授知识与思想教育结合起来，把系统教学与专题教育结合起来，把理论武装与实践育人结合起来，切实改革教学内容，改进教学方法，改善教学手段。这就为思想政治理论课从教材体系向教学体系的转变确立了基本原则。

第一，针对问题与传授理论相结合原则。针对问题与传授理论相结合，就是理论联系实际。如果教师不联系实际，那么，思想政治理论课就会缺失吸引力和说服力，“台上讲得头头是道，台下听得没有味道”，这是大学生“专业课认真听，选修课随便听，思想政治理论课不想听”的一个重要原因。在教学中，针对问题与传授理论相结合，就是针对大学生的思想动态、所关注的社会热点问题、所困惑的现实问题来设计教学方案。在讲授理论观点的同时，释疑解惑，引导大学生理解、认同、接受和运用马列主义、毛泽东思想、邓小平理论、“三个代表”重要思想、科学发展观和习近平新时代中国特色社会主义思想，践行社会主义核心价值观，增强中国特色社会主义的道路自信、理论自信、制度自信和文化自信，这是思想政治理论课教学的立教之本和生命力之所在。

第二，自主发挥与遵循教材相结合原则。思想政治理论课教学过程是一个需要充分发挥教师“教”的积极主动性和大学生“学”的积极主动性的活动。教师是教学活动的主持者、组织者、指导者、鼓舞者和指引者，具有主导作用。教师的积极主动性的发挥，决定着教学的质量和效果。然而，教师的主导作用是通过学生学习的情感、意志和行为表现出来的。大学生“学”的积极主动性的发挥，既直接影响着教师教的积极主动性，又间接影响着教学的质量和效果。所以，教学体系的设计，必须充分考虑师生双方的积极主动性，避免按部就班、亦步亦趋。然而，作为课程，思想政治理论课教学是按照教材体系的规范要求展开的，这就需要在自主发挥的同时，以教材为教学的基本遵循。假如教学完全脱离教材，或由教师任意发挥，随意解答学生提出的各种离奇的问题；或由学生不着边际地自由活动，愿看什么就看什么，愿弄什么就弄什么，那就不可能完成教材内容，实现思想政治理论课的教学目的了。

第三，重讲与略讲相结合原则。思想政治理论课教材，每个章节都有主题性的内容设计。以主题为轴心进行阐述和展开，形成了不同层次的理论观点。由于教材体系的编写，考虑的是对某一个原理或某一个问题阐述的完整性，难免有所重复，这就决定了在设计教学体系时，首要的是吃透教材的理论精神，围绕主题，归类和整合知识点，明确哪些内容是应该重点讲述、详细展开、讲深讲透的，哪些部分应该略讲（凡是教材上基本讲清楚或中学学过或学生自学能够掌握的内容都可以略讲，让学生自学）。这既有利于帮助学生从整体上理解马列主义、毛泽东思想、邓小平理论、“三个代表”重要思想、科学发展观、习近平新时代中国特色社会主义思想，又缓解了思想政治理论课课时少与内容多的矛盾。

第四，理论教学与实践教学相结合原则。思想政治理论课的理论教学与实践教学都是育人的基本途径。理论教学可让大学生系统地理解和领悟马列主义、毛泽东思想、邓小平理论、“三个代表”重要思想、科学发展观和习近平新时代中国特色社会主义思想的精髓，深刻地理解和把握社会主义核心价值观的真谛，可让大学生从中国人民站起来、富起来、强起来的宏大历史进程中，认识和把握人类社会发展的历史必然性，认识和把握中国特色社会主义的历史必然性；实践教学既是对理论教学的延伸、补充和验证，又是促使学生将自己对马列主义、毛泽东思想、邓小平理论、“三个代表”重要思想、科学发展观和习近平新时代中国特色社会主义思想的感性认识上升到理性认识，践行社会主义核心价值观，提升自身素质的过程。在设计教学体系中，坚持理论教学与实践教学相结合，就是把实践教学的设置与理论教学的设置匹配起来，实践教学的内容与理论教学的相关内容一致起来，依据理论教学自身的特点选择实践教学的形式。

（三）教材体系向教学体系转变的路径

教材体系向教学体系的转变绝非易事，必须首先明确转变的基本前提，抓住关键、找准合理形式、运用有效手段。

第一，精准把握课程特点，是实现从教材体系向教学体系转变的基本前提。思想政治理论课首先是一种“育人”之课。这里所说的“育人”，是指直接引领大学生对自身既有的世界观、人生观和价值观进行审视、校正、提升，促进自己全面发展。在这一点上，思想政治理论课与其他具体学科有明显的区别。其他学科知识的传授和方法的解说，以帮助学生学习和掌握具体的知识或方法为主要目的。而对思想政治理论课来说，知识的传授和方法的解说只是完成了课程的表层部分，它的最终目标应该是通过这些知识和方法的解说传达出自身的观念和信仰，知识的传达和信仰的传递是融合为一的。也就是说，思想政治理论课的主要目的不仅仅是传授知识，而是通过阐述马克思主义的世界观、人生观、价值观等方面的道理，着力于帮助大学生学习和掌握观察社会、定位人生的立场、观点、方法，审视、转变、提升思想观念，确立并坚定信仰，促进自己健康发展。

例如，“马克思主义基本原理概论”课，着重讲授马克思主义的世界观和方法论，帮助大学生从整体上把握马克思主义，正确认识人类社会发展的基本规律，从而为自己认识世界、认识社会、认识自我提供科学的立场观点方法；“毛泽东思想与中国特色社会主义理论体系概论”课，着重讲授中国共产党把马克思主义基本原理与中国实际相结合的历史进程，充分反映马克思主义中国化的三大理论成果，帮助大学生系统掌握毛泽东思想、邓小平理论、“三个代表”重要思想、科学发展观和习近平新时代中国特色社会主义思想的基本原理，从而为自己树立正确的世界观、人生观和价值观打下坚实的理论基础；“中国近现代史纲要”课，主要讲授中国近代以来抵御外来侵略、争取民族独立、推翻反动统治、实现人民解放的历史，帮助大学生了解国史、国情，深刻领会历史和人民是怎样选择了马克思主义，选择了中国共产党，选择了社会主义道路，坚定自己在中国共产党领导下走中国特色社会主义道路的理想信念；“思想道德修养与法律基础”课，主要进行社会主义道德教育和法治教育，引导大学生自觉践行社会主义核心价值观，遵守爱国、敬业、诚信、友善、勤俭、自强的基本道德规范，使尊法、信法、守法、用法、护法成为自己的内在追求①；“形势与政策”课的主要任务是结合国内外形势及变化，进行马克思主义形势观、政策观教育，引导大学生全面、正确地把握形势、认识事物，实现自身和谐发展。

第二，吃透教材的理论精神，是实现从教材体系向教学体系转变的关键。教师不能仅仅停留在教材水平，而是要把教材中所涉及的理论精神弄懂、吃透，再把自己“吃透”的所得融入教学过程。“教师越是纯熟自如地掌握教材，他讲课的感情色彩就越鲜明，学生课后在教科书上花的时间就越少。真正的教育能手是满怀激情地讲课的。而对教材了解得很肤浅的教师，尽管使用漂亮的词句，想借以加强对学生意识的影响，然而结果只是造成一种可悲的虚假气氛，实际上是空话连篇，言之无物。”②例如，“马克思主义基本原理概论”课教材的主题是什么是马克思主义、马克思主义为什么是科学的、怎样运用马克思主义。这个主题通过唯物史观、剩余价值学说和科学社会主义基本观点这三个逻辑主线连接起来。围绕这三个逻辑主线，阐述了马克思主义基本原理。马克思主义基本原理是马克思主义基本立场、基本观点和基本方法的有机统一。马克思主义基本立场，是马克思主义观察、分析和解决问题的根本立足点和出发点。马克思主义以无产阶级的解放和全人类的解放为己任，以人的自由全面发展为美好目标，以人民为中心，一切为了人民，一切依靠人民。马克思主义基本观点，是关于自然、社会和人类思维反映一般规律的科学认识，是对人类思想成果和社会实践经验的科学总结。主要包括关于世界统一于物质、物质决定意识的观点，关于事物矛盾运动规律的观点，关于实践和认识辩证关系的观点，关于社会存在决定社会意识的观点，关于人类社会发展规律的观点，关于阶级和阶级斗争的观

①《〈中宣部教育部关于进一步加强和改进高等学校思想政治理论课的意见〉实施方案》，教社政[2005]5号。

②[苏]B.A.苏霍姆林斯基著，赵玮等译：《和青年校长的谈话》，北京：教育科学出版社2013版，第65-66页。

点，关于人民群众创造历史的观点，关于人的全面发展和社会全面进步的观点，关于商品经济和社会化大生产一般规律的观点，关于劳动价值论、剩余价值论和资本主义生产方式本质的观点，关于社会主义必然代替资本主义的观点，关于社会主义革命和无产阶级专政的观点，关于无产阶级政党建设的观点，关于社会主义基本原则和建设规律的观点，关于共产主义社会基本特征和过程中有远大理想的观点，等等。马克思主义基本方法是建立在辩证唯物主义和历史唯物主义世界观和方法论的基础上的，是指导我们正确认识和改造世界的工作方法，主要包括实事求是方法、辩证分析方法、社会基本矛盾分析方法、历史分析方法、阶级分析方法、群众路线方法。学习马克思主义基本原理的目的，就是运用这些基本原理分析和解决问题，提高认识和改造世界的能力[①]。马克思主义基本原理就是"马克思主义基本原理概论"课教材的理论精神，吃透这个理论精神，是"马克思主义基本原理概论"课实现从教材体系向教学体系转化的关键。

第三，合理安排授课专题，是实现从教材体系向教学体系转变的有效形式。在课堂理论教学中，具体落实从教材体系向教学体系的转变，需要合理安排授课专题。合理安排授课专题关键在于，根据教材体系、授课时数和大学生特点设置教学内容。一方面，教学内容既不能离开教材，也不能照搬教材，教学内容与教材是"若即若离"、如影随形的关系。例如，"马克思主义基本原理概论"课的"绪论"，只有4学时讲授时间，大学生对马克思主义有不少困惑，可以采用"走进马克思主义"为章标题，讲授"什么是马克思主义、为什么要走进马克思主义、怎么走进马克思主义"三个专题。另一方面，既要突出重点，又要有一定的涉及面。例如，"马克思主义基本原理概论"课"绪论"的内容非常丰富，可以重点讲授"马克思主义科学性与革命性的统一"，再采用历史与现实相结合的方法，讲授马克思主义产生发展的脉络和意义，整体的马克思主义就呈现出来了。这样的讲授既解开了大学生对马克思主义的困惑，又告诉大学生什么是马克思主义；既有理论高度，又不脱离实际；既以

① 本书编写组编:《马克思主义基本原理概论》,北京:高等教育出版社2018年版,第3页。

“主义”为指导，又以“大学生关注问题”为切入点，从而实现了教材体系向教学体系的转变。

第四，精心设计教学方法，是实现从教材体系向教学体系转变的重要手段。实现教材体系向教学体系的转变，必须做到以真理的力量感召大学生，以人格的力量感染大学生，以真挚的情感打动大学生，以生动的形式吸引大学生[①]，为此，一是根据课程特点，设计出能够形象生动地反映教学体系的方法，如“以疑引思·重点剖析”法、分类教学法、情感体验教学法；二是根据大学生特点设计不同的教学方法，如“学生自讲互评”法、“研究性互动式”教学法、“移动课堂”教学法、探究式学习法、主题演讲法；三是制作出一个充分体现教材体系的基本内容，适合教学需要的、具有震撼的视觉冲击力和视觉精美感的，体现思想性、政治性和严肃性的课件，从而激发大学生学习的积极主动性。

二、文字语言向口头语言的转变

在教学实践中，经常看到这种情况，同样的教学内容在不同的教师那里，效果大不一样。这其中的一个直接原因，就是教师用什么样的语言讲课。

（一）文字语言和口头语言的内涵

语言是人类区别于动物的显著标志，包括口头语言和文字语言两种表达方式。而要了解口头语言和文字语言的内涵以及二者之间的关联，须首先明确语言的一般意义。

第一，语言的一般意义。在哲学意义上，语言是思维的工具，它帮助人们认识世界和发展智力；语言是交往的工具，它帮助人们以语言（文字）的方式实现交流和沟通；语言是思想的寓所和历史文化的水库，它帮助人们凝结和传承思想，积淀历史文化[②]。在教育学意义上，语言是

① 杨建毅：《北京地区高校“毛泽东思想和中国特色社会主义理论体系概论”课从教材体系向教学体系转化研讨会会议综述》，《思想理论教育导刊》，2011年第4期。

② 孙正聿：《语言转向的根据与意义》，《长春市委党校学报》，1999年第1期。

中介工具，在传递和延续人类文化知识的教学中，作为一种传递知识信息的主要载体，教学语言是学生思维和人类文化知识之间的桥梁，是师生情感交流和知识传承的主要手段。教学中，教师对知识的传授和学生对知识接受情况的反馈都是通过语言形式来表达的。教学效果，很大程度上取决于教师的语言表达能力。在这个意义上，苏霍姆林斯基强调说，不重视言语，不相信言语的力量，就会形成教育上的缺乏修养和简单化。

在交往实践过程中，人们是根据社会语境等各方面的要求，选择相应的语言表达方式的。如果与一个人近距离（直接接触）面对面地交谈，一般选用口头语言的表达方式——自由自在地说；远距离的或间接的交谈，一般通过文字语言的表达方式——规规矩矩地写。

第二，口头语言和文字语言的内涵。口头语言，是以音和义结合而成，以说和听为传播方式的有声语言，是以人类用发音器官发出的声音（语音）为形式的符号系统。一般地说，口头语言包括标准语言和方言，方言又有社会方言、地域方言、性别方言等。在现代社会，录音设备和录像设备的普及使口语材料可以作为资料档案而保存；复印机、传真机、激光打印机、手机，以及云技术、互联网+，使信息的传递时间大大缩短，传递速度大大加快，传递空间大大扩展。即使是这样，口头语言依然是文化传递的基本载体。无论何时何地，都不能忽视口头语言的作用。

文字是指书面语的视觉形式，以文字为传播方式的无声语言。古代把独字体称为“文”，把合字体称为“字”，联合起来叫作“文字”。文字语言是以文字作为书写形式记录口语的符号系统，又称为书面语言。书面语言包括叙述性语言、文学性语言和论证性语言。一种语言的书面语言，不管是否含有某种或多种多样的方言，却只有一种文字形式，这种文字形式是人们对本民族认同的文化纽带。例如，汉字是中华民族共有的文字，虽然含有纷繁复杂的方言表达，但却是整个中华民族自身的主要的文化载体，是连接中国人的文化纽带和文化标志。

人类长期只有口语，用文字记录口语形成的书面语历史很短，书面语的文字使人类能够进入有历史记录的文明社会。把时空的影像变化转码成视觉可见的符号系统，使后人能通过间接的文字想象出画面，了解历史和学习技术经验，久之，文字成为文化的主要载体。文字以简单的视觉图案再现口语的声音，因而更加清晰，可以反复阅读，可以突破时间和空间的限制。

第三，口头语言和文字语言的关联。口头语言和书面语言是紧密联系、互相影响、互相促进的。口头语言是文字语言的营养源泉，文字语言脱离口头语言就会枯萎；文字语言（尤其是论证性语言）以其严谨性、周密性和规范性影响、改变着口头语言的自发性、随意性、松散性和不完整性，口头语言脱离文字语言往往会缺失条理、表达不贴切，或含糊其辞，甚至是词不达意。不过，在具体的实践中，口头语言和文字语言之间的界限是不明显的，存在着混合使用或融合使用的现象。如文艺作品，一般来说，描写、叙述是用文字语言，人物对话用口头语言，这是混合使用；又如一些即兴的文艺讲座、普及的科技谈话，其语言的选用往往介乎口头语言和书面语言之间，这可算作融合使用[①]。口头语言和文字语言的关联向我们提示：口头语言和文字语言既不能割裂，又不能混淆，要因时因人合理地运用。既不能夸大文字语言的作用，低估或抹煞口头语言的作用；同样，也不能夸大口头语言的作用，轻视或忽视文字语言的作用，这两种表达方式同时存在，缺一不可。

（二）文字语言向口头语言转变的重要性

美国认知教育心理学家奥苏伯尔认为，学生在课堂里主要接受前人积累的文化科学知识，这些知识是用符号，主要是语言表达的。他把学生的课堂学习称之为“有意义的语言学习”。因此，教师能否正确运用教学语言，语言表达有无吸引力，直接关系到教学的效果。正如希勒所说的，知识学习同教师表述的清晰度有显著的关联，这可能由于在教学中最初呈现观念和随后提供的有效反馈，都是有赖于教师表述的清晰性和流畅性。这其中，文字语言向口头语言转变尤为重要。

第一，文字语言和口头语言之间的差异，决定了教学中文字语言向

① 范全林:《口头语言、书面语言及教师语言》,《当代财经》,1985年第5期。

口头语言的转变。口头语言是在面对面的说话环境中直接进行的信息交流，是听觉和视觉的感受，口头语言平实、简明、通俗、易懂，容易引起共鸣，便于及时反馈；讲者可以随时根据需要把某个意思充分展开，反复强调，使听者听清楚，印象更深刻；讲者还可以充分利用语言（音量、语速、语气、语调）的变化，借助表情、姿势、手势等，既表达了自己的意愿和传播了思想，又营造出一种身临其境的情感氛围，使听者入于耳、会于心、感于情。文字语言则需要文字作为媒介才能进行交流，主要是视觉感受，冷冰冰的文字很难体会到书写者的情感；由于文字语言的对象并不在场，书写者总是试图使自己的信息尽可能是清楚的、一致的和可信的，所以，文字语言就具有了抽象性、严谨性、周密性和规范性。如果使用文字语言来面对面的直接交流，讲出来的定是平板的、干瘪的、严肃的词语，似读报纸、读文件一般，这样，自然枯燥无味、失去感染力和吸引力。季米良捷夫指出了文字语言向口头语言转变的必要性，他认为，教师不是传声筒，把书本的东西传达出来；也不是照相机，把现实复写下来，而是艺术家和创造者。

第二，教学过程的良性运行，需要文字语言向口头语言转变。由于教科书主要使用的是论证性的文字语言，教师又往往自觉或不自觉地把理论教学当成说教阵地，或是照本宣科、平铺直叙，或是原理加实例的讲授，寡淡无味。这样的教学，大学生自然会失去兴趣，教学过程将会恶性运行。苏霍姆林斯基在《给教师的建议》中说：如果你想使知识不变成僵死的静止的学问，就要把语言变成一种最重要的创造工具。而通过简短明快、生动形象、通俗易懂的口头语言讲清楚抽象的、严谨的、规范的、科学的道理，教学内容易被学生理解和接受；充分利用口头语言的变化来产生特殊的表达效果，将会吸引大学生的注意力，调动大学生的听课兴趣，促进教学顺利展开。教学过程的良性运行，需要把文字语言转变为口头语言。

第三，思想政治理论课教学的目的，要求文字语言向口头语言转变。思想政治理论课是直接培养德智体美全面发展的社会主义事业的建设者和接班人的课程。在整个课堂理论教学中，思想政治理论课教师对思想政治理论知识的传授、思想的引领、方法的启迪，大学生对思想政治理论知识的接受、思想的认可、方法的认同、认识的提高，能力的培养，都是通过语言来实现的。思想政治理论课教学是理性的、严肃的，但绝不是索然无味的。如果教师仅仅用文字语言来干巴巴、空空洞洞地表达教学内容，不仅不能吸引和调动学生的注意力，反而成为学生打瞌睡的催眠曲，这就使大学生兴奋不起来，思维“睡觉”，甚至产生逆反心理。因此，思想政治理论课教师必须实现文字语言向口头语言的转变。教师通过口头语言的表达，营造生动活泼的情感氛围，将会帮助大学生消除由紧张的思维活动带来的心理疲劳，淡化由心理疲劳带来的焦虑情绪，恢复由焦虑情绪引起的心理失衡；将会激活大学生，启发大学生思考，产生“学而时习之”的愉悦。文字语言向口头语言转变是思想政治理论课教学的目的要求。

（三）文字语言向口头语言转变的基本原则

口头语言是教师使用最广泛、最基本的信息载体。教师的语言情感引发着大学生的思维情感，刺激着大学生对思想政治理论知识的感受程度。教师恰如其分地使用好口头语言，大学生就会有一种亲切、轻松的感觉，就愿意接近、亲近老师，自然就“尊其师则信其道”，也就能收到很好的教学效果。那么，实现文字语言向口头语言的转变需要遵循哪些原则呢？

第一，科学性的原则。马列主义、毛泽东思想、邓小平理论、“三个代表”重要思想、科学发展观和习近平新时代中国特色社会主义思想是真理，需用科学的语言把理论讲活、讲深、讲透，否则就没有说服力。思想政治理论课教学是解决大学生对思想政治理论课由知——信——行的转化问题的，必须遵循科学性原则。科学性不是空洞的说辞，而是包含着准确性、严谨性和真实性。

首先，语言的准确性。就是对概念、命题、原理的表述准确无误，言之成序、言之有理。准确，即按照马列主义、毛泽东思想、邓小平理论、“三个代表”重要思想、科学发展观和习近平新时代中国特色社会主义思想的本真精神，讲解马列主义、毛泽东思想、邓小平理论、“三个代表”重要思想、科学发展观和习近平新时代中国特色社会主义思想，观点正确，用语准确，来不得半点虚假，“是则是，非则非”；褒贬分明，赞扬什么、反对什么、爱什么、恨什么，泾渭分明。既不能断章取义、随意剪裁，也不能使用含含糊糊、模棱两可的“大概”“可能”“也许”“差不多”之类的词语，这些词语会使学生产生疑义和误解。观点的准确性是科学性的基础。教师虽然口若悬河讲得洒脱利落，如果观点不准确，教学效果再好，也是失败的。

其次，语言的严谨性。就是教学语言符合逻辑规律，提纲挈领，没有语病，分析问题深刻，推理严密，评价中肯。如果忽视了语言的严谨性，就会导致学生越听越糊涂，本来道理很清楚，反而让教师讲得难理解了。语言的严谨性还包括简洁性，言简意赅，既不能废话连篇，又不能为追求表面的华丽堆砌辞藻，以致词不达意。莎士比亚说过：“简洁是智慧的灵魂，冗长是肤浅的藻饰。”[①]语言的严谨性还要求讲授时力戒口头禅。有些大学生把常用“这个”“那个”“啊”“哈”“是不是”“对不对”“懂不懂”“然后吧”等多余虚词的老师称为“哈哈先生”“啰嗦老人”，这反映了大学生对教学语言严谨性的要求。

最后，语言的真实性。讲授时要用真实可信的语言来表达。一方面，讲授的基本原理、基本命题、基本概念，以及与它们相关的材料都应是实践检验过的，而不是随手拈来的，更不是主观任意的，这是提高可信度的基础。另一方面，讲授时要以基本事实为依据，不能讲哗众取宠的大话、违背事实的假话、不着边际的空话、忽视差别的套话、因循守旧的老话、低级趣味的笑话。因为，没有材料作根据，没有事实作依凭，再动听的语言也是苍白的、乏味的。对于大学生关心的实际生活问题、社会热点问题和方针政策问题，要实事求是地讲。唯有真实，才能使大学生相信并践行。

第二，艺术性原则。如同任何真正的理论一样，马列主义、毛泽东思想、邓小平理论、“三个代表”重要思想、科学发展观和习近平新时代中国特色社会主义思想的基本原理和基本观点，既是历史经验和当代实践的概括和总结，又是概念范畴演进的逻辑体系，具有深刻的理论性和

①《莎士比亚全集》第2卷，人民文学出版社1978年版，第229页。

高度的概括性。如果把理论当作枯燥的条文、现成的结论，板起面孔，以宣示客观真理的姿态去解说教科书的内容，理论就会变成干巴巴的“高调”，教学就是在干巴巴地“唱高调”，课程就成了枯燥、抽象、刻板的代名词。贺拉斯·曼说过：“不激发学生的学习热情而想要硬塞的教师，不过是在锤打冰冷的铁。”[①]因此，提升思想政治理论课的教学效果，教师必须讲求语言的艺术性。

教学语言的艺术性主要表现在以下几个方面：

其一，语言的趣味性。即用生动形象、妙趣横生的语言创设活跃、愉快的课堂气氛，牢牢吸引学生注意力；也可用通俗易懂的语言深入浅出地讲授，使抽象的概念具体化，深奥的道理通俗化，枯燥的内容生动化，激发学生的学习积极性。这样不仅能够引导大学生积极主动地去思考，而且能使思想政治理论不再是空洞的“条条”和干巴巴的“杠杠”。大学生不仅能听进去了，而且也搞清了理论的内涵和意义。当然，教学追求的趣味性必须是健康的、有教育意义的，也就是“闲话不闲，笑声有益”。

其二，语言的动听性。赋予语言感情色彩，讲课有“磁性”，即好听。因为只有好听，才能产生吸引力。这就需要教师声情并茂，根据教学内容或平铺直叙，或抑扬顿挫，或慷慨激昂，或低沉舒缓，力求达到语意、音色、声调的统一美，获得寓教于乐的功效。

其三，语言的流畅性。教师授课的语言流畅与否，直接关系到大学生对思想政治理论的掌握程度。当然，教师流畅的语言必须是大学生需要和能够接受的。如果不考虑大学生的接受度，或是不着边际地夸夸其谈，或是讲故事式的肤浅讲演，或是低级趣味的搞笑，都将会使大学生产生厌倦情绪，达不到教学目的。还有，思想政治理论课教师即兴用语也特别重要。一个好的教师，要具备各种应变能力，尤其是语言的应变能力。

其四，语言的幽默性。海因兹·雷曼麦认为：“用幽默的方式说出严肃的真理，比直截了当地提出更易为人接受。”[②]语言幽默包括教师的口

---

① 腾大春:《美国教育史》,北京:人民教育出版社1994年版,第86页。

② 转引自鲍捷:《试论政治课教学中的幽默艺术》,《辽宁教育行政学院学报》,2008年第4期。

头表达幽默、表情幽默、动作幽默和书面批语幽默等。口头表达幽默是以语言符号为载体所产生的言语幽默，它不仅可以通过语言描述事件、情景、观点等来产生幽默，而且可以通过语言的变异、语速的变化、语调的升降来创造幽默；表情幽默是运用面部表情、眼神变化来实施的教学幽默，因为“眼睛是思想和感情的镜子”；动作幽默是利用手势、头势、体势的变化来实现的幽默；书面语言幽默是在作业批语、板书等书写文字时运用的幽默。幽默是一种艺术，它能使人在笑声中悟出道理；幽默是润滑剂，它能使枯燥乏味的理论教学变得轻松愉快。教学中适当穿插一些幽默语言，有利于提高大学生的理论兴趣，是美感的外在表现，也是道德感的自然流露、理智感的具体反映，更是教师人格的示范。大学生长期生活在幽默的环境中，可以调整自身心理状态，养成乐观、积极、同情、宽容、合作、理解的人生观，有利于其身心的健康发展。语言幽默是思想政治理论课教师不可或缺的教学素养。

第三，激励性原则。思想政治理论课教学的根本目的是培养全面发展的社会主义建设者和接班人。为此，思想政治理论课教师的教学语言必须具备激励性。

在心理学意义上，“激励”，泛指激发人的需求，引起人的行为的一种刺激。激励是根据人的需要，激发人的动机，使人产生一股内在动力，朝着所期望的目标前进的心理活动过程。激励是一种吸引力和推动力。这种吸引力和推动力能使人的行为由消极转化为积极，由被动转化为主动，由不自觉转化为自觉。思想政治理论课教学语言的激励，能促使大学生形成盎然的学习兴趣，进而能激活大学生接受思想政治教育信息的感受状态和积极向上的人生态度。

教学语言的激励性主要表现在以下几个方面：

一是情感激励。苏霍姆林斯基指出：“课堂教学有两项教育任务：一是传授一定的知识；二是启发少年对知识的渴望，启发他努力跳出课堂教学的范围去阅读、研究、思考。”[①]完成这两项教育任务，绝不是滔滔不绝地讲述那些人所共知而又无人反对的政治概念，而是去讲述那些使

① [苏]B.A.苏霍姆林斯基著，黄之瑞等译：《公民的诞生》，北京：教育科学出版社2013年版，第171页。

人十分激动、使人不能平静的想法，用自己的激动心情感染和鼓舞学生，使每个学生在思想上引起共鸣。正是在这个意义上，第斯多惠说，教育的艺术不在于传授的本领，而在于激发、启迪和活跃[①]，在于激励、鼓舞和唤醒。在思想政治理论课的教学中，教师用乐观、自信、真诚、奋进的语言感染和激励学生，就能激活学生的学习欲望，引发学生的学习兴趣，引领学生观察与思考，从而增强价值判断能力、价值选择能力和价值塑造能力。

二是榜样激励。师者，人之模范也。一般地说，我们每一位教师都不是抽象的个体，而是活生生的、具体的个人。教师不仅帮助学生认识世界，而且帮助学生认识自己本身。这里起决定作用的是：学生从我们身上看到的是什么样的人。我们对学生来说，应当成为精神生活极其丰富的榜样，只有在这样的条件下，我们才有道德上的权利来教育学生。具体而言，思想政治理论课教师言行处世态度都会被大学生或多或少地视为自己的榜样。思想政治理论课教师自身“正确的理想信念，尊重、理解、宽容他人的品质，扎实的知识功底、过硬的教学能力、勤勉的教学态度、科学的教学方法，为人处世、于国于民、于公于私所持的科学价值观”[②]，很大程度是通过教学语言体现出来，所以，在教学中，教师不仅仅是单纯的理论知识的讲授和传播，更是自己政治立场、科学态度、批判精神、理论素养、德行良知等的展示，这就为学生提供了鲜活的榜样。正如马卡连柯所说的，我们要善于这样说话，使孩子们在我们的话里感到我们的意志，感到我们的修养，感觉到我们的个性。这就要求思想政治理论课教师在师生交往过程中，要具有严于律己、诚实正直等优秀品质。只有教师品德高尚，其所传授的理论知识、科学道理才会充满感染力、征服力、可信力，做到“其身正，不令而行”。

科学性、艺术性和激励性是思想政治理论课教学语言的显著特色，三者密不可分，统一于思想政治理论课教学过程。其中，教学语言的科

---

① [德]第斯多惠著，袁一安译：《德国教师培养指南》，北京：人民教育出版社2001年版，第177页。

② 习近平：《做党和人民满意的好老师——同北京师范大学师生代表座谈时的讲话》，《人民日报》，2014年9月10日。

学性是前提和基础，艺术性是方法和手段，激励性是目的和归宿。因而，思想政治理论课教师只有具备了语言的科学性、艺术性和激励性的高度统一，才能实现思想政治理论课教学的目的。

马克思的演讲真正实现了语言的科学性、艺术性和激励性的高度统一。

1847年8月，29岁的马克思的《雇佣劳动与资本》《关于自由贸易问题的演说》演讲在布鲁塞尔工人运动中引起了强烈反响。演讲中，那种恰到好处的仰头、眯眼、抖须的细微动作和那铿锵雷霆般的声音震得长发煽动——犹如山鹰展翅，其独到的见解更是推波助澜……台下的人心潮澎湃，掌声经久不息，有些工人竟然乐意让人骑在自己的肩膀上，让自己头上的人唤出自己的心声——“我的亲爱的！马克思老爹！”“说出了我们要说的话！”“卡尔老爹！你才是我们工人的老爹！”……于是，这位29岁的年轻人，以其形似和神似的“马克思老爹”从布鲁塞尔工人运动中传播开去[①]……

三、理论讲授向信仰传播的转变

教师的职责是传道授业解惑。把知识传授给学生，把自己所有的知识和盘端给学生是否就算是一个合格的教师了呢？朱自清先生对此的回答是否定的。他在《教育的信仰》里说：“学生们既要学做人，你却单给以知识，变成了‘教’而不‘育’，这自然觉得偏枯了。”为此，朱自清先生言简意赅地道明了“育人”的重要性：“为学生个人的与眼前浮面的功利计，这原未尝不可，但为我们后一代的发荣滋长计，这却不行了。机械地得着知识、又机械地运用知识的人，人格上没有深厚的根基，只随着机会和环境的支使的人，他们的人生的理想是很模糊的，他们的努力是盲目的。在人生的进路上，他们只能乱转一回，不能向前进行；发荣滋长，如何说得到呢？”[②]在这里，朱自清先生既讲清了“育人”的重要性，又指明了理论讲授向信仰传播转变的必要性和现实可能性。

① 章铮、闫月梅编著：《马克思传》，北京：红旗出版社2013年版，第66页。

② 朱自清：《教育的信仰》，《春晖》，1924年第34期。

（一）理论讲授和信仰传播的一致性

“课堂教学是点燃少年求知欲和道德信念火炬的第一朵火花。”[①]这里，苏霍姆林斯基道出了课堂教学的真谛。思想政治理论课教学过程不仅仅是马克思主义理论知识的传播与接受，而且更重要的是教师与大学生的知、情、意、行的相互沟通和相互激荡的过程。理论讲授和信仰传播在本质上是一致的。

第一，思想政治理论课课程的性质决定了理论讲授和信仰传播的一致性。思想政治理论课是直接培养德智体美全面发展的社会主义事业建设者和接班人的课程。课程的性质决定了思想政治理论课教学本身就是一种高层次的马克思主义信仰教育。其实，思想政治理论课的每门课程都是对“什么是马克思主义信仰”“为什么要确立马克思主义信仰”“怎样确立马克思主义信仰”的理论阐述。例如，“马克思主义基本原理概论”课，是从马克思主义的基本立场、基本观点和基本方法三个方面，阐述“什么是马克思主义”“什么是马克思主义信仰”；“毛泽东思想与中国特色社会主义理论体系概论”课，是从马克思主义基本原理与中国革命和建设的实际相结合的历史进程和理论成果等方面，阐述“什么是中国化的马克思主义”“什么是中国特色的马克思主义信仰”；“中国近现代史纲要”课，是从历史和人民是怎样选择了马克思主义，选择了中国共产党，选择了社会主义道路等方面，阐述“为什么要确立马克思主义信仰”；“思想道德修养与法律基础”课是从社会主义核心价值观和社会主义法治观等方面，阐述“怎样确立马克思主义信仰”。思想政治理论课课程的性质决定了理论讲授和信仰传播的一致性。

第二，思想政治理论课教师的职责决定了理论讲授和信仰传播的一致性。思想政治理论课教师是我国主流意识形态的捍卫者，中国共产党的理论、路线、方针、政策的宣讲者，大学生健康成长的指导者和引路人。苏霍姆林斯基说，一个人是怎样认识世界的；什么事情会使他激动、惊奇、关切、感动，引起他的同情或鄙视、激发他的爱与憎，——

---

① ［苏］B.A.苏霍姆林斯基著，黄之瑞等译：《公民的诞生》，北京：教育科学出版社2013年版，第133页。

这一切完完全全都取决于教育者[①]。因为，“真正的教育者不仅传授真理，而且向自己的学生传授对待真理的态度”[②]。在这个意义上，我们赞同马卡连柯的观点——“教育就是教师的政治信念的表现”[③]。思想政治理论课教学更是如此，教师在传马克思主义之“道”的同时，就已经在用自己对马克思主义的信仰、对教育事业的忠诚、对现实生活的严肃而乐观的态度影响着大学生对科学理论的渴望，对现实生活的热爱，对人生理想的科学的、合理的追求。因此，有效的思想政治理论课教学，能够引导大学生心悦诚服地接受马克思主义，自觉地运用马克思主义的立场、观点和方法去观察和思考问题，按照人民的要求正确规范自己的行为，抵制、批判和克服腐朽思想和不良行为的诱惑，确立起在中国共产党领导下走中国特色社会主义道路、实现中华民族伟大复兴中国梦的共同理想和坚定信念，把自己培养成德智体美全面发展的建设者和接班人。

（二）理论讲授向信仰传播转变的基本内容

理论讲授向信仰传播的转变，绝不是一个抽象的口号、一句空洞的套话或一段虚伪的假话，而是有着丰富的内容。

第一，理论讲授向信仰传播的转变是理想信念的展示。理论讲授向信仰传播的转变就是要向大学生展示正确的理想信念。“青年是中国特色社会主义事业接班人，是国家的未来和民族的希望。”[④]这就是说，大学生是祖国的未来，他们对正确理想信念认同得如何，将决定中国的面貌和发展。在马克思主义哲学视域中，理想是人们追求的目标，信念是人们朝着这个目标前进的意志和定力。理想和信念是相辅相成的。理想崇高，才能坚定信念；信念坚定，才能坚守理想。“理想指引人生方向，信念决定事业成败。没有理想信念，就会导致精神上‘缺钙’。”[⑤]理想与信

① [苏]B.A.苏霍姆林斯基著，黄之瑞等译：《公民的诞生》，北京：教育科学出版社2013年版，第199页。

② [苏]B.A.苏霍姆林斯基著，赵玮等译：《和青年校长的谈话》，北京：教育科学出版社2013版，第173页。

③ 吴式颖等编：《马卡连柯教育文集》上卷，北京：人民教育出版社2012年版，第237页。

④ 习近平：《在知识分子、劳动模范、青年代表座谈会上的讲话》，《人民日报》，2016年4月30日。

⑤《习近平谈治国理政》，北京：外文出版社2014年版，第50页。

念合为一个词，就是信仰。所以，坚定理想信念，就是坚定信仰。马克思主义信仰是我们走正路、创事业的灵魂和根基，缺少了马克思主义信仰，就缺少了精神上的“钙”，就会得“软骨病”。在这个意义上，理论讲授向信仰传播的转变就是信仰教育。信仰不是抽象的东西，它总是在共同的事业中体现出来。通过全面建成小康社会、全面深化改革、全面依法治国、全面从严治党的伟大实践，把我国建设成为富强民主文明和谐美丽的社会主义现代化强国，是马克思主义理想信念在现阶段的重要体现。我们要把对马克思主义理想信念的展示融入思想政治理论课教学的全过程。

第二，理论讲授向信仰传播的转变是社会主义核心价值观的积极弘扬。习近平指出：“每个时代都有每个时代的精神，每个时代都有每个时代的价值观念”，“核心价值观承载着一个民族、一个国家的精神追求，是最持久、最深层的力量”①。倡导富强、民主、文明、和谐，自由、平等、公正、法治，爱国、敬业、诚信、友善，是我国各族人民共同认同的价值观。“老师对学生的影响，离不开老师的学识和能力，更离不开老师为人处世、于国于民、于公于私所持的价值观。”②这就指出了对社会主义核心价值观的弘扬，是理论讲授向信仰传播转变的重要内容。作为老师，尤其是思想政治理论课教师，“要用好课堂讲坛，用好校园阵地，用自己的行动倡导社会主义核心价值观，用自己的学识、阅历、经验点燃学生对真善美的向往，使社会主义核心价值观润物细无声地浸润学生的心田、转化为日常行为，增强学生的价值判断能力、价值选择能力、价值塑造能力，引领学生健康成长”③。引导和帮助大学生把握好人生方向，特别是引导和帮助大学生扣好人生的第一粒扣子。

第三，理论讲授向信仰传播的转变是引导大学生加深“四个认同”和“四个自信”。引导学生加深“四个认同”和“四个自信”，并转化为

① 习近平：《青年要自觉践行社会主义核心价值观——在北京大学师生座谈会上的讲话》，《人民日报》，2014年5月5日。

② 习近平：《做党和人民满意的好老师——同北京师范大学师生代表座谈时的讲话》，《人民日报》，2014年9月10日。

③ 习近平：《做党和人民满意的好老师——同北京师范大学师生代表座谈时的讲话》，《人民日报》，2014年9月10日。

自觉追求和行为实践，是理论讲授向信仰传播转变的实质。在接受理论看来，作为接受主体的人对某种理论、原则、观念的接受不是“木桶装水”“白纸绘画”，而是“对接受客体的反思性选择”。这种接受大致要经过五种“思维咀嚼”，即“适应性咀嚼”“逻辑咀嚼”“价值咀嚼”“事实咀嚼”和“超越性咀嚼”[①]。相对思想政治理论课教学而言，“思维咀嚼”的畅行，就是通过对马克思主义理想信念的展示，对社会主义核心价值观的弘扬，引导大学生加深对中国特色社会主义的思想认同、理论认同、情感认同、文化认同，增强道路自信、理论自信、制度自信、文化自信，方能真情实意地热爱祖国、热爱人民、热爱中国共产党，同全国各族人民一道，为实现国家富强、民族振兴、人民幸福的中国梦而努力奋斗。

（三）理论讲授向信仰传播转变的基本路径

理论讲授向信仰传播的转变不是单纯的认识过程，而是学成教育和养成教育相统一的过程。“学成教育”是“学以悟道”的教育，“养成教育”是“习以养性”的教育，两者统一于理论讲授向信仰传播的全过程。

第一，着力实现传授知识与传播信仰的结合。传播信仰与传授知识既有联系，又有区别。任何信仰的传播都必须有其知识的载体，都需要传授某些与信仰有关的知识。当然，这些知识可能是科学的，也可能是非科学的或个人感觉经验的。宗教信仰由于其自身的非科学性，它只能与一些似是而非的经验、一些神话故事相结合，或牵强附会或扭曲地与某些科学成果相结合，不能实现科学知识与信仰的一致。马克思主义信仰是唯一建立在对客观世界及其规律的正确认识，通晓思维历史及其成就的基础上的理论思维形式，只有马克思主义信仰才能做到科学知识与科学信仰的一致。因此，传播马克思主义信仰必然与传授马克思主义的科学知识结合起来。但是，单纯的知识传授并不能真正完成信仰传播的任务。我们的目的不仅仅在于传授一些关于马克思主义的知识，而是要通过这些知识来影响、矫正、培育和确立学生的信仰。要让学生明白，

① 陈秉公：《试论思想政治理论课教材体系向教学体系转化的规律性》，《思想理论教育导刊》，2008年第9期。

我们之所以要确立马克思主义信仰，就在于马克思主义给我们提供的立场、观点和方法，能够让我们正确认识世界、认识社会、认识自我，从而成长为一个大写的人；只有学会运用马克思主义立场、观点和方法观察并解决问题，才能在纷繁复杂的社会环境中，廓清思想迷雾、排除思想干扰、站稳脚跟干事创业。在这个意义上，思想政治理论课教学就是使学生接受马克思主义的科学知识并使这些知识转化为自己的情感和信念。因为，"把知识反映到情感上，这是知识转为信念的重要条件，也是形成坚强的信念和世界观的条件"①。

第二，着力激发学生确立信仰的自觉性。理论讲授向信仰传播转变，就是让学生明白，信仰为人人所需要。在马克思主义哲学视野中，"信仰是人类特有的精神现象和精神状态，是人们关于最高价值的信念，是人们做出价值判断和行为选择的最根本的依据、标准和尺度"②。人同动物的根本区别，就在于动物的生命活动是按照本能而进行的维持生存的生命活动，而人的生命活动却是一种寻求意义、有信仰的活动。在这个意义上，信仰为人人所需要。每一个人的内心深处，都有着对于信仰的寻求和渴望。所以，信仰不是外力强加的，而是内在的。"当一种思想在心底里确立的时候，它就会成为一种十分可贵的、神圣的准则。"③每个人一旦确定某一信仰，其思想行为就会自觉地认同这一体系，就会在思想上将环境中的一切事件和事物与自己的信仰体系中的价值观念进行对比、权衡，用自己的信仰标准去作出判断，用自己已形成的价值认知去理解接收各种不同的现象，同时，也会极力排斥、反抗、抵触那些与自我价值体系相异的行为，守住做人、处事、交友的底线，守住正确的人生价值。

理论讲授向信仰传播转变，就是让学生明白，科学信仰不会自发形成，也不能空喊口号、坐而论道，需要有自觉的行动，需要有"脱胎换骨"的过程。这就决定了科学信仰的确立绝非一日之功，要不断学习，

① [苏]B.A.苏霍姆林斯基著，黄之瑞等译：《公民的诞生》，北京：教育科学出版社2013年版，第311页。

② 孙正聿：《人的信仰》，《现代国企研究》，2014年第13期。

③ [苏]B.A.苏霍姆林斯基著，黄之瑞等译：《公民的诞生》，北京：教育科学出版社2013年版，第54页。

反复修炼，在勤学、修德、明辨、笃实上下功夫，扎扎实实学干事、踏踏实实学做人。

第三，着力提高大学生信仰选择的能力。事实上，就目前我国的现实情况来说，现在的主要问题已经不是大学生是否需要信仰的问题，而是需要什么样的信仰的问题，换句话说，是信仰选择的问题。今天的中国，对外开放全面深入，转型转轨加速进行，新旧矛盾叠加凸显，多元多样多变的价值观并存。在多元多样多变价值观并存的情况下，如何选择自己的信仰，确实是一个十分重要而困难的事情。大学生在人生最美好的年华走进大学。他们渴望获得人类文明的精华，他们也渴望求解人生的意义与价值。但他们中大部分是独生子女，有些从出生开始就是众星捧月，就是“小太阳”，从小就养成了以自我为中心的心理和习惯，同时他们又有很强的自我意识，“一方面非常强烈地需要别人的帮助和建议，但同时又似乎不愿意向长者请教”[①]。理论讲授向信仰传播转变的一个重要任务，就是为大学生提供科学的选择信仰的方法，提高其选择自身信仰的自觉性。

第四，着力引导大学生由认同到接受再到行动。信仰传播是通过学生的接受来完成意志的驱动。意志是个体为实现信仰目标而克服内外困难的心理过程。学生个体在实现信仰目标的过程中，内外诱因复杂，而学生个体又必须克服这些欲望或诱惑，这种克制就是意志的努力。对于大学生个体而言，信仰的确立可以产生一种内在的动力，这种内在的动力能使个体鼓起勇气去调动自身无限的潜能，力求实现其追求的价值目标。所以，思想政治理论课教师“在实践中要遵循这样一条重要的真理，即科学的世界观不仅是对世界的正确观点的体系，而且是表现在情感、意志和活动中的个性的主观状态”[②]。也就是用自己的情感调动学生的情感，从而达到美化其心灵，陶冶其情操，升华其精神境界的目的。

信仰传播就是要将我们的信仰化为行动。对真理的真正尊重，就是

---

① [苏]B.A.苏霍姆林斯基著，黄之瑞等译：《公民的诞生》，北京：教育科学出版社2013年版，第63页。

② [苏]B.A.苏霍姆林斯基著，杜殿坤编译：《给教师的建议》，北京：教育科学出版社2013年版，第119页。

运用它；对真理的真正信仰，就是去践行它。毛泽东说："如果有了正确的理论，只是把它空谈一阵，束之高阁，并不实行，那末，这种理论再好也是没有意义的。"[①]理论讲授向信仰传播的转变就是做到学以致用、知行统一。唯有做到学以致用、知行统一，才能把马克思主义理论转化为科学信仰，从而使马列主义、毛泽东思想、邓小平理论、"三个代表"重要思想、科学发展观和习近平新时代中国特色社会主义思想在发挥实际作用的过程中，不断被大学生所理解、所接受、所践行。

总之，让信仰传播通过认同——接受——确立——行动而达到预期的效果，既是知识传授向信仰传播转变的应有之义，也是思想政治理论课教师必须努力和应尽的责任。

①《毛泽东选集》第1卷，北京：人民出版社1991年版，第292页。

第四章
思想政治理论课教学出发点的优化

出发点是思想政治理论课整个教学过程的开端，良好的开端等于成功的一半。如果我们对教学出发点没有一个全面正确的认识，就根本谈不上教学出发点的优化。因此，思想政治理论课教学出发点及其优化的研究和实践，是思想政治理论课教学中的一个非常重要的课题。

一、思想政治理论课教学出发点优化的目的

思想政治理论课教学出发点是什么？对这个问题的认识，看似非常明确，却又有着不同的看法。有的认为，教学出发点是吃透教材，因为教材是培养目标的具体体现；有的认为，教学出发点是系统地传授马克思主义的理论知识，因为只有把握了马克思主义的知识，才能知道什么是马克思主义。那么，怎样正确理解思想政治理论课教学出发点？须首先了解教学出发点。

（一）教学出发点

要明确什么是教学出发点，首先要弄清楚何谓出发点。

第一，出发点的一般涵义。“出发”一词在不同的语境中有不同的涵

义。例如：明天要去春游，定在8点准时出发，这里的“出发”指的是“起行”。党的十八大以来，中国共产党围绕坚持和发展什么样的中国特色社会主义、怎样坚持和发展中国特色社会主义这个重大时代课题，从世情国情出发，对共产党执政规律、社会主义建设规律、人类社会发展规律，进行艰辛理论探索，取得重大理论创新成果，形成了新时代中国特色社会主义思想，这里的“出发”指的是“着眼”。

“出发点”一般的是指旅程的起点，常用以考虑问题或处理问题时的最根本的着眼点。毛泽东在《整顿党的作风》中所讲的“每一个党员，每一种局部工作，每一项言论或行动，都必须以全党利益为出发点，绝对不许违反这个原则”①，指的就是考虑问题或处理问题时的着眼点。

第二，教学出发点的内涵。我们党历来重视教育的根本目标。社会主义建设时期，毛泽东明确指出，我们的教育方针，应该使受教育者在德育、智育、体育几方面都得到发展，成为有社会主义觉悟的有文化的劳动者。改革开放初期，邓小平进一步提出，社会主义教育的根本目的是要全面提高人的素质，培养有理想、有道德、有文化、有纪律的“四有”新人。党的十八大、十九大都再次强调，培养德智体美全面发展的社会主义建设者和接班人是教育的根本目标，立德树人是教育的根本任务。这就告诉我们，既不能把吃透教材作为教学出发点，也不能把传授知识作为教学出发点。

我们认为，任何学科、任何专业、任何层次的教学都是培养德智体美全面发展的社会主义建设者和接班人的过程，都有出发点。教学出发点讲的是教学的入手处或着眼点。教学的入手处或着眼点既不是教材，也不是单纯的知识传授，而应该是学生。

（二）思想政治理论课教学的出发点

思想政治理论课教学目标是立德树人，通过系统的马克思主义理论教育，提升大学生的思想政治素质、思想道德修养和精神境界，使之成为德智体美全面发展的社会主义建设者和接班人。所以，思想政治理论

①《毛泽东选集》第3卷，北京：人民出版社1991年版，第821页。

课教学及其优化的入手处或着眼点应该是大学生。

大学生既不是单纯生物学意义上的人，也不是抽象的人，而是生活在社会关系之中，活生生的、有思想的、有追求的、现实的个人，具有主体性。主体性即人的主观能动性，通过为我性、自主性、能动性和创造性表现出来。

第一，大学生的为我性。为我性是指大学生对教育客体选择的目的性。受教育过程，其实是一系列的选择活动，从“接受什么”到“怎么接受”无一不是选择的结果。大学生在思想政治理论课教学中的选择，总是以他应当的个人利益的获取和满足为最初动因，以对个人利益和他人利益或社会利益的关系的判断和认同为基础，在教育的现实条件和可能性之中进行的选择。由于视角不同，在对个人利益和他人利益或社会利益的关系的理解和处理也不同，有的甚至会出现明显的偏差。这就要求思想政治理论课教学既要把握大学生的期盼视野，又要能营造良好的教学氛围。如果教育的内容、方式和手段或超出或低于或偏离大学生的期盼视野，将会导致思想政治理论课教学缺失成效，甚至失败。

第二，大学生的自主性。自主性讲的是大学生的自我意识性，表现为大学生渴望自尊、自立、自强，希望得到社会和他人的尊重，实现自己的人生价值。每一个人都有其自身的意义与价值，每一个人都有其自身目的，每一个人都十分关注自己的生命历程与生活质量，每一个人的言论和行为都以自身利益和自身发展为轴心，由此就决定了人的价值观念的差异性和行为的价值取向的多样性。大学生的自主性，要求思想政治理论课教师要广泛了解、研究、掌握大学生的认知水平、思维方式和人生态度，在弘扬社会主义核心价值观的基础上，把社会的多元多变的价值观和人们行为的多元多变道德取向整合起来，形成合理的伦理共识，使其能在整体上不偏离正确的轨道，成为一个合格的建设者。

第三，大学生的能动性。能动性是大学生主体性的突出表现，包括三方面的情形：一是大学生具有根据不断发展着的客观实际自觉调动情感、意志、信念，克服现实生活中的困难和阻力的特性；二是大学生能以自己已有的理论知识、认知水平和心态来审视（回避）、认同（反对）、接受（排斥）思想政治理论课教学信息，经过理性的加工和制作，内化为信仰；三是大学生能把已形成的信仰转化为实践行为，并以其特有的自觉性、坚韧性和自制力量完善和发展自己。能动性特征决定了思想政治理论课教学不能仅仅看到教学内容的更新，更要重视大学生的心理特征、思想实际和思维水平，按照传播理论——激发情感——形成意志——确立信仰一一指导行动的教育规律，运用恰当的方式和手段，在把马克思主义理论的科学精神和创新精神准确地展现出来的同时，最大限度地引导大学生心悦诚服地接受马克思主义。

第四，大学生的创造性。创造，一般是指人对外在事物的超越和对自身的超越。其中，对自身的超越是首要的根本的。根据联合国教科文组织国际教育发展委员会在《学会生存——教育世界的今天和明天》中所界定的："创造性首先强调的是人格，而不是其成就，因为这些成就是人格放射出来的副现象，因此，对人格来说，成就是第二位的。自我实现的创造性强调的是性格上的品质，如大胆、勇敢、自由、自主性、明晰、整合、自我认可，即一切能够造成这种普遍化的自我实现创造性的东西，或者说是强调创造性的态度、创造性的人。"[①]这就是说，创造性实质上就是创造性人格，它是创造意识、创造情感、创造意志和创造行为的统一。如果说能动性的实质是对现实的选择，那么创造性的实质则是对现实的超越。创造性是以探索和求新为特征的，因而是主体性的最高层次和最高表现。这就决定了思想政治理论课教学是要通过培养和激发大学生的创造性来引导其对自身的超越，成为一个行为高尚的建设者。

总之，思想政治理论课教学不是对大学生循规蹈矩的培养和无条件服从的训练，而是对大学生的内在精神、内在需要的激发和鼓励；不是使大学生就范、服从于某种固定的信条，而是把大学生从压制人的因素中解放出来，从被动接受转向主动接受；不是使大学生机械地按照某种信条行事，而是要促使其对现有价值体系、行为规范进行独立思考，并在反省、批判性理解的基础上做出自己的选择；不是把遵守规范作为大学生的外在要求和生活手段，而是将其视为生活本身和生活目的。只有这样，思想政治理论课教学才有感召力和吸引力。

---

① 联合国教科文组织国际教育发展委员会编著，华东师范大学比较教育研究所译：《学会生存——教育世界的今天和明天》，北京：教育科学出版社1996年版，第122页。

（三）思想政治理论课教学出发点优化的目的

思想政治理论课教学出发点优化的目的在于解决大学生的“入门”问题。大学生的“入门”问题，是一直被忽略的问题。而要重视和解决这个问题，首先要明确“入门”的一般涵义。

第一，入门的涵义。“入门”，一般指得到门径；初步学会；进门[①]。在心理学意义上，“入门”，就是个人对特定现象、特定事物、特定事情、特定活动的情感移入和注意力转入。注意力是人的心理活动或思想活动对一定事物的指向和集中。“指向”，是指在一定时间内，人把自己的心理活动或思想活动有选择地朝向一定事物。“集中”，是指人的心理活动或思想活动关注于某一事物，而同时离开其他事物。在马克思主义哲学视野中，人是具有意识的、经过思虑或凭激情行动的、追求目的的社会存在物。处于纷繁复杂世界中的现实的人，为了自身生存和发展的需要，总是根据一定的目的和要求去确定观察什么、认识什么、处理什么，都会自觉或不自觉地把情感和注意力移入或转入特定现象、特定事物、特定事情、特定活动。这种“移入”或“转入”就是“入门”。“入门”体现了人的自觉能动性，这就是人能够根据不断发展着的客观实际和自身的需要调动自己的情感，以已有的认知水平和心态集中精力去观察某一现象、认识某种事物、处理某个事情。

第二，思想政治理论课的入门的内涵。思想政治理论课的“入门”，就是大学生对思想政治理论课的情感移入和注意力转入。苏霍姆林斯基说：“个人的情感状态是乐队指挥，随着他神奇的指挥棒的挥动，各种散音变成美好旋律的和声。”[②]这就是说，情感移入是首要的，因为只有情感移入，才能引发好奇心、激活求知欲、集中注意力，聚精会神地走进思想政治理论课，专心致志地探究思想政治理论课到底“讲些什么”“为什么学”“怎么学”。

① 中国社会科学院语言研究所词典编辑室编：《现代汉语词典》，北京：商务印书馆2005年版，第1107页。

② [苏]B.A.苏霍姆林斯基著，黄之瑞等译：《公民的诞生》，北京：教育科学出版社2013年版，第309页。

第三，思想政治理论课的入门重要性。思想政治理论课教学的实效与思想政治理论课教师的努力之间的落差之所以依然存在，其中一个重要原因就是大学生的情感和注意力远没有移入或转入思想政治理论课。大学生既具有惊人的观察力、求知欲和钻研精神，拥有很多关于周围世界的事物和现象的知识，令人惊叹的推理敏捷程度，但还不善于了解和分析现实生活中的一些复杂现象；他们热爱和追求真理，却不喜欢别人对自己进行教育，不能容忍赤裸裸的思想和倾向。这就表明，解决大学生的“入门”问题，是思想政治理论课教学过程优化的首要任务，是提高思想政治理论课教学实效性的根本前提。

二、调研摸底，把握大学生的期待视野

如何解决大学生的“入门”问题，让大学生真正把情感或注意力移入或转入思想政治理论课？解决好这个问题，首要的是把握大学生对思想政治理论课教学的期待视野。

（一）大学生期待视野的涵义

把握大学生的期待视野，首先要明确什么是期待视野。因为，期待视野、受教育者期待视野与大学生期待视野是一般、特殊、个别的关系。

第一，期待视野的内涵。期待视野人人具有，一般指人的活动预期。相对教育而言，期待视野是指受教育者对于特定教育信息认可、接纳和期望的幅度（包括程度和范围）。期待视野，由受教育者个体既有的生活态度、接受能力及发展需求所决定。特定教育信息如果或超出或低于或远离受教育者个体的期待视野，其就会抵触、排斥，甚至抗拒特定教育信息，使教育过程无法有效进行，教育目的无法实现。

第二，大学生的期待视野。就思想政治理论课教学而言，大学生的期待视野，是指大学生对于思想政治理论课教学认可、接纳和期望的程度和范围。思想政治理论课教学如果超出或低于或偏离大学生的期待视野，大学生就会抵触、排斥，甚至抗拒，就会造成“老师眉飞色舞，大学生昏昏欲睡”“老师讲得辛苦，大学生听得痛苦”，显性或隐性逃课的

现象会时有发生，教学过程无法有效展开。所以，准确把握大学生的期待视野，是思想政治理论课教学的基本前提。

第三，大学生期待视野的基本构成。大学生期待视野，集中体现于大学生对思想政治理论课教学有无浓厚的兴趣和是否执着地追求真理。这就是说，大学生是按照自身既有的生活态度、接受能力以及发展需求来选择教育信息的。生活态度由认知结构、心理特征、思想流向、审美情趣、价值取向、道德行为和生活阅历等构成。这就要求思想政治理论课教师既要了解、研究、掌握不同层次大学生的认知水平、思维方式、价值取向和心理特征，把握其接受能力，又要能满足不同层次大学生的发展需要。如果教学无视大学生的生活态度，或超出大学生的接受能力，或不能满足其发展的需求，也就远离了大学生的期待视野。远离期待视野，必将导致思想政治理论课教学缺失成效，甚至失败。

大学生对思想政治理论课教学的期待视野，是通过他们“所讲”“所思”“所需”“所行”表现出来。大学生的“所讲”“所思”“所需”“所行”直接体现并制约着他们对马克思主义的态度、对思想政治理论课的态度。

（二）进行课前专访、课余个别交流，了解大学生的思想实际

毛泽东在《反对本本主义》中，从认识论高度第一次鲜明地提出“没有调查，没有发言权”[①]的科学论断，强调只有深入实际，调查研究，掌握各种必要材料，弄清问题的来龙去脉，才能取得正确的认识，从而找到解决问题的正确措施和办法。这就告诫我们，要想了解大学生的所讲、所思、所需、所行，不能靠闭门造车或主观臆断，唯有走进大学生，了解大学生的思想实际才能获得。而了解大学生思想实际的通常方法是课前专访和课余个别交流。

第一，课前专访。专访是新闻学的一个名词。专访指的是记者带着目的与相关人士进行专门的交谈沟通，直接获取新闻资料的一种方式方法。专访的特点在于“专”，重点在于“访”，就是约请专门人士对专门

①《毛泽东选集》第1卷，北京：人民出版社1991年版，第109页。

性的问题进行交谈。思想政治理论课专访是在课前进行的，课前专访的目的不是窥测大学生的隐私，更不是捕捉大学生的奇闻逸事，而是了解自己将要服务的教学班的学情。专访对象是相关院系分管大学生工作的负责人或辅导员。开课之前，分别与相关负责人或辅导员进行专门交谈，了解教学班大学生的整体态势，包括班风、学风，大学生的生活习性，男女生比例、省内地域生比例、省内外男女生比例、城乡生比例，思想活跃（性格外向）和思想沉闷（性格内向）生比例，等等。

第二，课余个别交流。在思想层面上，交流又称为交谈。交谈是用语言互相间表达思想及情感的活动，通常以两个人或几个人之间的谈话为基本形式，进行面对面的思想沟通、情感交流、谈心聊天。所以，交流是人与人之间、人与群体之间思想与感情的传递和反馈的过程。相对思想政治理论课而言，个别交流是在课余时间师生之间进行的个别交谈。个别交流的目的是透过大学生的所讲，了解大学生的所思、所需，把握大学生的期盼视野。课余个别交流的方式是多种多样的。有师生之间面对面的对话、电话交谈，更多的是短信沟通、微博交流、微信谈心、QQ 聊天，这样可以把不好意思当面说的话通过其他的方式同教师交谈。

课余个别交流的有效进行，要求思想政治理论课教师坦诚对待大学生。坦诚相见，不虚不假、不躲不藏，明明白白地表达自己的观点和看法。“出自肺腑的语言才能触动别人的心弦”，只有用自己的坦诚激起大学生情感和思想的共鸣，交谈才能取得满意的效果。

课余个别交流的有效进行，要求思想政治理论课教师以仁爱之心对待大学生。交谈是双方感情和思想交流的双向活动。来自对方的尊重是任何人都希望得到的。交谈中，在心理上、用词上、语调上，体现出对大学生的尊重；讲话时，乐观、明朗；听讲时，不走神，不做其他事情。这样就形成了一个信任、亲切、友善的交谈气氛，大学生就会敞开心扉，教师就能从大学生所讲内容中了解大学生的所思、所需、所行。

第三，课前专访和课余个别交流的价值。课前专访的益处在于，能够比较准确地了解大学生的思想脉络，把握大学生的心理特征；能够弄清楚大学生的思想流向，即在“想些什么”“为什么”“盼些什么”“为什么”，做到心中有数，以便因势利导、有的放矢地进行教学。

课余个别交流的价值在于，通过师生之间的真情、真心、真诚的对话、交流、沟通，能拉近教师与大学生的距离，成为大学生的好朋友和贴心人。师生之间没有了陌生感，大学生会主动与教师谈心。教师可以从大学生的所述中，把握大学生的心理特征和思想脉络，弄清大学生的所思和所需。例如，大学生发短信述说：“老师，您好！打扰您了。我是某某学院的大学生，今年大二，很高兴能认识您！上大学以来，我一直被一些问题困扰，搞得自己好抑郁。当自己每天一个人去图书馆，一个人去吃饭，一个人去上课，看着宿舍的其他人在一起乐乐呵呵，我很孤独，感觉被孤立了。如果自己也去和他们打成一片，虽然心里快乐，但却收获甚少，所有的学习计划都被打乱，时间也浪费了……有时候自己也会多少在意别人对自己的看法。老师，怎样才能更好地处理这种情况呢？希望可以得到您的帮助！谢谢您了！”“老师，我比较喜欢马克思主义，但又始终无法树立对马克思主义的信仰，您能否指导我一些具体方法？”……

（三）课堂问卷调查，把握大学生的期盼视野

进行课堂问卷调查，是了解大学生的“所讲”“所思”“所需”“所行”，把握其期盼视野的一个基本途径。“课堂问卷调查”又称“书面问卷调查”，是在教学过程中依次展开的。以“马克思主义基本原理概论”课为例，调查的项目有：

第一，了解大学生对马克思主义和“马克思主义基本原理概论”课的态度。

（1）你是否了解马克思主义？为什么？

（2）你是否读过政治理论方面的书籍？为什么？

（3）你是否组织过或参加过思想政治理论课方面的活动？为什么？

（4）你是否喜欢“马克思主义基本原理概论”课？为什么？

（5）你认为“马克思主义基本原理概论”课应该怎样教与学？

（6）你最关心的问题是什么？为什么？

（7）你相信什么？为什么？

此类“课堂问卷调查”，是在第一次授课的最后一节课进行的。通过课堂问卷调查发现，80%左右的理科专业大学生、60%左右的文科专业大学生，尤其是刚入学的新生对思想政治理论课不感兴趣或兴趣不大；对马克思主义的认识，存在着不同程度的不解、误解或偏见。

第二，了解大学生的流行时尚话语。

（1）请指出校园文化中的时尚话语，为什么？

（2）请指出课桌文化的思想流向，为什么？

此类“课堂问卷调查”，也是在第一次授课的最后一节课进行的，目的是融入大学生的话语系统，提炼、撷取他们喜闻乐见的话语表达方式，消解由语言代沟引起的情感代沟和思想代沟，增强思想政治理论课教学的亲和力、吸引力和感染力。

第三，了解大学生对教学内容的掌握程度。

（1）请指出某章某节的内容同中学所学内容的相同点与不同点。

（2）请指出某章详讲、精讲、略讲的内容。

此类“课堂问卷调查”，是在教学过程中进行的。一方面是了解大学生对教学内容的掌握程度，另一方面也是为开展“大学生自讲互评”等课堂实践教学而做的前期准备。

第四，了解大学生对课堂实践教学的看法。

（1）我对“课前5分钟‘学思政·读经典’”活动的体会和建议。

（2）我对同学讲课的教态、内容、语言表达、板书（或PPT）等的效果的评价。

（3）主题演讲比赛有无必要？如果有必要，你最大的收获是什么？

（4）你对使用多媒体教学课件有何看法？请提出修改建议。

（5）你对混合式教学持何种态度，为什么？

以上“课堂问卷调查”，是在“课前5分钟‘学思政·读经典’”“大学生自讲互评”“主题演讲比赛”等课堂实践教学结束前进行的总结性问卷调查。

通过分析问卷，可以掌握以下基本的既成事实：

一是当代大学生成长于当今世界的大变动和中国的大变革时期。他们求知欲旺盛，思路新颖，但由于阅历浅，缺乏鉴别力，往往容易把错误的东西当作新事物来接受；他们思想活跃，有政治热情，但由于政治判断能力较差，往往易被一些表面现象所迷惑，有的还会被某种流行的时髦的看法所左右；他们要求独立思考、不愿盲从，但由于方法简单，易于以偏概全，往往形成一些片面的认识。这就要求思想政治理论课教师“既要精于‘授业’、‘解惑’，更要以‘传道’为责任和使命”[①]。

二是当代大学生已初步形成了相对稳定的知识结构、一定水平的理性思维和较高层次的审美情趣。因此，他们渴望用科学理论武装自己，期待思想政治理论课老师传授科学的理论与知识，但却都不满意抽象的空洞的说教，不满意原理加实例的解说，不满意奇闻轶事的罗列，不满意聪明智巧的卖弄，而要求“情与理”“理与趣”的高度统一。

三是大学生已不满足于简单地、浅显地获得知识，更不愿意被动地、呆板地接受教育，他们渴望参与教学过程，在亲身体验和身体力行中感悟理论，深化认识、提升情感、磨练意志，完善和升华自己，要求思想政治理论课实现理论教学和实践教学的有机结合。

“情与理”“理与趣”的高度统一，理论教学和实践教学的有机结合，就是大学生的期待视野。把握大学生的期待视野，是引领大学生走进思想政治理论课的基本前提。

三、组织“课前5分钟‘学思政·读经典’”活动，让大学生走进思想政治理论课

解决大学生的“入门”问题，单靠教师的理论讲授是不够的，还要给大学生提供亲自参与教学的机会，让大学生在实践中调转情感意志，激起理论兴趣，引发理性思考，自愿地走进思想政治理论课。“课前5分钟‘学思政·读经典’”活动，就是引领大学生“入门”的一种实践教学形式。

（一）“课前5分钟‘学思政·读经典’”的活动设计

“课前5分钟”组织“学思政·读经典”活动，就是利用课前这5分

① 习近平：《做党和人民满意的好老师——同北京师范大学师生代表座谈时的讲话》，《人民日报》，2014年9月10日。

钟把大学生多样的、零散的思绪提前凝聚起来，为即将开展的教学活动创设良好的情感基础和氛围。

第一，“课前5分钟‘学思政·读经典’”活动的目的。优化教学出发点，解决“入门”的问题，是“课前5分钟‘学思政·读经典’”活动的目的。一般地说，朗读是一种有声的阅读方式，是朗读者自身的一种情感梳理和置换。尤其是在朗读严肃庄重的经典文本时，随着声音的起伏，文字的流淌，朗读者把感受和感悟确切生动地融入声音的细腻变化之中，设身处地、如临其境、触景生情、有感而发，在声情并茂的表达中获得了一种高雅的审美愉悦，审视、校正、升华了精神境界。至今，我国教育还远未能够真正实现素质教育，尤其是中学，应试教育使得教学活动依然是围绕着考试进行。教知识点、记知识点、背知识点、考知识点。课文中生动鲜活的语言文字被肢解为一个个考点、一道道训练题。知识点之外的读物，尤其是思想政治理论方面、中华优秀传统文化方面的书籍，学生大都没时间、没精力、没兴趣去浏览，更谈不上细读，学生的知识面相对狭窄、知识背景相对单薄。利用课前5分钟读些与课程内容相关的经典，为大学生走进思想政治理论课铺垫情感的基础和氛围尤为重要。

第二，“课前5分钟‘学思政·读经典’”活动的主要原则。“课前5分钟‘学思政·读经典’”活动不是一个随意的过程，而是一个遵循原则、精心准备的过程。一是方向性原则，活动不是猎奇、不是搞笑，更不是恶搞，而是为了增强思想政治理论课教学的实效。二是共生性原则，活动不是教师和大学生的单边行动，而是以大学生为主体、教师为主导，以“情境性”为特点的，集知识、态度、情感于一体的师生共同学习的实践活动。三是针对性原则，思想政治理论课课程虽然同属一个教学体系，有着共同的教学任务和教学目标，但每门课程的教学目的和教学内容都有所区别；每个年级、每个专业大学生的心理特点、知识背景、学习兴趣和发展需求都有所不同。经典的选择要充分考虑每门课程以及大学生的实际情况，有的放矢，否则，或无法有效地进行，或无法取得预期效果。

第三，“课前5分钟‘学思政·读经典’”活动的安排。教学的第1

周宣布组织“课前5分钟‘学思政·读经典’”活动。课后在教师的指导和督促下分组（大学生或按学号顺序或按寝室或按团小组分组），自荐或选出组长或领读人；每小组根据课程内容，分别精选出经典读物。经典读物包括中华优秀传统文化的相关文论或诗句，马克思主义经典作家的相关短文或诗歌，科学家、哲学家和社会学家的相关经典名言。整合经典读物后做成PPT演示稿，安排顺序。教学的第3周开始，按顺序，领读人带领全教学班同学共同朗读或分片分性别齐读。读完后，再请领读人简谈体会。

以下着重论述“马克思基本原理概论”课的“课前5分钟‘学马列·读经典’”活动的具体展开和成效。

（二）“课前5分钟‘学马列·读经典’”活动的具体展开

与其他课程相比，“马克思基本原理概论”课的“课前5分钟‘学马列·读经典’”活动的内容有着特殊性。

第一，“课前5分钟‘学马列·读经典’”活动的内容特征。“学马列·读经典”，就是读马克思主义经典作家的短文、诗歌和著名论断。马克思主义理论从来不是一种冷冰冰的逻辑，而是熔铸着马克思主义经典作家的理想、信念和情操，并表现为科学的思维方式、价值观念和审美情趣，而这些都是通过他们大量的著作表现出来。如上所述，应试教育使大学生对思想政治理论方面的书籍，大都没时间、没精力、没兴趣去浏览，更谈不上细读。马克思主义经典作家在大学生那里或是没有什么印象，或是些不食人间烟火的“神”；马克思主义理论是些没有实际用处的“条条”“杠杠”。让大学生走进“马克思基本原理概论”课，首先要让马克思主义经典作家走下神坛，在大学生头脑中鲜活起来；让马克思主义理论，在大学生头脑中生动起来。在这方面，苏霍姆林斯基给了一个非常好的建议：应当让那些伟人的形象铭刻在每个学生的头脑和心灵中，让学生阅读有关无产阶级领袖马克思、恩格斯、列宁的生活和斗争的书籍，有关他们的战友和继承者的生活和斗争的书籍，努力使每个学生在情感上思想上引起共鸣①，以便

① [苏]B.A.苏霍姆林斯基著，黄之瑞等译：《公民的诞生》，北京：教育科学出版社2013年版，第173页。

让他们更好地走进“马克思基本原理概论”课。

第二，“课前5分钟‘学马列·读经典’”活动的内容安排。“马克思基本原理概论”课一般安排在大学一年级下学期。按照教学内容和大学生的实际情况，精选了马克思的《思念——致燕妮》《青年在选择职业时的考虑》，毛泽东的《七律·长征》，邓小平的《我是中国人民的儿子》，以及《“三个代表”重要思想》《科学发展观》《社会主义核心价值观》等。按照实际教学周，每周一次。

第1次：马克思的《思念——致燕妮》，教师朗读并谈体会；

第2、3、4、5次：马克思的《青年在选择职业时的考虑》，集体朗读，最后请领读人谈体会；

第6次：毛泽东的《七律·长征》，领读人读1遍，集体读1遍，领读人谈体会；

第7次：邓小平的《我是中国人民的儿子》，领读人先读1遍，男女生各读1遍，再集体读1遍，领读人谈体会；

第8次：《“三个代表”重要思想》，领读人先读1遍，男女生各读1遍，再集体读1遍，领读人谈体会；

第9次：《科学发展观》，领读人先读1遍，男女生各读1遍，再集体读1遍，领读人谈体会；

第10次：《社会主义核心价值观》，集体朗读，领读人谈体会。

活动结束后，请大学生交一篇500—800字的心得体会。

必须注意：“课前5分钟‘学马列·读经典’”活动要因时而进、因势而新。例如，为了深入学习党的十九大精神，可以请学生朗读党的十九大报告的主题，领读人读1遍，集体读1遍，领读人谈体会。

第三，“课前5分钟‘学马列·读经典’”活动有效进行的根本保证。“课前5分钟‘学马列·读经典’”活动不是一次性的活动，而是一个连续的过程。既不能热热闹闹走过场，也不能虎头蛇尾。要做到有始有终，善始善终，教师认真扎实的组织是基础。从活动的设计到经典读物查阅，再到整合经典读物，安排顺序，培训领读人，直至活动开展，都离不开教师的精心引导。同时，大学生积极主动性的发挥是关键。从自荐或推荐领读人，到小组成员集体查阅经典读物，再到选定经典读物做成PPT演示稿，直至每次的朗读和谈体会，都离不开大学生热情而认真的投入。所以，教师的精心组织和大学生的积极投入，是活动有效开展的根本保证。

（三）“课前5分钟‘学思政·读经典’”的成效

“课前5分钟‘学思政·读经典’”是有意义的课堂实践教学活动。

第一，使大学生领略马克思主义经典作家的平凡可亲、普通可敬，把大学生领进思想政治理论课。例如，当教师朗诵完马克思的《思念——致燕妮》这首诗之后，大学生们给予热烈的掌声。大学生说：“原以为马克思他们都是不食人间烟火的、先知先觉的神。没想到，与我们一样，是有着七情六欲的实实在在的人，连谈恋爱都是这么真实，马克思在我心中开始走下神坛了。”读完马克思的《青年在选择职业时的考虑》，大学生在谈体会时说：“这篇文章让我看到了十六岁的马克思选择职业的崇高理想、愿意为全人类服务的决心。而我们对职业选择的考虑往往从自我出发，这是多么的狭隘。我敬佩马克思，也愿意学习马克思。”读完毛泽东的《七律·长征》，大学生说：“毛主席的这首诗我听了好多次，总是感觉平平。当我们集体朗读了这首诗后，有点心潮澎湃，我对‘没有共产党，就没有新中国’有了深层的感悟和理解。”读完邓小平的《我是中国人民的儿子》，大学生说：“真的很感动，我从平实的语气中领悟到了伟大的爱国之情。”

第二，促使大学生改变自己对马克思主义的看法，愿意学习思想政治理论课。有的说：“‘三个代表’重要思想、科学发展观、社会主义核心价值观深入浅出、通俗易懂，让我们感到非常的亲切，马克思主义理论不再是冷冰冰的‘条条’和‘杠杠’了。”还有的说：“我们集体朗读了社会主义核心价值观，感觉暖暖的，因为它简明扼要地告诉了我们什么能做、什么该做、怎么去做。看来，马克思主义真的有用，是得好好学习马克思主义了。”

第三，促使课堂教学提升了质量。课堂教学是理论教学与实践教学的有机统一。“课前5分钟‘学思政·读经典’”活动的有效进行，为师生提供了心理的、情感的、思想的交流与碰撞的平台。大学生既学到了知识，又锻炼了能力，还产生了积极的情感体验，萌发了进一步学习的强烈需求，大学生开始走进“马克思主义基本原理概论”课；教师不仅拓展了专业知识、提高了教学能力，而且也收获了教学的快乐，课堂理论教学的质量得以提升。

附　录：

思念——致燕妮

卡尔·马克思

燕妮，即使天地翻覆迷茫，
你比天空晴朗，比太阳明亮。
即使天下人把我淋漓诅咒，
只要你属于我，我都能忍受。

思念比天上宫殿还高，
比永恒的天地更久长，
比理想国还更美妙，
忧心似海深胜海洋。

思念无穷无尽永无止境，
象上帝亲自塑造的一样，
你留给我的形象，
我永远无限向往。

你就是思念的化身，
思念二字犹未能表达深情，
可以说它像一团火，
永远不断燃烧我激荡的心。

——选自《马克思恩格斯全集》第40卷，人民出版社1982年版。

青年在选择职业时的考虑

卡尔·马克思

自然本身给动物规定了它应该遵循的活动范围，动物也就安分地在这个范围内运动，不试图越出这个范围，甚至不考虑有其他什么范围存在。神也给人指定了共同的目标——使人类和他自己趋于高尚，但是，神要人自己去寻找可以达到这个目标的手段；神让人在社会上选择一个最适合于他、最能使他和社会都得到提高的地位。

能这样选择是人比其他生物远为优越的地方，但是这同时也是可能毁灭人的一生、破坏他的一切计划并使他陷于不幸的行为。因此，认真地考虑这种选择——这无疑是开始走上生活道路而又不愿拿自己最重要的事业去碰运气的青年的首要责任。

每个人眼前都有一个目标，这个目标至少他本人看来是伟大的，而且如果最深刻的信念，即内心深处的声音，认为这个目标是伟大的，那它实际上也是伟大的，因为神决不会使世人完全没有引导的人；神总是轻声而坚定地作启示。

但是，这声音很容易被淹没；我们认为是灵感的东西可能须臾而生，同样可能须臾而逝。也许，我们的幻想油然而生，我们的感情激动起来，我们的眼前浮想联翩，我们狂热地追求我们以为是神本身给我们指出的目标；但是，我们梦寐以求的东西很快就使我们厌恶——于是我们的整个存在也就毁灭了。

因此，我们应当认真考虑：所选择的职业是不是真正使我们受到鼓舞？我们的内心是不是同意？我们受到的鼓舞是不是一种迷误？我们认为是神的召唤的东西是不是一种自欺？但是，不找出鼓舞的来源本身，我们怎么能认清这些呢？

伟大的东西是光辉的，光辉则引起虚荣心，而虚荣心容易给人以鼓舞或者一种我们觉得是鼓舞的东西；但是，被名利弄得鬼迷心窍的人，理智已经无法支配他，于是他一头栽进那不可抗拒的欲念驱使他去的地方；他已经不再自己选择他在社会上的地位，而听任偶然机会和幻想去决定它。

我们的使命决不是求得一个最足以炫耀的职业，因为它不是那种使我们长期从事而始终不会感到厌倦、始终不会松劲、始终不会情绪低落的职业，相反，我们很快就会觉得，我们的愿望没有得到满足，我们的理想没有实现，我们就将怨天尤人。

但是，不只是虚荣心能够引起对这种或那种职业突然的热情。也许，我们自己也会用幻想把这种职业美化，把它美化成人生所能提供的至高无上的东西。我们没有仔细分析它，没有衡量它的全部份量，即它让我们承担的重大责任；我们只是从远处观察它，而从远处观察是靠不住的。

在这里，我们自己的理智不能给我们充当顾问，因为它既不是依靠经验，也不是依靠深入的观察，而是被感情欺骗，受幻想蒙蔽。然而，我们的目光应该投向哪里呢？在我们丧失理智的地方，谁来支持我们呢？

是我们的父母，他们走过了漫长的生活道路，饱尝了人世辛酸。——我们的心这样提醒我们。

如果我们通过冷静的研究，认清所选择的职业的全部份量，了解它的困难以后，我们仍然对它充满热情，我们仍然爱它，觉得自己适合它，那时我们就应该选择它，那时我们既不会受热情的欺骗，也不会仓促从事。

但是，我们并不总是能够选择我们自认为适合的职业；我们在社会上的关系，还在我们有能力对它们起决定性影响以前就已经在某种程度上开始确立了。

我们的体质常常威胁我们，可是任何人也不敢藐视它的权利。

诚然，我们能够超越体质的限制，但这么一来，我们也就垮得更快；在这种情况下，我们就是冒险把大厦建筑在松软的废墟上，我们的一生也就变成一场精神原则和肉体原则之间的不幸的斗争。但是，一个不能克服自身相互斗争的因素的人，又怎能抗拒生活的猛烈冲击，怎能安静地从事活动呢？然而只有从安静中才能产生出伟大壮丽的事业，安静是唯一生长出成熟果实的土壤。

尽管我们由于体质不适合我们的职业，不能持久地工作，而且工作起来也很少乐趣，但是，为了恪尽职守而牺牲自己幸福的思想激励着我们不顾体弱去努力工作。如果我们选择了力不胜任的职业，那么我们决不能把它做好，我们很快就会自愧无能，并对自己说，我们是无用的人，是不能完成自己使命的社会成员。由此产生的必然结果就是妄自菲薄。还有比这更痛苦的感情吗？还有比这更难于靠外界的赐予来补偿的感情吗？妄自菲薄是一条毒蛇，它永远啮噬着我们的心灵，吮吸着其中滋润生命的血液，注入厌世和绝望的毒液。

如果我们错误地估计了自己的能力，以为能够胜任经过周密考虑而选定的职业，那么这种错误将使我们受到惩罚。即使不受到外界指责，我们也会感到比外界指责更为可怕的痛苦。

如果我们把这一切都考虑过了，如果我们生活的条件容许我们选择任何一种职业，那么我们就可以选择一种使我们最有尊严的职业；选择一种建立在我们深信其正确的思想上的职业；选择一种能给我们提供广阔场所来为人类进行活动、接近共同目标（对于这个目标来说，一切职业只不过是手段），即完美境地的职业。

尊严就是最能使人高尚起来、使他的活动和他的一切努力具有崇高品质的东西，就是使他无可非议、受到众人钦佩并高出于众人之上的东西。

但是，能给人以尊严的只有这样的职业，在从事这种职业时我们不是作为奴隶般的工具，而是在自己的领域内独立地进行创造；这种职业不需要有不体面的行动（哪怕只是表面上不体面的行动），甚至最优秀的人物也会怀着崇高的自豪感去从事它。最合乎这些要求的职业，并不一定是最高的职业，但总是最可取的职业。

但是，正如有失尊严的职业会贬低我们一样，那种建立在我们后来认为是错误的思想上的职业也一定使我们感到压抑。

这里，我们除了自我欺骗，别无解救办法，而以自我欺骗来解救又是多么糟糕！

那些主要不是干预生活本身，而是从事抽象真理的研究的职业，对于还没有坚定的原则和牢固、不可动摇的信念的青年是最危险的。同时，如果这些职业在我们心里深深地扎下了根，如果我们能够为它们的支配思想牺牲生命、竭尽全力，这些职业看来似乎还是最高尚的。

这些职业能够使才能适合的人幸福，但也必定使那些不经考虑、凭一时冲动就仓促从事的人毁灭。

相反，重视作为我们职业的基础的思想，会使我们在社会上占有较高的地位，提高我们本身的尊严，使我们的行为不可动摇。

一个选择了自己所珍视的职业的人，一想到他可能不称职时就会战战兢兢——这种人单是因为他在社会上所居地位是高尚的，他也就会使自己的行为保持高尚。

在选择职业时，我们应该遵循的主要指针是人类的幸福和我们自身的完美。不应认为，这两种利益是敌对的，互相冲突的，一种利益必须消灭另一种的；人类的天性本来就是这样的：人们只有为同时代人的完美、为他们的幸福而工作，才能使自己也达到完美。

如果一个人只为自己劳动，他也许能够成为著名学者、大哲人、卓越诗人，然而他永远不能成为完美无疵的伟大人物。

历史承认那些为共同目标劳动因而自己变得高尚的人是伟大人物；经验赞美那些为大多数人带来幸福的人是最幸福的人；宗教本身也教诲我们，人人敬仰的理想人物，就曾为人类牺牲了自己——有谁敢否定这类教诲呢？

如果我们选择了最能为人类福利而劳动的职业，那么，重担就不能把我们压倒，因为这是为大家而献身；那时我们所感到的就不是可怜的、有限的、自私的乐趣，我们的幸福将属于千百万人，我们的事业将默默地、但是永恒发挥作用地存在下去，而面对我们的骨灰，高尚的人们将洒下热泪。

——选自《马克思恩格斯全集》第40卷，人民出版社1982年版。

七律·长征

毛泽东

红军不怕远征难，万水千山只等闲。
五岭逶迤腾细浪，乌蒙磅礴走泥丸。
金沙水拍云崖暖，大渡桥横铁索寒。
更喜岷山千里雪，三军过后尽开颜。

——选自《毛泽东诗词集》，中央文献出版社1996年版。

我是中国人民的儿子，我深情地爱着我的祖国和人民。

——选自《十八大以来重要文献选编（中）》，中央文献出版社2016年版。

中国共产党要始终代表中国先进生产力的发展要求；代表中国先进文化的前进方向；代表中国最广大人民的根本利益。

——选自中共十六大报告

科学发展观第一要义是发展，核心是以人为本，基本要求是全面协调可持续性，根本方法是统筹兼顾。

——选自中共十七大报告

倡导富强、民主、文明、和谐，倡导自由、平等、公正、法治，倡导爱国、敬业、诚信、友善，积极培育社会主义核心价值观。

——选自中共十八大报告

不忘初心，牢记使命，高举中国特色社会主义伟大旗帜，决胜全面建成小康社会，夺取新时代中国特色社会主义伟大胜利，为实现中华民族伟大复兴的中国梦不懈奋斗。

——选自中共十九大报告

第五章 思想政治理论课教学着力点的优化

思想政治理论课教学着力点是一个亟待研究和解决的重要问题。是否找准着力点、能否优化着力点，直接影响思想政治理论课的教学效果。不可否认，思想政治理论课教学中，“教师无力”“学生无趣”“课程无用”的状况仍然程度不同地存在着。这其中的一个重要原因，就是教学着力点出了问题。提升教学质量，必须弄清并优化教学着力点。

一、思想政治理论课教学着力点优化的目的

着力，即使力气、用力、致力。着力点，指力的作用主要集中之点，常用以完成某项工作或任务时主要用力之处或致力的地方[①]。如同其他所有社会实践活动一样，教学活动也有着主要用力之处，问题在于怎样准确找到这个主要用力之处。在漫长的中外教育史上，人们总是自觉或不自觉地把讲授作为教学的主要用力之处，以期通过讲授法来确保教学活动的完成和教学目的的实现。讲授法是使用最早的、应用最广的、褒贬不一的教学方法。

① 中国社会科学院语言研究所词典编辑室编:《现代汉语词典》,北京:商务印书馆2005年版,第1719页。

（一）对讲授法的理性审视

近现代以来，讲授法一直被看作“注入式”“满堂灌”，饱受批评和指责，甚至遭到全盘否定。其实，这是对讲授法的不解和误解。针对不解和误解，有必要对其进行实事求是的评价。

第一，讲授法及其实质。《中国大百科全书 教育》指出：讲授法又称为教授法，是“教师通过口头语言向学生描绘情境、叙述事实、解释概念、论证原理和阐明规律的教学方法”①。从表面上看，讲授法是“教师讲、学生听”，这是招致谴责，乃至否定之所在。其中，杜威的指责具有代表性，他说，讲授法，一切都是为“静听”准备的，静听的态度是被动的、吸收的，学生置于被动的地位，不利于其自主能力的培养②。为此，20世纪60年代，凯勒发表《再见吧，老师》的论文，对讲授法进行了全盘否定③。

讲授法的确是一种教师讲、学生听的授受方法，但它是否是注入式，既不在于讲授法本身，也不在于讲多讲少，而实质上在于讲授是否得法。如果教师呆板地照本宣科，讲授的目的只是让学生记录或引起学生对所讲内容的注意和重视，教师只管讲，学生只管记，其结果必然导致学生或是心不在焉，或是心理厌倦，或是思维停滞。这样的讲授，铁定是注入式。换言之，忽视或无视学生的主体状况，死讲硬灌，就是注入式。反之，如果教师能根据不同的教学对象，抓住重点难点，时而栩栩如生、绘声绘色地讲述；时而提出问题，启发学生思考；时而据理推论，解惑答疑，学生与教师的思路始终保持一致，产生共鸣，心无旁骛，这样的讲授就根本不是注入式。正如苏霍姆林斯基所分析的，讲授毫无训诫的意味，而是精细入微，真挚亲切。每句话都像是启发大家要对照自己，深入思考自己的命运和未来④。所以，问题的关键不是教师

①《中国大百科全书 教育》，北京：中国大百科全书出版社1985年版，第142页。

②［美］杜威著，赵祥麟、任钟印、吴志宏译：《学校与社会·明日之学校》，北京：人民教育出版社1994年版，第42页。

③ 转引自吴守一：《提高课堂讲授效果的探讨》，《江苏大学学报》（高教研究版），2004年第1期。

④［苏］B.A.苏霍姆林斯基著，赵玮等译：《和青年校长的谈话》，教育科学出版社2013版，第82页。

讲、学生听，而是教师怎么讲、学生怎么听[①]。

第二，讲授法仍然是居于教学主导地位的基本方法。奥苏贝尔充分肯定讲授法。他认为，讲授法从来就是任何教学法体系的核心，看来以后也有可能是这样，因为它是传授大量知识唯一可行和有效的方法。首先，讲授法突破了个体直接经验的局限，扩大了个体的认识范围，赢得了认识的速度，是解决个体经验和人类社会历史经验之间的矛盾的强有力的工具之一[②]。人独自掌握科学文化知识的能力从来不是先天俱有的，每个人所要学习的是人类长期积累的科学文化知识，很多知识不可能通过直接经验获得，因为“人不能事事直接经验”[③]；相对而言，有经验的教师对相关科学文化知识的了解和把握是比较系统的、透彻的，在反复的教学实践中也已基本弄清学生的学习盲区。通过教师的讲授，既可以使学生在较短的时间和较大的范围掌握大量的、系统的科学文化知识，又可以避免学生在学习过程中的无序和低效，是一种快捷的高效的传承方式。其次，讲授法“突破了时间和空间的局限”[④]，在任何年代、任何地域、任何类型、任何学科、任何年级都可以运用。当今时代，获得知识的渠道很多，例如，网络、电视、电话、报纸、书籍、杂志等，不过，这些渠道得来的知识往往是零散的、杂乱的、直观的，仍需要通过教师的讲授加以整体、系统的提升。多年来探索出了不少的教学法，如讨论法、案例教学法、活动法等，然而，这些“其他教学方法的运用，几乎都需要同讲授法结合进行”[⑤]才能取得良好的效果。

第三，讲授法的局限。任何一种教学方法，都是“为达到教学目的，实现教学内容，运用教学手段而进行的，由教学原则指导的，一整套方式组成的，师生相互作用的活动”[⑥]。这就是说，在本质上，教学方法是教与学的相互影响和相互作用，讲授法的运用亦不例外。显然，对于讲授法深刻和完整的认识，有必要从教与学两个方面来考察。讲授法

---

① 蔡莉：《对讲授法的再思考》，《湖北大学学报》（哲学社会科学版），1987年第2期。

② 王策三：《教学论稿》，北京：人民教育出版社1985年版，第245页。

③《毛泽东选集》第1卷，北京：人民出版社1991年版，第288页。

④ 王策三：《教学论稿》，北京：人民教育出版社1985年版，第95页。

⑤《中国大百科全书 教育》，北京：中国大百科全书出版社1985年版，第142页。

⑥ 王策三：《教学论稿》，北京：人民教育出版社1985年版，第245页。

采取教师主讲的方式，为充分发挥教师的积极主动性提供宽阔的平台。但是，它又“有一定局限性，如果在运用时不能唤起学生的注意和兴趣，又不能启发学生的思维和想象，极易形成注入式教学”[①]。这就是说，讲授法运用不当，就会转化为它的对立面。因此，课堂理论教学不能以单一的讲授一贯到底，还要与其他教学方法有机结合起来，为充分发挥学生的积极主动性提供更广的舞台。只有这样，才能使教学效果达到更优化。

（二）思想政治理论课的教学着力点

任何学科的教学都有着力点，思想政治理论课教学也不例外。那么，思想政治理论课教学的着力点是什么？

我们认为，思想政治理论课教学的着力点是运用讲授法讲授马克思主义科学理论，为学生一生成长奠定科学的思想基础。

第一，马克思主义理论知识的讲授特点，决定了理论讲授是思想政治理论课教学的基本方法。马克思主义是一门博大精深的科学理论，作为科学理论把它传授给大学生，必须由已经掌握了这门科学理论知识的教师来阐明，以促使大学生很快领悟马克思主义理论的精神实质。不经讲授，而采用其他方式，例如自学，行不行？也行。但是，就一般情况而言，由于大学生受时间和阅历的限制，自学不容易抓住马克思主义理论最基本、最本质的东西，往往花了时间，效果也不好。而在较短的时间内，要求大学生掌握马克思主义的基本理论，就需要教师通过讲授加以引导。思想政治理论课与其他学科比较，有一个不同的特点，就是它的主要任务是帮助大学生通过系统学习马克思主义理论，确立坚定正确的政治方向，树立正确的世界观、人生观、价值观。因此，系统地讲授马列主义、毛泽东思想、邓小平理论、“三个代表”重要思想、科学发展观和习近平新时代中国特色社会主义思想的基本原理，弘扬社会主义核心价值观是思想政治理论课教学的着力点。

第二，课堂理论教学的特质，决定了讲授法是思想政治理论课教学

①《中国大百科全书 教育》，北京：中国大百科全书出版社1985年版，第143页。

的基本方法。课堂理论教学是受到崇高目标鼓舞的一种积极的实践活动。这种活动是师生之间直接接触的最好教学形式，是师生之间在心理、情感、思想等方面互相影响，价值取向和道德财富直接传递的过程。在课堂上，教师的讲授影响着学生，而这种影响又受到学生的评价，正是通过评价学生为自己做出应当如何行动，如何处世的结论来。这是靠教师在课堂讲授中营造出一种精神振奋的、生气勃勃的情调或气场，以此来影响学生，调动学生的热烈的学习愿望，明确学习目的，培养学生的道德情操，激发学生向往真善美的情感。正如苏霍姆林斯基所说的，“教师对学生的教育，在什么时候进行得最鲜明、最积极、最深刻呢？这就是在教师的情感接触了学生的情感的时候。这种接触的机会很多……但是，最经常的接触还是在课堂上。这时候你既在传授知识，也在教学生思考和生活，培养他的认识和情感”①。

第三，思想政治理论课讲授法的不足。应该承认，思想政治理论课讲授法确实存在许多缺点，其最主要的缺点就在于“不中听”。从本质上说，讲授法是一种单向的交流方式。教师主动地讲，大学生被动地听，大学生成了装载马克思主义理论知识的“容器”，知识在大学生那里变成了不能活动的“货物”，学习知识好像就是为了静止的“储备”，而不能进入活动的思想，这样的讲授只能在学生思维的表面一擦而过，这就使思想政治理论课缺乏应有的感染力、吸引力和说服力，往往“不中听”。由于“不中听”，很难激起大学生的学习兴趣，导致“不愿听”。讲授法的另一个缺点，就是教师的讲授通过语言媒介往往不能使大学生直接体验这些知识。所以，思想政治理论课教学特别强调理论联系实际，要求大学生在学好基本知识的同时，还必须接触实际、接触社会，通过对社会的亲身实践来加深对马克思主义基本理论的理解和掌握，以弥补理论讲授法的不足。正是在这个意义上，我们强调，思想政治理论课的教学过程是理论教学和实践教学的高度统一。

① [苏]B.A.苏霍姆林斯基著，赵玮等译：《和青年校长的谈话》，北京：教育科学出版社2013版，第173页。

（三）思想政治理论课教学着力点优化的目的

思想政治理论课教学着力点是优化讲授法，优化的目的是解决“入耳”问题，让大学生喜爱思想政治理论课。

第一，“入耳”是激发学习兴趣的前提。“入耳”，有两个指向，这就是“中听”和“愿意听”。任何一种教学都是一种教与学的双向活动。“中听”指的是教师的有效讲授；“愿意听”指的是教师的讲授引起了学生的有意注意，进而能够进入全神贯注听讲的境地，学生与教师的思路保持一致，产生共鸣，心无旁骛。所以，“中听”引起“愿意听”，是激发学习兴趣的前提。

第二，解决“入耳”问题，激发大学生的学习兴趣。在心理学意义上，兴趣是一个人积极探究某种事物或爱好某种活动的心理倾向和情感状态。稳定的学习兴趣可以不断引发自我摄取知识的强烈欲望和追求真理的内在动力。求知欲是人在认知过程中迸发出来的不可遏制的想要认识和知道事物的意向活动。求知欲作为人对周围世界的一种积极态度、一股强大的心理力量促使着人们不断认识和探究真理。也就是说，学生只有对他感兴趣的问题，才有着强烈的探索精神，喜欢追根究底。问题在于如何激发。“以疑引思·重点剖析”和“分类教学”是激发大学生学习兴趣，解决“入耳”问题的有效方法。

二、“以疑引思·重点剖析”，激发大学生的学习兴趣

每一个教师都希望在自己的课堂上学生对学习感兴趣。怎样才能把课上得有趣呢？苏霍姆林斯基对此作了解说。他说：“所谓课上的有趣，就是说：学生带着一种高涨的、激动的情绪从事学习和思考，对面前展示的真理感到惊奇甚至震惊。”[①]这就需要教师在讲授的过程中，尽量引导学生生疑、质疑、解疑。

① [苏]B.A.苏霍姆林斯基著，杜殿坤编译：《给教师的建议》，北京：教育科学出版社2013年版，第62页。

（一）“以疑引思·重点剖析”的内涵

学贵有疑。陆九渊曾在《陆九渊集·语录下》中说：“为学患无疑，疑则有进，小疑则小进，大疑则大进。”

第一，“以疑引思·重点剖析”的涵义。以疑引思·重点剖析是理论讲授的一种有效的教学方法，就是选择那些最能体现思想政治理论的基本精神，理解难度大，而又为大学生普遍关注并存在种种模糊认识的内容，立题重点讲授。

第二，“以疑引思·重点剖析”的目的。在一定意义上，课堂是师生之间情感交融、思想沟通、理论引领的宏大磁场。与案例教学法不同，“以疑引思”不是就例子讲例子，而是从例子中提炼出“疑问”，给大学生提供分析社会矛盾和解决思想困惑的科学的理论思维和正确的价值导向，展示思想政治理论课的可亲可爱可敬可信。

第三，“以疑引思·重点剖析”的具体流程。首先向大学生展示事先准备的具有矛盾冲突的感性材料或理论素材，造成以材料为中心的“疑问”，营造生疑和质疑的氛围；当大学生随着教师讲授的思路对“疑问”产生好奇心或探究欲时，再对“疑问”逐个分析，或是论证，或是反驳，最后引出正确的结论或给予得出结论的基本方法。在这个意义上，“以疑引思·重点剖析”，就是引导学生生疑、质疑、解疑的讲授方法。

（二）“以疑引思·重点剖析”的关键

苏霍姆林斯基曾提醒，作为激发学生兴趣的手段来看都是很诱人的，但是如果教师不善于运用，都会转化为它的对立面。“以疑引思·重点剖析”讲授法也是如此。如果设的“疑”，让学生的“情绪区域”长时间地处于兴奋状态，兴趣就会消失，疲劳和漠不关心的态度就会来临。如何科学地“以疑引思·重点剖析”？关键在于设“疑”，即依据什么设“疑”，设什么样的“疑”。

第一，依据教学的重点设“疑”。例如，“马克思主义基本原理概论”课以“资本主义灭亡有无客观根据，如果有，为什么到现在资本主义仍然垂而不死？”的疑问，展开第四章的内容。重点讲“资本主义社会的经济特征”：一是资本主义是高度商品化的社会；二是资本主义社会的生产是剩余价值生产；三是资本主义经济制度是雇佣劳动制度。把劳动价值论、剩余价值论和资本主义经济制度的实质概括地展现出来，得出资本主义社会基本矛盾的激化是资本主义灭亡的客观根据。由于造成资本主义社会基本矛盾激化的条件正在准备之中，所以，资本主义灭亡有一个相当长的历史过程。以“中国现在搞的社会主义是不是科学社会主义，如果是，为什么与马克思恩格斯设想的社会主义不一致，而与资本主义又有相同之处?”为疑，展开第六章的内容，得出只有把马克思主义同具体实践相结合的社会主义才是具有生命力的科学社会主义，而中国特色社会主义就是具有生命力的科学社会主义的结论。再如，“中国近现代史纲要”课第二章的重点是19世纪下半叶，中国社会各阶级对国家出路的探索最终都不能为实现中国的独立和富强找到出路。以“为什么19世纪下半叶，梁启超、康有为、孙中山等仁人志士对国家出路的探索和实践最终都失败了?”的疑问，展开第二章“对国家出路的早期探索”的内容。

第二，依据大学生的关注点、困惑和误解设“疑”。大学生的关注点、困惑和误解折射出社会热点或社会问题。依据大学生的关注点、困惑和误解设疑，能够引起兴趣和激发求知欲。例如，“马克思主义基本原理概论”课的“绪论”，主要讲授什么是马克思主义、为什么学习马克思主义、以什么样的态度对待马克思主义。经过书面问卷调查，发现在大学生的思想中，存在着一些对马克思主义的困惑和误解。有的说马克思主义很简单，三句话可以搞定——世界是物质的，物质是运动变化发展的，发展是由矛盾引起的；有的说马克思主义不就是阶级斗争的理论吗？现在我们国家已经没有阶级斗争了，还学它干什么？有的说马克思主义是真理吗？如果是，为什么社会主义不强，资本主义不亡？有的说承认马克思主义对我们国家有用，因为它是指导思想，那么，对个人又有什么用？根据大学生的这些困惑和误解设“疑”，再对这些个“疑”逐个展开理论的分析、历史的考量和现实的验证，最后得出马克思主义是开放的博大精深的科学理论体系，马克思主义为每个人的成长成才成人提供了基本立场、基本观点和基本方法的结论。再如，在“毛泽东思想与中国特色社会主义理论体系概论”课的教学中，根据学生提出的“在我国为什么要实行共产党领导下的多党合作和政治协商制度，而不实行资本主义国家那样的两党制或多党制”的问题设“疑”，展开第八章第二节的内容。

（三）“以疑引思·重点剖析”的成效

“以疑引思·重点剖析”的讲授法相对于逐章逐节逐目的讲解有三个优势：

第一，实现了教学内容由老到新、由远到近、由表到里的融会贯通，从而把马克思主义产生的历史背景同马克思主义发展的当代现实有机地统一起来，把无产阶级革命运动的规律同当代中国特色社会主义的建设规律有机地统一起来，把基本理论教育同现实性教育有机地统一起来，教学有血有肉，有声有色，这就解决了“入耳”的问题。

第二，跳出了那种“想听的不讲，听腻了的老讲”的框框，教学活动就像是一块磁铁，将大学生的注意力紧紧吸住，“引着他们通过一个阶梯走向知识”①。因为这些问题都是大学生困惑并希望得到解答的问题，教学内容与大学生的“思想问题流”容易形成共鸣，对大学生来说解渴、解惑，收效大，学生愿意听。

第三，能结合“疑问”对什么是马克思主义讲深讲透，从而引导大学生站在时代的制高点上，理解马克思主义。能够针对大学生的一些模糊、混乱和误解作出正确的解释、校正和澄清。这样，不仅使大学生在一些重大原则问题上是非分明，而且有助于他们在对众多的思潮比较和评价中接受马克思主义。

三、分类教学，激发大学生的求知欲

在建构主义看来，人类获得知识的唯一正确路径是通过新旧知识的联结，由学习者主动地探索和建构知识体系和价值体系。由于学生在认

① [苏]B.A.苏霍姆林斯基著，杜殿坤编译：《给教师的建议》，北京：教育科学出版社2013年版，第238页。

知水平、认知方式和接受习惯等方面具有差异性，因此，教师要了解学生的具体情况，找到学生发展的关节点，提出处于学生“最近发展区”的问题或设置相应的情境，引导学生自主学习。思想政治理论课教学也是如此。尊重学生的差异，采取贴切的教学方法，激发求知欲，促进学生得到最大限度的发展，需要有针对性的教学。思想政治理论课的分类教学充分体现了教学的针对性。

（一）思想政治理论课分类教学及其基本原则

分类教学既是一种教学理念，也是一种教学方式和教学方法。作为一种教学方法古已有之，孔子就把自己的弟子分成了四类，根据不同学生的特点，进行不同的教育。那么，什么是思想政治理论课的分类教学?

第一，思想政治理论课分类教学的内涵。所谓分类教学，就是根据不同学科专业大学生的认知水平、认知方式和接受习惯，从教学方法、教学手段、评价体系等方面进行分类设计，实施专业类别的教学。实际上，思想政治理论课的教学内容在每一个学科专业都能找到结合点。而这些与其专业相结合的教学内容不仅仅是大学生最为关注、最感兴趣、最爱刨根究底的，而且还可能使大学生切切实实地感受到思想政治理论是与自己的前途命运息息相关的。所以，设计有针对性的教学方案，激发大学生的求知欲，让大学生在主动地学习和思考马克思主义理论知识的同时，培养和锻炼分析和解决问题的能力，养成和确立健康向上的人生价值观，是分类教学的目的。

第二，思想政治理论课分类教学的基本原则。分类教学以“因材施教”和“因需施教”为基本原则。

因材施教原则是充分重视大学生学科背景、知识结构、思维方式等方面的差异，并以此将学生划分不同的“教学类”进行教学，从而提高思想政治理论课教学的实效性。从知识背景来说，大学生主要有文史哲类、理工类、艺体类等不同的知识背景。不同的知识背景，有着不同的兴趣点和关注点，影响着大学生对思想政治理论课接受的程度。依据文史、理工、艺体三大类划分教学类别，使因材施教成为可能。

因需施教原则不是简单地无原则地满足学生个性化的需求，而是依据教学目标、结合不同学科专业大学生的需要设计教学大纲，选择教学方法和考核办法。从教学目标上看，对文史类学生的教学以马克思主义理论知识的扩深、科学思维能力的提高、核心价值观的引领为主线，理工类学生的教学侧重于马克思主义理论知识的把握、科学思维能力的提升、社会主义核心价值观的弘扬，艺体类学生则以马克思主义理论知识的普及、文化修养的拓展、社会主义核心价值观的引导为主题。

（二）思想政治理论课分类教学的实施条件

思想政治理论课分类教学的良性运行，必须具备以下三个条件。

第一，教学内容专题化是思想政治理论课分类教学的基础条件。依据不同类别大学生的的兴趣点、关注点和接受度，打通教材体系章节中的各个知识点，将教材体系转化为专题化的教学体系。例如，针对文史类学生的接受习惯，将“马克思主义基本原理概论”课教材的七章内容，归结为七个专题：一是“人之是：应该成为什么样的人”；二是“人之思：如何把握人与世界的关系”；三是“人之识：怎样才能获得正确的认识”；四是“人之辨：资本主义产生和存在的历史正当性”；五是“人之惑：当代资本主义为什么‘垂而不死’”；六是“人之择：社会主义在迎风破浪之中不断前进”；七是“人之愿：共产主义理想的实现是历史的必然”。[①]这样的讲授不仅能引发学生的好奇心和探求欲，而且能促使他们在思考中升华马克思主义的情感维度和价值维度。

第二，教学方法多样化是思想政治理论课分类教学的关键条件。“工欲善其事，必先利其器”，教学方法对于任何教学都非常关键。在思想政治理论课教学中，不同专业类别的大学生，同样可以实施不同的教学方法。例如，对文史类学生，主要采取提示法和师生共研法，以激发理论兴趣，拓宽认识视野，提升精神境界；对理工类和艺体类学生，主要是采取叙述法，把抽象与形象、视与听结合起来。也就是通过背景知识的引用，典型事例的穿插，恰到好处的视频提示，展开理论分析，激活大学生的求知欲，引发他们的理性思考。

① 戴兆国、王玉侠、牛菲：《高校思想政治理论课分类教学模式探析——以安徽师范大学思想政治理论课改革为例》，《思想理论教育导刊》，2014年第11期。

第三，考评方式的多卷化是分类教学的保障条件。全面实施过程考核，即期末统一考核和平时考核相结合，施行一课多卷考试形式。文史类学生的平时考核包括阅读经典、理论研讨、撰写小论文和校园专题调研等。理工类和艺体类学生的平时考核包括考勤、主题演讲比赛、自编自演的5分钟情景剧、摄影和视频制作等。期末考核主要考查大学生对马克思主义的态度，运用马克思主义的立场、观点和方法分析解决问题的能力。题型灵活多变，既有统一尺度，又有区分度。以与大学生的所学和所思紧密相关材料的形式呈现，设置基本知识测试、思维能力训练、理解能力展示、综合能力运用四大题型。为了消除一张卷子定成绩，平时不摸书，考前突击背的旧习，根据不同教学类学生的特点，设计平时考核和期末考核的权重。艺体类的平时考核成绩可达60%。

（三）思想政治理论课分类教学的现实价值

分类教学相对于“一言堂”教学，有着明显的优越性。

第一，分类教学能够凸显大学生专业学科背景的特殊性，有利于解决“入耳”问题。如果置学生的特点而不顾，生硬地植入观念与思想，必然导致抵触情绪，难以解决“入耳”问题。分类教学把握了文史类教学过程的高度、理工类教学过程的深度和艺体类教学过程的宽度，从而解决了“入耳”的问题。

第二，分类教学能够贴近不同专业大学生的生活实际和思想实际，有利于引导大学生对马克思主义的理解和接受。思想政治理论课具有典型的“非授知性”，追求“知、情、意、行”四位一体的教学效果。分类教学让大学生感觉“务实”而不“务虚”，从而撞击了学生的听觉，启发了学生的思考，触动了学生的心灵，大学生对马克思主义能够由冷漠转为亲近，由排斥转为喜爱，由抗拒转为接受。

第三，分类教学的一卷多学科考试，改变了死记硬背知识点的状况，既能考察不同学科专业大学生对马克思主义基本原理理解、把握、认同的深度，又能考察不同学科专业大学生对马克思主义立场、观点、方法综合运用的程度，这种考试方法得到了大学生的肯定。

附　录：

2016—2017学年第二学期"马克思主义基本原理概论"课期末考试试卷①

（A卷 120分钟 闭卷）

题号	一	二	三	四	得分
得分					

亲爱的同学，你辛苦了。现在展现在你面前的试卷一共有四大题，希望你认真阅读背景材料和答题提示或要求（尤其是文科、理科与艺体类的区分），用自己生动的思想为这个总结性的学习环节画上圆满的句号，而不要为你的死记硬背所困。你是好样的！

专题一：辩证法与生活智慧（2小题，共25分）

得分	评卷人	复核人

材料1：美国哲学家威尔·杜兰特曾在其成名之作《哲学的故事》中写道："索罗说，'做一个哲学家，不仅仅是要具有敏捷的思想，甚至也不是要创立一个学派，而是要热爱智慧，按它的意旨过一种简单朴素、独立自主、豁达大度和克近厥职的生活。'我们深信，只要我们能找到智慧，其余的一切也就能唾手可得了。培根曾告诫我们：'你首先应追求思想的完美，其余的东西，不尾随而来，也会失去了而浑然不觉。'真理不能使我们富有，但是它能使我们自由。"

材料2：探测高能粒子运行轨迹的仪器——"气泡室"的发明原理，是发明者——美国物理学家格拉塞尔在喝啤酒时，看到酒杯中一串串上升的气泡，猛然想到自己一直在研究的课题——怎样探测高能粒子的飞行轨迹。于是，他用啤酒代替高能粒子穿越的介质，顺手拿起几粒碎小鸡骨头代替高能粒子，等到酒杯中的气泡冒完后，将其丢入杯中啤酒里，随着碎骨的沉落，周围不断冒出气泡，

① 此卷是安徽师范大学分类教学"马克思主义基本原理概论"课的期末试卷(A)。

用气泡显示了碎骨粒下降过程的轨迹。他立即回到实验室，经过不断实验，当带电粒子穿越液态氢时，其所经过的路线同样出现了一串气泡，终于以这种方法清晰地呈现出高能粒子飞行的轨迹。格拉塞尔因此荣获诺贝尔物理学奖。

(一) 理解能力检测:

根据材料1，请回答学习哲学的意义。(10分)

(二) 应用能力检测:

材料2所体现的唯物辩证法的原理是什么？请作简要阐释。(15分)(文科生回答)

格拉塞尔"喝酒"荣获诺贝尔奖，对你的专业学习有什么启示意义？(15分)(理科生回答)

格拉塞尔为什么能够发现高能粒子飞行的轨迹？(15分)(艺体生回答)

专题二：资本主义的本质及其规律(2小题，共30分)

得分	评卷人	复核人

材料1：资本既然存在，也就统治着整个社会，所以任何民主共和制、任何选举制度都不会改变事情的实质。

(《列宁选集》第4卷，人民出版社1995年版，第38页。)

材料2：资产阶级通常十分喜欢分权制，特别是喜欢代议制，但资本在工厂法典中却通过私人立法独断地确立了对工人的专制。

(《马克思恩格斯选集》第2卷，人民出版社2012年版，第228页。)

材料3：任何一种所谓人权都没有超出利己主义的人，没有超出作为市民社会的成员的人，即作为封闭于自身、私人利益、私人任性、同时脱离社会整体的个人的人。

(《马克思恩格斯全集》第1卷，人民出版社1956年版，第439页。)

（一）理解能力检测：

资本主义的民主共和制、选举制是真正的民主制吗？（15分）

（二）应用能力检测：

结合材料2，谈谈你对资本主义分权制的认识。（15分）（文科生回答）

结合材料2，谈谈你对资本主义分权制的认识。（15分）（理科生回答）

你认为资本主义人权的实质是什么？（15分）（艺体生回答）

专题三：关于科学技术的思考（2小题，共30分）

得分	评卷人	复核人

材料1：2017年4月27日，2017全球移动互联网大会在北京国家会议中心举行。英国著名物理学家斯蒂芬·霍金通过视频发表了题为《让人工智能造福人类及其赖以生存的家园》的主题演讲。他提道："人工智能一旦脱离束缚，以不断加速的状态重新设计自身。人类由于受到漫长的生物进化的限制，无法与之竞争，将被取代。这将给我们的经济带来极大的破坏。未来，人工智能可以发展出自我意志，一个与我们冲突的意志。尽管我对人类一贯持有乐观的态度，但其他人认为，人类可以在相当长的时间里控制技术的发展，这样我们就能看到人工智能可以解决世界上大部分问题的潜力。但我并不确定。"

材料2：马克思对科学技术的伟大历史作用作过精辟而形象的概括，认为科学是"历史的有力的杠杆"，是"最高意义上的革命力量"。

（一）理解能力检测：

请结合所学知识，阐述科学技术是天使还是魔鬼？（15分）

（二）应用能力检测：

为什么霍金会担心人工智能一旦离开束缚将会毁灭人类？（15分）（文科生回答）

结合霍金的担忧，谈谈我们该如何规避科技发展所带来的灾难？（15分）（理科生回答）

谈谈如何正确发挥现代科技在社会发展中的作用？（15分）（艺体生回答）

专题四：综合应用（1小题，共15分）

得分	评卷人	复核人

材料：2017年两会期间，习近平在看望参加政协会议的民进、农工党、九三学社委员时强调："我国广大知识分子要主动担当积极作为，为国家富强民族振兴人民幸福多作贡献。"

习近平指出，中国共产党历来高度重视知识分子。我国广大知识分子是社会的精英、国家的栋梁、人民的骄傲，也是国家的宝贵财富。我国知识分子历来有浓厚的家国情怀，有强烈的社会责任感，重道义、勇担当。一代又一代知识分子为我国革命、建设、改革事业贡献智慧和力量，有的甚至献出宝贵生命，留下了可歌可泣的事迹。

请结合材料，以"当代大学生的使命"为题，根据自己的所思所感，写一篇小论文。基本要求是原理正确，逻辑清晰，语言通顺，观点鲜明，不少于400字。

2016—2017学年第二学期“马克思主义基本原理概论”课期末考试试卷[①]

（B卷 120分钟 闭卷）

题号	一	二	三	四	得分
得分					

亲爱的同学，你辛苦了。现在展现在你面前的试卷一共有四大题，希望你认真阅读背景材料和答题提示或要求（尤其是文科、理科与艺体类的区分），用自己生动的思想为这个总结性的学习环节画上圆满的句号，而不要为你的死记硬背所困。你是好样的！

专题一：辩证法与生活智慧（2小题，共25分）

得分	评卷人	复核人

材料1：从国际商用机器公司（IBM）到谷歌，硅谷有越来越多的科技企业聘用哲学家为其预见未来的社会形态。在社交网站领英网上也有越来越多的人在简介中介绍自己在科技企业就职的同时也是哲学专业人士。

虽然这一潮流尚未遍及全世界，但是对于那些未来充满未知的初创企业而言，聘请一位哲学家无论从逻辑还是从情理角度都说得通，因为哲学家拥有缜密思辨和合理推测的能力。

Philjobs.org是一个专门为哲学专业人士介绍工作的网站。目前，大多数工作邀约来自大学院校，但是也有越来越多的科技企业开始聘用哲学专业的人才，以满足虚拟智能研发领域的需求。

在科技界最著名的哲学家就是全球最大的网上支付公司贝宝公司的创始人彼得蒂尔。科技领域的专家指出，在涉及科技的颠覆性应用时，哲学的地位显得愈发重要。柏拉图曾说，一切背离了公理与道德的知识都只是狡诈，而非智慧。

① 此卷是安徽师范大学分类教学“马克思主义基本原理概论”课的期末试卷(B)。

哲学领域专家认为，对哲学的研究并非仅出于对智慧的追求，还源于对未知问题和新奇事物的探求。而哲学家所拥有的梳理和解答问题的能力正是推崇打破常规的科技企业所渴求的。

在马德里的一所哲学院，有些已经身居企业高位的人也会到这里进修。这些成功人士表示，学习哲学并非为了摆脱科技以转投其他领域，而是为了更好地理解科技能对人类生活产生哪些影响。

材料2：列宁指出，“统一物之分为两个部分以及对它的矛盾着的部分的认识……是辩证法的实质”。“可以把辩证法简要地规定为关于对立面的统一的学说。这样就会抓住辩证法的核心，可是这需要说明和发挥。”

（《列宁选集》第2卷，人民出版社2012年版，第556、412页。）

（一）理解能力检测：

结合材料1，谈谈我们该如何对待哲学。（10分）

（二）应用能力检测：

结合材料2，谈谈为什么对立统一规律是唯物辩证法的实质和核心。（15分）（文科生回答）

简述矛盾及其属性。（15分）（理科生回答）

简述矛盾及其属性。（15分）（艺体生回答）

专题二：人类社会及其发展规律（2小题，共30分）

得分	评卷人	复核人

材料1：“历史上的活动和思想都是‘群众’的思想和活动”，“历史活动是群众的事业”，决定历史的是“行动着的群众”。

（《马克思恩格斯全集》第2卷，人民出版社1957年版，第103-104页。）

材料2：得民心者得天下，失民心者失天下，人民拥护和支持是党执政的最牢固根基。人心向背关系党的生死存亡。党只有始终与人民心连心、同呼吸、共命运，始终依靠人民推动历史前进，才能做到哪怕“黑云压城城欲摧”，“我自岿然不动”，安如泰山、坚如磐石。

（《习近平谈治国理政》，外文出版社2014年版，第368页。）

（一）理解能力检测：

什么是党的群众观点？（15分）

（二）应用能力检测：

结合材料1，简述群众史观的理论原则。（15分）（文科生回答）

结合材料2，简述党的群众路线的主要内容。（15分）（理科生回答）

结合材料2，简述党的群众路线的主要内容。（15分）（艺体生回答）

专题三：资本主义的本质及其规律（2小题，共30分）

得分	评卷人	复核人

材料1：马克思指出：“竞争斗争是通过使商品便宜来进行的。在其他条件不变时，商品的便宜取决于劳动生产率，而劳动生产率又取决于生产规模。”

（《马克思恩格斯选集》第2卷，人民出版社2012年版，第281页。）

材料2：在竞争中总是大企业战胜中小企业，使生产和资本进一步集中。在这个过程中，银行信用的发展加速了生产和资本的集中。“集中发展到一定的阶段，可以说就自然而然地走到垄断。”

（《列宁选集》第2卷，人民出版社2012年版，第585页。）

（一）理解能力检测：

什么是垄断？（15分）

（二）应用能力检测：

结合材料2，谈谈垄断产生的原因。（15分）（文科生回答）

结合材料2，谈谈垄断产生的原因。（15分）（理科生回答）

结合材料1和材料2，谈谈资本主义的发展经历了哪两个阶段？（15分）（艺体生回答）

专题四：综合应用（1小题，共15分）

得分	评卷人	复核人

材料：清华大学开学了，施一公对新生说，最不重要的素质就是智商。“我先说什么不重要：最不重要的素质就是你的IQ。无论什么学科，物理、工程、生物、文科，我认为最不重要的是IQ。真正重要的素质，第一是时间的付出：任何人不付出时间，一定不会有成功；第二个是方法论的改变：我希望大家能够问为什么，你需要挑战过去；第三是要建立批判性思维。”

请联系施一公在清华大学开学典礼上的讲话，结合自己的所思所想，写一篇小论文。题目是：大学生如何走向成功。基本要求是原理正确，逻辑清晰，语言通顺，不少于400字。

第六章
思想政治理论课教学着重点的优化

思想政治理论课作为帮助大学生学会观察、分析和解决问题的根本方法，树立正确的世界观、人生观、价值观的重要途径，不仅仅是理论的课程，而且更是实践的课程。这一特性客观上要求思想政治理论课教学着重实现理论教学和实践教学的高度统一。然而，在现实的教学过程中，对实践教学还程度不同地滞留于认识误区之中，这不仅割裂了理论教学与实践教学的关系，偏离了思想政治理论课教学的着重点，而且降低了思想政治理论课教学的质量，影响着大学生对思想政治理论的“入脑”。

一、思想政治理论课教学着重点及优化

重点，一般指同类事物中重要的或主要的部分，由构成该事物的主要矛盾所决定。着重点，指的是把重点放在某方面，具体指某项实践活动需要完成的重要的和主要的方面或部分。作为社会实践活动重要领域的思想政治理论课教学，同样有着需要完成的重要的和主要的方面或部分，也就是有着教学的着重点。

（一）思想政治理论课教学着重点

思想政治理论课教学着重点是开展实践教学，弥补理论讲授的不足，实现理论教学与实践教学的高度统一。

第一，理论教学和实践教学同行并进是思想政治理论课的客观要求。作为“使人成为人”的思想政治理论课课程，客观上要求理论教学和实践教学同行并进。理论教学的主体是教师。教师通过理论论证、案例分析和不同观点的交锋，让大学生理解和认同思想政治理论。实践教学的主体是大学生。在教师的引导下，大学生积极地参与实践教学活动，通过亲身感受和体验，把对思想政治理论的感性认识上升到理性认识，接受和践行思想政治理论。理论教学和实践教学相容相依、相辅相成，共同实现提升大学生的马克思主义理论素养，提高大学生的认识和分析问题的能力，帮助大学生确立正确的世界观、人生观和价值观。

第二，实践教学是大学生把握马克思主义精髓的坚实平台。所谓“精髓”，对于某一理论而言，指的就是能使这一理论得以形成和发展并贯彻其始终，同时又体现在这一理论体系的基本观点中的最本质的东西。马克思主义的精髓是实事求是。实事求是作为马克思主义的基本立场、基本观点和基本方法，是一切认识活动和实践活动必须遵循的根本原则。在实事求是的视野中，思想政治理论课教学过程从根本上说是大学生的能动反映过程。教师所传授的思想政治理论知识，是通过大学生自己的观察与思考所认同和接受的。理论讲授往往是一种单向性的思想交流，大学生“坐着听”“被教育”。这种受动状态恰恰阻碍了大学生对思想政治理论知识的自我摄取、自我消化能力的提升和主动探究精神的释放。“实践出真知。”唯有实践教学为大学生提供了耳闻目睹、身体力行的坚实平台，能够使大学生在亲身亲历中，“知其然”“知其所以然”。“纸上得来终觉浅，绝知此事要躬行。”唯有“在实践中，才能学真知、悟真谛，加强磨练、增长本领”[①]。在实践教学中，学生不仅能够用眼看、用耳听，而且能够用脑想、动手做，进而在所见所闻、所想所做中

①习近平：《在知识分子、劳动模范、青年代表座谈会上的讲话》，《人民日报》，2016年4月30日。

把握马克思主义理论的本真精神，以提升自身的理论素质、政治素质和思想道德素质，养成良好的生活方式和行为习惯。这不仅能弥补理论讲授的不足，而且能够推动大学生由“被动学”到“主动学”的转变，推动思想政治理论课教学由“形式化”到“真实化”的转变，推动由抽象的思想政治理论到现实的理想信念和行为准则的转变。

从20世纪90年代开始，实践教学逐步进入思想政治理论课，不仅越来越受到普遍的关注和肯定，而且还探索了实践育人的长效机制，实践教学的保障机制逐步建立和完善。不过，在现实生活中，对实践教学还存在着不同程度的认识上的偏差。这些偏差已经并还在继续影响和制约着思想政治理论课教学的水平和质量，学生很难“入脑”。切实优化实践教学，确保其有效地发挥作用，是亟待研究和完成的重大课题。

（二）思想政治理论课教学着重点的优化

思想政治理论课教学着重点的优化是如何提升实践教学的质量，其目的是解决大学生的“入脑”问题。

第一，当下实践教学存在的主要问题。对实践教学存在着不同程度的认识上的偏差是当下思想政治理论课教学的主要问题。从教的角度看，有的认为搞好理论讲授是关键，实践教学可有可无，所以，“说起来重要、做起来丢掉”；有的停留在一般性要求上，缺少具体可行的实施方案，所以，实践教学流于形式；有的搞一些与所授内容关系不大但学生感兴趣的活动，所以，尽管热热闹闹，学生收获甚少；有的搞些只有少数学生参与和受益的“精英”活动，多数学生或是当“看客”，或是当“陪客”，所以，兴味索然、随便应付，甚至排斥或抵触。这些问题的存在阻隔了理论教学与实践教学的关系，消解了思想政治理论课的作用，思想政治理论难以进入学生的头脑。

第二，走出误区，提升实践教学的质量，解决学生的“入脑”问题。思想政治理论课是集知识性、理论性和思想性于一身的课程。其着眼于大学生思想政治素质的培养，立足于大学生科学世界观、人生观、价值观的引领，目标定位于大学生的理想信念、科学思维方法、价值判断力、价值选择力和价值塑造力等素养的培育。生硬地植入观念与思想，往往导致抵触情绪，学生很难“入脑”。所谓“入脑”，就是现实的人对某种思想、理论、原则的思考、领悟、认同、接受的过程。思想政治理论的“入脑”，就是大学生对思想政治理论的思考、领悟、认同、接受的过程，所以，“入脑”就是“内化”。实践教学是思想政治理论课教学的重要环节，起着认知的催化地、情感的生长地、信念的稳定地的作用。搞好实践教学，对于增强思想政治理论课的实效性，解决“入脑”问题有着不可或缺的意义，实践教学绝不是可有可无。同样，实践教学不是独立于理论教学的专业实践（实训和实习）课程，更不是与理论教学无关的活动。无论是社会实践教学类型、校园实践教学类型，还是课堂实践教学类型，活动的组织安排与实施都要与理论教学相一致。

实践教学的形式是多种多样的，混合式教学、移动课堂教学、学生自讲互评和师生专题研讨的课堂实践教学，是引发和激活大学生的主动性，让其心悦诚服地理解、认同、接受思想政治理论课的有益形式。

二、自讲互评，激发大学生积极主动的思考

学生自讲互评，就是引导大学生在课堂实践教学中，将理论思维与感性体验结合起来，将理论知识转化为自己的内心需要，心悦诚服地接受并内化为自己稳定的心理品质和情感状态的实践教学活动。

（一）学生自讲互评的原则和内容

学生自讲互评是请一些不同专业的大学生讲解思想政治理论课的相关内容，再由听讲的全体学生对讲课效果进行书面评估的课堂实践教学活动。

第一，学生自讲互评的原则。主体性原则是学生自讲互评的基本原则。主体性是人作为社会活动主体的本质属性，其内在规定性为自主性、能动性和超越性。一个大学生相对教师和其他学生而言具有自主性，相对所学的内容而言具有能动性，相对他的过去而言具有超越性。在思想政治理论课的教学中，贯彻主体性原则，就是强调大学生的学习主体地位，充分发挥大学生的主观能动性，让大学生主动地学，自主地

学，有个性地学，在自己讲课或听评课中学深悟透、融会贯通，提升马克思主义的理论素养，提高思想政治素质和道德水平。

第二，学生自讲互评的内容。学生自讲互评包括四方面的内容：一是教材里那些中学学得较多、学生比较熟悉的内容；二是虽然重要但教材论述的比较清楚透彻的内容；三是参考材料较多、学生容易理解的内容；四是教师讲往往会产生逆反心理的内容。

（二）学生自讲互评的步骤和示例

学生自讲互评是在教师的理论讲授过程中穿插进行的，有着具体的步骤和特定的程序。

第一，学生自讲互评的具体步骤。学生自讲互评分四步：第一步是教学班的全体学生，自学教师指定的相关章节；第二步是选出口头表达较好的学生在教师的指导下，找出适合自己讲课的内容，撰写教案、反复试讲、走上讲台，进行10分钟的讲课；第三步是请听课的全体学生对同学讲课的教态、内容、PPT（或板书）等的效果进行书面评价（书面评价占平时成绩的20%）；第四步是教师根据学生讲课和书面评估的情况作归纳总结。

学生自讲互评每学期安排两次。第一次按教材（教育部推荐）的章、节、目进行，第二次按专题进行。

第二，学生自讲互评的示例。下面以“马克思主义基本原理概论”课为例。

例如，内容虽然非常重要，但中学讲得较多、学生比较熟悉且教材阐述得清楚透彻的章节，请学生按节中的目讲解。

第一章的第二节的第一个目“联系和发展的普遍性”，请一个学生讲；第三个目“对立统一规律是事物发展的根本规律”，包括“矛盾的同一性和斗争性及其在事物发展中的作用”“矛盾的普遍性和特殊性及其相互关系”；第四个目“量变和质变规律和否定之否定规律”的内容，请四个学生讲。

这样做目的在于让大学生明白：矛盾分析法是马克思主义的根本方法，学会运用矛盾分析法认识和处理问题，是个人健康成长和长远发展的客观需要。

第二章第一节的第一个目“实践的本质与基本结构”，包括“实践的本质”“实践的基本结构”“实践形式的多样性”“实践在认识活动中的决定作用”，请两个学生讲；第二个目“认识的本质与过程”，包括“认识的本质”“从实践到认识”“从认识到实践”“实践与认识的辩证运动及其规律”，请两个学生讲，而“认识的本质”是教师的本章导引。

目的在于让大学生清楚：认识和实践的统一，是马克思主义认识论的本质规定。在现实生活中运用这一原理，就必须做到坚持一切从实际出发，在中国特色社会主义的伟大实践中锤炼和发展自己。

例如，参考材料较多、学生容易理解，教师讲往往会产生逆反心理的内容，请学生按专题讲解。

第三章第三节第一个目“人民群众是历史的创造者”，按“历史是由英雄和人民共同创造的吗?”“社会历史存在和发展的第一个前提是人吗?”“怎么理解人民群众既是历史的‘剧作者’，又是历史的‘剧中人’?”三个专题，请三个学生讲。

这样做的目的在于让大学生坚信：实现中华民族伟大复兴的中国梦是靠每个普普通通的劳动者的努力和奉献，劳动成就梦想。

第五章的第二节“正确认识当代资本主义的新变化”和第三节“资本主义的历史地位和发展趋势”按“生产资料所有制形式的新变化会改变资本与雇佣劳动的关系吗?”“全民化的社会福利制度能消除贫富两极分化吗?”“政治制度的多元化、公民权利的扩大化能改变社会的不平等吗?”“资产阶级政党产生的历史与逻辑是什么，它是为全民服务的吗?”“当今世界，社会主义和资本主义的力量对比，确实存在着有利于资本主义的态势，这推翻了马克思主义的‘两个必然’的结论了吗?”等五个专题，请五个学生讲。目的在于引导大学生澄清理论上和制度上的是非，坚定社会主义的理想信念。

（三）学生自讲互评的现实意义

在“马克思主义基本原理概论”课多年的运行操作中，学生自讲互评成为一种有益的课堂实践教学形式。

第一，能够把静态教学内容转换为大学生自己有探索价值的研究问题，激发了学生的学习兴趣。兴趣是一个人积极探究某种事物或爱好某种活动的意识倾向和情感状态。稳定的学习兴趣可以不断激发人自我摄取知识的强烈欲望和追求真理的内在动力。大学生的马克思主义理论知识相对薄弱，还存在着一些对马克思主义的片面认识。而生硬地植入观念与思想的理论讲授又很容易引起学生的听觉疲惫，心理怠倦，生成厌学情绪。学生自讲互评，让学生通过自己的独立思考和判断来获得理论知识，在亲身感受和体验中证实马克思主义理论的正确性和有用性，从而激发了学生的学习兴趣，他们自觉地认知自己学习马克思主义基本原理概论课的不足，迫切地想了解什么是马克思主义，因而，他们对马克思主义理论的学习不再是“为考而学”的被动式学习，也不是“为考而学、考后即丢”的一次性学习，而是有针对性地提前学习相关内容，甚至还对书本之外的有关内容进行自主式的学习。大学生对马克思主义基本原理的学习、理解、认同和接受的程度不断提高。

第二，为大学生提供一种亲自参与知识的传播并获得成功的机会，调动了学生主动求索的热情，增强了学生的自信心。信心来自学生个人的亲身美好体验与内心成就的极大满足。要获得成功的紧迫感和责任感，就要激励并开发学生不仅要知其然，而且要知其所以然的进取精神和独立钻研的潜力。这不仅拓展了学生思考的视野，而且也深化了其对马克思主义基本原理的理解。讲课的学生都说：“要把课讲好，首先自己要对讲课内容领悟透彻，这样才能明白自己到底要讲些什么和应该怎么讲。”为此，讲课的同学主动研学教材、查阅资料、撰写讲稿、反复试讲，精神抖擞地走上讲台；听课的同学不仅帮助讲课的同学查阅资料、修改讲稿、视听试讲，而且自己认真看书领会原理真谛、专心听课、整理心得体会，再对同学上课的内容、教态、PPT（或板书）等的效果进行书面评价。学生说：“正是在自讲互评中我懂得了‘是什么’‘为什么’和‘应该怎样做’的道理。”学生撰文评价说：“这样的教学‘味道’好极了。”

第三，搭建了一个良好的师生互动平台。教学双方的角色和地位发生了互变，大学生由被动的一方转变成主动的一方，学生清楚了为什么学、怎么学，教师知道了教什么、怎么教，教学相长。同时，学生从台下走到台上、老师从台上走到台下，台上台下融为一体，师生之间零距离，师生的兴奋点始终聚焦在马克思主义基本原理概论课的内容上。一位体育学院的学生说：“过去几乎要打瞌睡的课，现在自己也走上讲台了。我尝到了当政治老师的辛苦和快乐。”一位未走上讲台的学生在评价中写道：“尽管我没能当主角，但是，我非常喜欢这样的教学方式。”为数众多的学生一致认为：“这样的教学不再是填鸭式的灌输。可以说，同学讲课中的‘瑕’不掩教学方式改进之‘玉’，这样的活动多多益善。”

第四，为思想政治理论课教师提供了一个了解学生的良好时机。自讲互评不仅可以在了解学生口头表述和文字表达的基础上，把握学生对思想政治理论课所阐述的理论观点的看法和认同的心理预期，而且能够通过学生的言辞、语气、神态、动作等，把握学生的内心世界和人生理想追求，从而为有的放矢地进行思想政治理论课的教学提供了充实的心理准备和思想基础。

三、师生专题研讨，撞击大学生理论思考的兴奋点

师生专题研讨作为一种实践教学方法具有普适性。当然，不同的教师会有不同的做法，具有明显的差异性。相对于思想政治理论课而言，师生专题研讨，就是围绕思想政治理论课的具体内容，形成问题，在小组准备的基础上，展开全班研讨，目的是引导大学生从理论角度思考问题，以深化学生对思想政治理论的理解，对马克思主义的崇高理想、坚定信念和深厚教养的认同和信服。

（一）师生专题研讨的具体环节和步骤

在总体上，师生专题研讨是在每章教学任务完成后组织，每次用一节课的时间研讨一个专题。师生专题研讨有着具体的环节和步骤。

第一，第一环节是专题准备及任务安排。第一步专题准备，教师拟定本学期的研讨专题，针对每个专题，指定阅读教材中的相关内容和参考文献，并对该专题的重点、难点和学生可能提到的问题，提前预测和

研究，做到心中有数。第二步任务安排，教师根据授课班级的人数对学生进行相对平均的分组；每组负责研究一个专题，准备专题陈述；他组学生针对陈述发表意见或提出疑问或提出质疑；专题研讨的前两周告示学生，做好研讨准备。

第二，第二环节是专题陈述与研讨。第一步专题陈述，每小组在认真读书，集体思考，形成一致陈述意见的前提下，由一位学生做5分钟的陈述。第二步师生研讨，针对陈述的内容，学生各抒已见，提出疑问或质疑；陈述小组可以反驳，可以答疑。如果有疑问或质疑陈述小组解答不了，可以向教师提问，教师就疑问、质疑进行解答和引申，以引领研讨走进深入。

第三，第三环节是师生共同总结。总结包括学生书面总结和教师课堂总结。学生书面总结的主要目的是让没有或没能发言的学生谈自己的观点，这也是研讨的延伸。教师课堂总结，是根据学生研讨和书面总结的情况，结合教学内容，对研讨专题进行有理有据的理性分析，以加深对教学内容的理解。

（二）师生专题研讨的必备条件

思想政治理论课教学“育人品”的性质决定了师生专题研讨必须具备一定条件才能有效进行。

第一，坚守立场。坚守立场是师生专题研讨的前提条件。在一般意义上，任何观点都是有立场的。只有树立马克思主义的立场，分析问题时才能有正确的观点，而不至于迷失方向。由此，专题的选择不是主观随意的，而要选择学生们对思想政治理论有模糊、有偏见、有疑问的内容。目的在于澄清理论是非，提升大学生的理论认同。例如，“马克思主义基本原理概论”课的第一章，可设“唯心主义为什么是生长在人类认识之树上的一朵不结果实的花?”第三章可设“真理是有用的与有用的就是真理”；第五章可设“金融危机·资本主义怎么了?”第六章可设“科学社会主义与民主社会主义是同宗同流吗?”等等。研讨就是观点的阐述。阐述观点不是想说什么就说什么，更不是无根无据的牢骚怪话，而是从事实出发，透过事物的现象把握事物的本质，以验证思想政治理论的真理性。在研讨中，会有分歧出现。分歧属于正常，但绝不能放任自流，听之任之；更不能随波逐流，人云亦云，而是因势利导，引领大学生运用辩证的思维方法分析问题，求解答案。因为，“只有用辩证的思维方法从大量的事实和现象中形成思想，这种思想才会变成信念”①。

第二，精心准备。精心准备是师生专题研讨的基础条件。首先教师认真设计专题，再深入地、全面地研究专题的内容，尤其对专题涉及的重点和难点，学生可能提出的问题，要有充分的理论准备和充足的心理支持。大学生具有惊人的观察力、求知欲和钻研精神，拥有很多关于周围世界的事物和现象的知识，推理的敏捷程度也令人惊叹，敢想敢说。他们追求真理，但又不喜欢别人对他进行教育，不能容忍赤裸裸的思想和倾向，有的甚至会抱着向老师“叫板”的心态，提出很多他们认为很难的问题，如果教师不能很好解答，或者被比较简单的问题问倒，就会在学生中失去威信，研讨就走上了它的负面。所以，精心准备是师生专题研讨得以有效推行的基础。当然，教师也不可能无所不通，有时出现自己一时无法解答的问题，向学生坦率承认自己还需要进一步研究和学习，这样做，学生不仅会谅解，而且会由衷地信服。

第三，控制好研讨节奏。控制好节奏是师生专题研讨的重要条件。节奏，是普遍存在的一种物质现象。它产生于事物的运动过程之中，表现了事物发展和变化的规律性及重复性。课堂节奏，就是课堂活动的规律性和重复性的变化形式。从教学行程的节奏角度看，既包括对教学内容各个部分，教学活动各步骤的时间分配比率，更强调对教学过程中时间消耗速率的有效控制和灵活调节。在专题研讨中，最容易出现的问题就是没有把握好时间节点，在一个环节上耗时太多以致影响整个课堂秩序。因此，教师必须对专题研讨进行有效掌控。具体来说，小组专题陈述、学生提问、回答与争论，以及教师自己的提问与回答，都必须严格限时（小组专题陈述5分钟、师生的提问与回答均3—5分钟）。这样既防止了研讨琐碎零乱、无度无序、热闹的“花架子”，保证教学环节的正常进行，又促使师生在课前下足功夫，力求发言紧扣主题，举例正确，简

① [苏]B.A.苏霍姆林斯基著，黄之瑞等译：《公民的诞生》，北京：教育科学出版社2013版，第237页。

明扼要。

第四，设立制约机制。制约机制是师生专题研讨的保障条件。要使师生专题研讨取得实效和有效推行，设立制约机制必不可少。一是小组专题陈述及问题的提出和回答与学生成绩挂钩，约占学生总评成绩的10%（艺体类可占15%），对表现特别优秀的给予适当成绩奖励。二是教师对学生的研讨准备和善后加强督促。研讨结束后，发言的提交发言稿，没发言的提交书面总结。三是严格考勤。研讨时，缺勤或早退都记录在案，纳入平时成绩。

（三）师生专题研讨的成效

教学实践证明，师生专题研讨解决能够“入脑”难的问题，受到了大学生的普遍欢迎。

第一，师生专题研讨有效地实现了师生两个主体积极性的有机结合。如同高校其他教学过程一样，思想政治理论课教学过程既是一个学习和发现相结合的过程，又是一个师生共同控制信息传递的过程。师生专题研讨让大学生有了学习和发现的“自主权”，调动了学生学习的积极主动性。师生之间多角度的观点上的“交锋”，较好地满足了学生特有的“表现欲”；教学信息的双向传递，激发着学生的思考热情，改变着其偏好负面和批判的心理倾向。在大学生那里，思想政治理论不再是教材中的无色无味的、抽象的、枯燥的文字，而是充满活力和魅力的思想。“我要学”“我愿学”，蔚然成风。同时，师生专题研讨也调动了教师的积极主动性。教师由唱独角戏变为组织者和启迪者，通过研讨过程中的启发、质疑和分析，帮助学生肯定正确的思路，否定错误的思路，形成科学的认识；教学信息的双向交流，使教师能够正确把握学生对讲授内容的认知水平和接受程度，也推动教师对教学内容作更深入的研究和精致的准备。师生专题研讨，实现了师生两个主体积极性的有机结合。

第二，专题研讨撞击了大学生思考的兴奋点，深化了大学生对思想政治理论的理解，提高了理论思维能力，深厚了马克思主义的情感。大学生自己带着问题去读书、去思考，在研讨中提出并解答“是什么”“为什么”。这样，学生不仅深化了对思想政治理论的理解，更重要的是学会了认识和分析问题的一般思路和基本方法，提高了理论思维能力。学生不再是灌输的“容器”，考试的“机器”，而是想学习、会学习的现实的人。例如，在研讨“唯心主义为什么是生长在人类认识之树上的一朵不结果实的花?”专题时，学生对“唯心主义就是主张精神第一性、物质第二性，物质是精神的产物和体现”的界定提出了质疑——任何一个正常的人都知道先有石头后有关于石头的概念，那么，柏拉图、康德、黑格尔这些思想巨人，为什么会置常识而不顾，认为先有概念后有物质呢?这个质疑让学生从朴素的常识上升到理性来思考问题，经过研讨认识到唯心主义作为人类的一种认识，在实质上就是把认识的某一特征、某一方面、某一侧面、某一个环节片面地夸大为脱离了物质、脱离了自然的、神化了的绝对，因而是列宁所说的“生长在人类认识这棵活树上的一朵无实花”①。那么，唯心主义是怎样从人类认识这棵活生生的树上生长起来的？研讨解开了这个谜底。人类对于客观世界的认识，是一个在实践基础上的相对独立的发展过程，是一个充满矛盾的复杂的发展过程。在这个发展过程中，每一步都存在着脱离实践、脱离客观的可能。在从感性认识到理性认识、再从理性认识到实践的发展过程中，片面夸大感性认识，把主观感觉看成唯一实在的东西，就是主观唯心主义；脱离实践，片面夸大理性认识，把概念看成离开人和事物而独立的“客观”实在的东西，就是客观唯心主义。大学生正是在这种历史——理论——现实相结合的研讨中，思考的兴奋点受到了猛烈撞击，得出了在现实生活中，只要主观和客观相脱离、认识和实践相脱节，就会产生唯心主义，我们要把主观和客观、理论和实践的具体的统一，作为自己座右铭的结论。研讨让大学生感受到了一种超越常识的马克思主义理论思考的魅力，从而与思想政治理论缩短了距离，产生了应有的亲切感和认同感。

① 韦建桦主编:《列宁专题文集 论辩证唯物主义和历史唯物主义》,北京:人民出版社2009年版,第152页。

四、混合式教学，引导大学生“内化”

慕课是互联网与教育相融合的产物，为思想政治理论课教学提供了新的路径。然而，慕课教学的碎片化和人机交流的情感疏离性却不利于思想政治理论课教学目标的实现。把线上慕课教学与线下课堂教学结合起来的混合式教学，能够有效地引导学生“入脑”，达成思想政治理论的由“认知”向“内化”的转化。

（一）混合式教学的基本特征

思想政治理论课混合式教学，是线上慕课教学与线下课堂教学相结合，主要分为视频课程、理论讲授课程和讨论课程三个层次展开教学。

第一，混合式教学的必要性和可行性。思想政治理论课具有鲜明的养成型特征。它不仅是理论知识传授的过程，更是科学理念的树立和健全人格的养成过程。养成型特征决定了思想政治理论课教学最主要的任务是把马列主义、毛泽东思想、邓小平理论、“三个代表”重要思想、科学发展观和习近平新时代中国特色社会主义思想、社会主义核心价值观说清讲透，引导大学生在主动思考“是什么”“为什么”的过程中，养成“怎么做”的态度和情感，提升用马克思主义的基本立场、基本观点和基本方法分析和解决问题的能力。当前，在大数据、新媒体、“互联网+”的背景下，教学班级授课制与大学生的学习方式的多元化、学习需求的多样性产生了深刻的矛盾和激烈的冲突。而慕课教学的碎片化、虚拟性又不利于大学生的人文精神的陶冶、价值观的塑造、健全人格的养成。混合式教学，能够缓解矛盾和冲突，为思想政治理论融进大学生的头脑提供有效的途径。

第二，线上慕课教学和线下课堂教学的涵义。所谓线上慕课教学，就是通过网络平台，把国家统编教材的每章内容的教学视频、延伸阅读资料及章节测试展示出来，方便大学生自由自主学习；网上讨论、实时解答、网上反馈，方便师生的思考、沟通和交流。教学视频课程分成短小精悍的、集中说明一个理论观点的“微课程”，微课程穿插随堂测试，以检测大学生的学习效果。在线师生交流互动，用于采集和解决大学生学习中的疑难问题。线下课堂教学指实体课堂教学，主要包括专题讲授、课堂研讨和教师总结。专题讲授的起点不再是常规的“导入”，先行概念、命题、原理，再行例子或具体材料的“知识讲解”，而是教师对相关基本原理及其理论意义和现实意义的进一步阐释；课堂研讨不再是简单的“师提问”“生回答”，而是围绕理论和现实问题进行面对面的讨论、沟通和交流；教师总结，不再是一二三的简单说辞，而是有针对性地解惑释疑和给出解析问题的基本方法。

第三，混合式教学的基本特征。发挥线上慕课教学与线下课堂教学各自的优势，实现两者的有机结合是混合式教学的基本特征。“有机”，在社会学的意义上，指事物构成的各个部分互相关联协调，而具有不可分的统一性。思想政治理论课的线上慕课教学有两方面的优势。一方面，线上慕课教学打破了课堂教学的时空限制，使大学生实现了学习时间、学习地点、学习内容、学习量的自由选择，有可能激发学生的学习热情；在线交流互动，有可能引发大学生的思考欲望。另一方面，将完整的课程内容分解为若干的知识点，制作8—12分钟的微课程呈现在大学生面前，大学生通过视频对讲解的理论知识反复学习和深入探究，有可能训练和提高大学生的学习和思考的能力，促成大学生的内化。相对线上慕课教学，线下实体课堂教学也有两方面的优势。一方面，通过以问题为导向的理论讲授呈现思想政治理论的系统性和完整性，能够纠正慕课教学的碎片化，确保思想政治理论的思想性和科学性。另一方面，把原来课堂上大部分用来讲授的时间变为学生讨论和探究的时间，教师把教学重心放在对大学生的组织、指引和答疑上，有利于形成平等互助、教学相长的师生关系；师生之间和生生之间面对面的、直接的情感互动、思想互动、理论互动，能确保思想政治理论课价值目标的实现。线上慕课教学与线下课堂教学优势互补、相辅相成，形成整体效应，有效推动思想政治理论课教学质量的提升。

（二）混合式教学的设计进路

混合式教学的良性运行，绝非一朝一夕，需要对教学内容、教学形式、教学时间等方面作出合理安排和科学设计。

第一，合理安排线上慕课与线下课堂的教学内容。无论是线上教学还是线下教学，高质量的教学内容是提升思想政治理论课教学效果的根本。在混合式教学的实施中，精心选择既体现马克思主义本真精神、又实时更新的内容。例如，关于马列主义、毛泽东思想、邓小平理论、“三个代表”重要思想、科学发展观和习近平新时代中国特色社会主义思想的基本范畴、基本观点和基本理论，可以制作微课程，通过线上慕课教学进行；关于如何用马克思主义的基本理论、基本观点、基本方法认识和理解社会现实，通过实体课堂教学进行。就是说，慕课教学是实体课堂教学的理论准备，课堂教学则是慕课教学的实际运用。以“思想道德修养与法律基础”课为例，理想信念的涵义与特征，民族精神的基本内容，人生观与价值观的主要内容，法律的概念，中国特色社会主义法治体系的内容，法治思维方式的涵义与特征等内容，适合微课程讲授。如何适应大学生活，如何树立科学的理想信念，如何创造有价值的人生，如何加强道德实践，如何树立法治观念等内容，需要针对大学生的思想实际，结合现实的社会生活，通过课堂教学进行深入的分析和研讨。

第二，优化设计线上慕课与线下课堂的教学形式。围绕“思维启迪性”和“心灵触动性”来设计教学形式。“毛泽东思想和中国特色社会主义理论体系概论”课的首席专家吴树青指出：“‘毛泽东思想和中国特色社会主义理论体系概论’课的一个特点就是把重点放在帮助学生搞清楚‘为什么’的理论层面上。因为它不是一门单纯知识性的课程，而是一门培养科学的世界观和方法论的理论课程。”[①]微课程的拍摄和制作，不是为了实现学习的趣味性，片面强调教学的表演性，单纯追求花哨的形式、华丽的场景和炫酷的技术，而是按照教学目标和课程要求，在对教材内容进行分析、梳理和归纳的基础上，进行问题层次细化，形成问题逻辑体系。以问题逻辑的方式，设计若干个递进的“微课程”教学单元[②]。课堂教学形式的设计，需紧扣教学内容的主题和贴近学生生活，让

① 李文阁:《用马克思主义中国化的理论成果武装青年——访〈毛泽东思想、邓小平理论和“三个代表”重要思想概论〉首席专家吴树青》,《求是》,2007年第9期。

② 李梁:《“慕课”背景下思政课教学改革的问题逻辑视角》,《中国高等教育》,2014年第2期。

学生感觉“务实”而不“务虚”。例如，“思想道德修养与法律基础”课，以“适应篇：对现在的思考”“人生篇：对人生的思考”“规范篇：对行为的思考”[①]，采用案例分析、问题研讨、主题演讲、微型情景剧表演等形式进行教学，这既有助于教师深化课程的理论性、连贯课程的系统性，又有助于启发和训练学生的思考和表达。

第三，科学分配慕课教学与课堂教学的学时。混合式教学中，慕课教学与课堂教学的学时分配十分重要。慕课教学的学时数过多，知识点过于零散，将影响课程的理论性和系统性的实现；反之，慕课教学的学时数过少，仅仅作为课堂教学的点缀，则不利于慕课教学优势的发挥。教学实践表明，“思想道德修养与法律基础”课的慕课教学与课堂教学的学时按照6：4的比例分配比较合适。课堂教学以每两周1次、每次3学时的频率进行。

第四，恰当调整大学生的学期成绩的权重。大学生的学期成绩由慕课学习成绩和课堂学习成绩各占50%的比例合成。课堂学习成绩由平时成绩和期末开卷考试成绩按照比例合成，平时成绩为30%、期末成绩为20%。慕课学习成绩由线上章节测试成绩和期末课程论文成绩按照比例合成，线上章节测试成绩为30%，期末课程论文为20%。

（三）混合式教学的现实意义

混合式教学，相对于“以教师为中心”班级授课制，主要有以下两方面的现实价值。

第一，混合式教学训练和提高了大学生的自主学习和自我修养的能力，促成了学生的内化。教学班级授课制的教学过程反映的是以“教”为本的教学价值取向，往往抑制了学生的积极主动性，阻断了学生由“认知”到“内化”的转化。混合式教学反映的是以“学”为本的教学价值取向。教师在课前将微课程登载于网络平台，供大学生提前和反复观看与领会课程内容；设置延伸阅读材料以及章节测试问题，帮助大学生深化对知识点的理解，从而扩深了大学生自主学习、主动思考的平台。

① 汤俪瑾、黄金满：《基于慕课的思想政治理论课混合式教学实践研究——以“思想道德修养与法律基础”课为例》，《思想理论教育导刊》，2015年第10期。

课堂上师生面对面的研讨交流，既尊重了大学生自主学习的话语权，又营造了良好的思考空间和情感氛围。学生们正是在自我激励和互相激荡的过程中，把思想政治理论知识消化为自身的理论营养[①]。

第二，混合式教学客观上提升了教师的教学素养。“05方案”明确指出：“提高高等学校思想政治理论课教育教学质量和水平，关键在教师。”目前，思想政治理论课教师主要集中在“60后”“70后”“80后”三个年龄段。“60后”教师有着丰富的教学经验和良好的课堂展示能力，但“一人一班一学期”的课堂教学定式与快速发展的现代教育技术打起了遭遇战；“70后”教师专业学科背景和科研能力远高于教学水平；“80后”教师成长于网络时代，熟悉“90后”大学生的认知特点和学习习惯，但对思想政治理论课教学的原则性与灵活性的把握还较欠缺[②]。混合式教学，要求思想政治理论课教师不仅需要具备扎实的知识功底、过硬的教学能力、勤勉的教学态度、科学的教学方法[③]，还要具有娴熟的现代教育技术，用自己的学识、阅历、经验点燃学生对真善美的向往。

---

① 自2014级开始，中国科学技术大学面向管理学院、核学院、地球空间科学学院连续开展3届“思想道德修养与法律基础”课混合式教学。从调查问卷看，92.36%的学生对混合式教学持满意或基本满意的态度。

② 李梁：《“慕课”背景下思政课教学改革的问题逻辑视角》，《中国高等教育》，2014年第2期。

③ 习近平：《做党和人民满意的好老师——同北京师范大学师生代表座谈时的讲话》，《人民日报》，2014年9月10日。

第七章
思想政治理论课教学落脚点的优化

思想政治理论课教学落脚点的问题，是思想政治理论课教学的重中之重。之所以是重中之重，根本原因在于它直接关系到思想政治理论课教学目标能否真正实现。教学落脚点的问题本应受到高度重视，然而，在现实的教学过程中，依然存在着或轻视或忽视或缺失教学落脚点研究和实践的现象，从而制约了思想政治理论课教学实效性的发挥。因此，教学落脚点的研究和实践是一个亟待解决的重要课题。

一、思想政治理论课教学落脚点及其优化

所谓“落脚点”，其本义为落脚之处、住处、位置、目的地，后引申为工作、学习和生活的目的。例如，实现好、维护好、发展好最广大人民的根本利益是党和国家一切工作的落脚点。落脚点常与出发点对应，表明动机与目的相一致。例如，满足人民群众不断增长的物质和精神需求，是一切工作的出发点和落脚点。那么，思想政治理论课教学落脚点是什么？

（一）思想政治理论课教学落脚点

值得注意的是，在现实教学过程中，有一个普遍现象，就是有意无意地把思想政治理论课教学落脚在理论知识的传授上。我们认为，思想政治理论课教学的落脚点不是理论知识的传授，而是解决大学生的“入行”，即引导大学生践行思想政治理论。

第一，思想政治理论课的性质决定了其教学的落脚点是引导大学生践行思想政治理论。冯友兰先生曾在《三松堂自序》中说，高等教育既要培养学生的学问和修养，使其成为人，又要培养学生的工作岗位和职业，使其成为某一种人①。前者是“使学生成为人”的课程，后者是“使学生成为某一种人”的课程。与“使学生成为某一种人”的专业课程教学不同，思想政治理论课属于“使学生成为人”的课程，它的教学目标不是单纯的理论知识的把握，而是把握理论知识、提升能力、确立价值观三者有机统一。三者有机统一，仅仅依靠理论讲授是无法实现的，需要在实践中引导大学生践行。

第二，思想政治理论课的主旨决定了其落脚点是引导大学生践行思想政治理论。“理论与实践的统一，是马克思主义的一个最基本的原则。”②思想政治理论课的主旨是帮助和引导学生内化思想政治理论，学会运用马克思主义的立场、观点和方法认识和解决问题，确立起正确的世界观、人生观、价值观，成为全面发展的社会主义建设者和接班人。马列主义、毛泽东思想、邓小平理论、“三个代表”重要思想、科学发展观和习近平新时代中国特色社会主义思想，对于大学生来说，纯属“外在物”，只有经过内化，才能使之浸进头脑中，形成一种情感，铸成一种信仰，化成一种驱动力量，落成一种行动。而内化既是对理论认识的认同和接受，也是对实际观察内容的提炼和总结。这可不是一次性和单向性的，而是“实践、认识、再实践、再认识”③的循环往复，以至无穷的过程。

① 冯友兰：《冯友兰学术论著自选集》，北京：北京师范学院出版社1992年版，第479页。

②《毛泽东文集》第7卷，北京：人民出版社1999年版，第90页。

③《毛泽东选集》第1卷，北京：人民出版社1991年版，第296页。

第三，思想政治理论课教学生成性的实践旨意决定了其落脚点是引导大学生践行思想政治理论。在马克思主义哲学视野中，所谓“生成”，是客观世界普遍存在的现象，指的是事物在交互作用中产生出新事物的过程。不过，自然物的生成是自然而然的自发形成过程，而人参与的生成是人的有意识有目的的实践过程。学习活动也是如此。布鲁纳说，知识的获得是一个主动的过程，学习者是知识获得过程的主动参与者，而不是信息的被动接受者。主动获取知识是个生成的过程，在获得对知识的深刻理解的同时，产生出新的知识。同样，思想政治理论课教学也是一个生成的过程。这个过程是师生之间在相互碰撞中形成的知识资源的生成，情感状态的生成，理想信念的生成，生活方式的生成，这不是个单纯的“知”的过程，而是个“知”向“行”转化的实践过程。

（二）思想政治理论课教学落脚点优化的现实必要性

思想政治理论课教学落脚点的优化，不是可有可无说说而已，而是有着不可估量的现实必要性。

第一，提升思想政治理论课的教学效果需要优化落脚点。不可否认，“以教师为中心的课堂”[①]一直是思想政治理论课课堂教学活动的基本方式。经过多年的改革探索，思想政治理论课教学已基本上摒弃了“填鸭式”，更多地采用“启发式”。然而，无论是“填鸭式”，还是“启发式”，本质上仍然是“以教师为中心的课堂”。尽管“以教师为中心的课堂”有着不可或缺的合理性，但却存在着重理论认知、轻信念内化，重理论灌输、轻行为养成的不足，从而在客观上容易阻断大学生由“知”到“行”的转化。这就需要优化思想政治理论课的教学落脚点，让大学生的认知和行为在实践中统一起来。

第二，实现思想政治理论课的学用合一需要优化落脚点。在建构主义看来，学生的发展是知识内化和外化的统一，两者相互促进。学生既要把外在的信息通过内化来改善、提高自己的认知结构，又要把所学的知识外化到客观事物上，使之朝着自己期望的方向发展。这就需要教师

① 李梁：《“慕课”视域下深化思想政治理论课教学改革的若干思考》，《思想理论教育导刊》，2014年12期。

创设一定的情境，让学生在情境中通过亲自动手来解决真实的问题，进而建构起自己的认知结构，从而实现学用合一。建构主义教学论启发我们，学习的目的在于运用。思想政治理论课要做到学用结合、学以致用。实现学用合一，必须优化教学落脚点，引导大学生深入社会、深入生活，达到既培养大学生运用思想政治理论知识分析和解决实际问题的能力，又培养大学生的社会责任感，确立起正确的世界观、人生观和价值观的根本目标。

（三）思想政治理论课教学落脚点优化的实践路向

为了解决“入行”的问题，使大学生的思想认知和行为方式联系起来，需要把思想政治理论融入学生学习生活之中。

第一，思想政治理论融入大学生学习生活的实质。“融入”即融合，包括有形物质的融入和非物质形态的融入。有形物质的融入，泛指物质间的彼此接纳，融合成另一种物质形态。非物质形态的融入，主要是指人的精神、意识、思想、观念等彼此接纳和汲取，生成出一种新精神、新意识、新思想、新观念。“道不可坐论，德不能空谈。”[①]思想政治理论融入大学生学习生活，就是让学生把思想政治理论，内化为自己的精神追求，外化为自己的行为习惯。这就必须从知行合一上下功夫。所以，“融入”，既不能生搬硬套，也不能作表面文章，更不能胡编乱造，而是紧扣课程特点、学生特质和教学目标，通过有目的、有计划的实践教学活动来实现。

第二，思想政治理论融入大学生学习生活的路径。在设计实践教学活动时，落实“三个结合”，这就是情景教育与自我教育相结合，情感体验与思想感悟相结合，理论认知与行为养成相结合。就是营造情感、认知、行为合一的教学情景，激起大学生积极的情感体验，促使大学生主动学习，深刻思考，在分析和解决现实问题中，使思想政治理论内化为发自内心的价值追求和日常的行为准则，进而形成自觉奉行的信念理念。

第三，思想政治理论融入大学生学习生活的形式。大学生的学习生

① 习近平：《青年要自觉践行社会主义核心价值观——在北京大学师生座谈会上的讲话》，北京：人民出版社2014年版，第11页。

活是丰富多彩、复杂多样的，所以，思想政治理论融入大学生学习生活的形式不是单一的，而是多种多样的，主要包括看、走、读、听、讲、写。学生的微型情景剧活动、理论论坛、主题演讲比赛、学写调研报告、微课视频录制等，都是优化思想政治理论课教学落脚点，解决“入行”的有效形式。

二、微型情景剧活动，引大学生在编写、表演和观看中践行

微型情景剧活动，主要是在“思想道德修养与法律基础”课程进行的实践教学活动。“思想道德修养与法律基础”课程，是社会主义核心价值观的现实载体，弘扬和培育社会主义核心价值观的重要途径。组织此活动的目的在于促使刚刚踏入大学的学生通过微型情景剧的编写、表演和观看，把认知活动与情感活动结合起来，把知与行统一起来。

（一）思想政治理论课微型情景剧活动的内涵

思想政治理论课微型情景剧不是一般意义上的情景剧，也不等同于校园心理情景剧，有着独特的内涵和特点。

第一，情景剧的界定。从起源上看，情景剧是来自美国的一种轻喜剧。早期的情景剧，是一个人或者几个人，在一个小戏园子里演，很多人坐那儿看，边看边演边笑的一种乐呵呵的情景。电视出现以后，把在室内拍摄的戏剧性的电视剧称为情景剧。一般不用外景，演员在一个或多个固定场景演出，有观众观看，边看边笑，《我爱我家》是情景剧在中国最初的实践。从内容上看，情景剧是指以文字剧本为依托，以演员扮演人物角色，表演对话与动作的一种艺术形式。从构成上看，情景剧一般由剧本、人物、表演、技术和舞台等五大元素构成。从特点上看，贴近性是情景剧的根本特点，这就是说，情景剧的话题，一定是与特定社会群体的生活息息相关，也是特定社会群体关心和关注的，与其说在演戏，不如说在演绎特定社会群体的生活。喜剧性是情景剧的重要特点，喜剧性体现在情景对话上，它不依靠背景衬托，主要以幽默的语言展开故事情节，在这个意义上，我们国家把情景剧称为“情景喜剧”。当前，

小品是情景剧的主要表现形式。

第二，校园心理情景剧的定位。校园心理情景剧是以心理剧的理论为基础，融入心理学知识原理和心理咨询技巧，在专业心理教师的指导下，通过大学生自编自演和观看，把校园普遍存在的心理现象和内心情感体验，以及一些解决心理问题的方法呈现出来，以加深大学生对心理学理论知识的理解，提高大学生的心理自我调节能力，学会自己处理心理困惑或心理问题，维护心理健康。在这个意义上，校园心理情景剧既是一种心理健康教育，也是一种心理治疗方法。早在2001年，《教育部〈关于加强普通高等学校大学生心理健康教育工作的意见〉》出台之后，全国各高校就逐步掀起了校园心理情景剧的热潮。

第三，思想政治理论课微型情景剧的特点。思想政治理论课微型情景剧是借鉴情景剧的形式，以课程内容为依据，以强化对相关理论知识的理解和领悟、促进知行统一为目的，以短小精悍的故事为抓手，通过设置特定情节、角色扮演、表演对话与动作，表达和传递大学生对马列主义、毛泽东思想、邓小平理论、“三个代表”重要思想、科学发展观和习近平新时代中国特色社会主义思想的意愿、态度和行为。首先，目的性是微型情景剧的根本特点。微型情景剧的主题是根据一定的教学目标提出来的，目标是微型情景剧的方向和依据，也是微型情景剧其价值所在。其次，贴近性是思想政治理论课微型情景剧的重要特点。贴近性主要表现在两个方面，一是微型情景剧的内容与课程内容相一致，紧扣课程内容，有选择地引导大学生自编自演自看，以表达自己思想政治、伦理道德方面的情感体验；二是微型情景剧的内容与教学班大学生的思想实际和发展需求相一致，保证大多数学生都处于体验、领悟、思考和践行的积极状态。最后，感染性是微型情景剧的显著特点。微型情景剧不注重艺术性，注重的是情深意长，以生动形象的场景，焕发、激励、鼓舞大学生研学、思考、践行马列主义、毛泽东思想、邓小平理论、“三个代表”重要思想、科学发展观和习近平新时代中国特色社会主义思想。

（二）思想政治理论课微型情景剧活动的基本原则

思想政治理论课微型情景剧活动的目的是让大学生在自编自演自看

中体验、感悟、思考和践行思想政治理论，因此，严格遵循其原则是有效组织微型情景剧活动的保证。

第一，坚守主题明确的原则。主题明确是微型情景剧的根本原则。主题偏离或主题太多、太散，都会影响效果。这就要求大学生在学习和掌握基本原理的基础上，首先围绕相关教学内容，结合社会热点和焦点问题，思考需要解决的实际问题，然后根据需要解决的问题选择和确定主题，拟定表演思路、编写剧本、排练和演出，让大学生在编写、表演和观看中加深理解、触动心灵、提升判断力、矫正行为。例如，《思想道德修养与法律基础》（2018年版）第一章“人生的青春之问”中的“创造有意义的人生”的内容，通过大学生自编自演和观看人生意义情景剧，引导大学生对本章内容的深层认知和领悟，促进知识的内化、情感的升华和行为的矫正。第五章“明大德守公德严私德”的内容，通过大学生自己编写、表演和观看道德情景剧，引导大学生对社会公德及其作用进行深入思考，使践行社会公德的意识入脑、进心、见行。

第二，关注大学生投入度的原则。关注大学生投入度是微型情景剧的重要原则。微型情景剧的效果与大学生的投入程度密切相联。一般地说，投入，形容做事情聚精会神，全力以赴[①]。投入度是指人对自己所从事活动的努力程度，通过行为投入、情感投入和认知投入表现出来。在这里，大学生投入度主要是指大学生对微型情景剧活动的努力程度。当大学生积极主动投入时，微型情景剧活动才是有效的。相反，学生消极被动投入，则使微型情景剧活动或开展不起来，或流于形式。这就需要引导大学生把注意力集中于扮演角色的真实意义上，在表演过程中要求大学生（包括表演者和学生观众）全身心投入，切忌三心二意，在评价演出效果时要求学生认真对待，切勿敷衍了事。

第三，具体实施的原则。微型情景剧活动不是少数人的精英活动，而是每个大学生都必须参加的实践教学活动，不可放任自流，需要精心组织。微型情景剧主要以小品的形式呈现，每学期组织一次，课外准备，课内演出和评价。首先，确定活动流程。教学班组建若干演出组，

① 中国社会科学院语言研究所词典编辑室编：《现代汉语词典》，北京：商务印书馆2013年版，第1314页。

每组3到5人。每个演出组推选1名组长，负责活动的组织协调。经过研讨后选择一个主题，围绕主题确定编剧和角色的人选，集体讨论和修改剧情，反复排练；每个节目表演时间为5分钟，准备时间为4周，第5周进行2课时的表演，1课时的书面评价。其次，拟定活动评分标准（10分制）。具体包括主题契合课程内容（4分）；剧情紧扣主题，理论联系实践（4分）；表演有力度，能引起思考，给出有益启示（2分）。最后，规定任课教师的任务。任课教师帮助大学生选择和确定主题，支持和指导大学生编剧、排练和表演，帮助建立一种宽松的演出氛围，引领表演向目标方向发展，组织观后的书面评价，总结活动成效。

（三）思想政治理论课微型情景剧活动的现实意义

教学实践表明，微型情景剧活动，是优化思想政治理论课教学落脚点，解决大学生“入行”的有效教学形式。

第一，微型情景剧活动能够促使大学生由“认知”向“行为”的转化。如同其他思想政治理论课程一样，“思想道德修养与法律基础”课，主要是对学生造成思想或观念的影响，塑造、矫正、改变人生价值观，实现知与行的统一。体验是联系知与行的中介。所谓体验，是人通过实践来认识周围的事物①。从体验的涵义可以看出，体验本身既是认知，同时又是践履。所以，体验是人“身临其境”或“心临其境”地去感受客观事物，它是一种真实的行为投入、情感投入、认知投入的过程。微型情景剧活动是一种有效的体验形式。因为，理解课程内容和编写剧本的过程是充满体验的过程，同样，表演、观看和评价的过程也是充满体验的过程。大学生通过真情体验、思考体验、创造体验，形成积极的情感和志向，从而能够达到知、情、意、行的融合，实现知与行的统一。

第二，微型情景剧活动能够促使大学生提升综合学习能力。一般来说，从小学中学一路走过来的大学生对“满堂灌”的教学习以为常，习惯于认真听、详细记、刻苦背的浅层次学习，重视的是知识的识记效果，很少探究知识的意义。上了大学，当老师提供了课堂的参与机会的

① 中国社会科学院语言研究所词典编辑室编:《现代汉语词典》,北京:商务印书馆2013年版,第1281页。

时候，他们往往又产生不知所措的感觉，甚至有的认为老师不“灌输”就没学到知识，主动学习的热情丢失了。然而，学习的过程不是被动地接受，而是主动探究、深刻思考、自觉运用的过程。这就表明，激发大学生主动学习的热情，提升综合学习能力尤为重要。微型情景剧活动为每位学生提供了主动学习、自主思考和运用自己智慧的时间和机会。在老师的激励下，大学生由观望到惊奇再到参与，成了微型情景剧活动的主人。演出组集体研学相关原理、选择主题、讨论剧情、纠正动作、从容表演、认真观看、中肯评价，全身心地投入到活动之中。正是在编演看评的过程中，大学生得到了自我发挥和自我展示，综合学习能力不断提升。

第三，微型情景剧活动能够提升思想政治理论课的教学效果。微型情景剧活动集知识性和趣味性于一体，通过大学生“自己写，写自己”“自己演，演自己”“自己评，评自己”，搭建起了一个形象化、立体感和亲和力的思想教育大平台，大学生在互动、探究、思考、体验中，激活了学习兴趣，提高了理性思维能力，表达思考的结果和做人的感悟，坚定了理想信念追求。学习过程不再是被动吸收课本上的现成结论，而是亲自参与的理论和实践的活动。微型情景剧活动通过创设的问题情境，使大学生积极主动地通过体验达到内省，实现了“个性完善”的内化。思想政治理论课的贴近感增强了、吸引力增大了，大学生对思想政治理论课开始由厌倦和逆反逐步向喜爱和认同转变。

三、理论论坛，让大学生在论辩中践行

理论论坛，是自1993年开始兴起的国际大专辩论赛（2007年更名为国际大学群英辩论会），移植到思想政治理论课教学中的一种实践教学活动。理论论坛就是让大学生在辩论的情境中，通过自己亲自操作或与他人合作，去分析、综合、比较，找到解决问题的办法，形成自己的观点，再通过陈述自己的观点，力争说服他人。理论论坛的目的就在于聚焦热点、明辨是非、凝结共识、导入行动。

（一）理论论坛的基本内容

规定理论论坛的基本内容，是防止发牢骚、讲怪话、乱议论，弘扬和践行思想政治理论的重要保证。由于客观事物是复杂多样的，每个人对客观事物都有自己的理解并在一定程度上具有合理性。论辩中既要鼓励大学生发挥其批判精神，尊重他们提出的想法和看法，同时又要防止出现乱讲一气、油腔滑调、耍贫斗嘴、人云亦云等不良现象。

第一，理论论坛就是针对某一理论或社会热点问题，有意识地把一个教学班的学生分为持正面观点和持疑问或持反面观点的正反方，各方选定辩手（视教学班学生数量规定辩手的多少），经过充分的准备，在评判员（任课教师）的监督下进行论辩。作为观众的大学生既可以提问，也可以陈述不同于正反双方观点的看法，最后达成共识。

第二，学用马克思主义的基本立场、基本观点、基本方法，分析社会热点、社会问题或社会思潮，有理有据有情地陈述自己的见解。面对思想文化多样化、价值取向多元化，只有用科学的立场、观点、方法，才能辨事明理，马克思主义的基本立场、基本观点、基本方法是唯一科学的立场、观点、方法。所以，理论论坛既不允许毫无原则地发牢骚、毫无根据地乱议论、毫无意义地搞搞笑；同时，也绝不抓辫子、不扣帽子、不打棍子。

第三，理论论坛一般安排2学时。辩论有6个环节。一是主持人介绍各方及其所持立场，二是陈辞立论，三是补充立论，四是攻辩时刻，五是自由辩论（包括观众同学提问或发言），六是评判员点评等。双方辩手各3分钟的陈词、1分钟的发问或辩解、观众同学1分钟的提问或发言；各方5分钟的最后陈述；评判员重点评述观点的异同。论辩中，不允许教学班的任何人（当然包括教师）缺席、迟到、早退（缺席、迟到、早退者，成绩为零），不允许喧哗和起哄。辩手的成绩为优秀，提问和发言的观众同学成绩为良好，其他同学的成绩为中等，纳入平时成绩。

（二）理论论坛的基本要求

在一般意义上，所谓“要求”，就是人希望得到满足或实现的具体愿望或条件[①]。科学的合理的要求既体现着主观符合客观的真理性，又体现着主体需要的价值性，是真理性与价值性的统一。理论论坛的要求，就是为了有效地进行论坛而制定的基本条件，体现着真理性与价值性的统一。

第一，目标明确。这是理论论坛有效进行的前提。教师组织理论论坛，是根据思想政治理论课教学内容，依据所要解决的理论和现实问题来确定具体目标，做到有的放矢，避免流于形式。例如，在“马克思主义基本原理概论”课中，针对学生对马克思主义的误读或歧义，引导学生认同和接受马克思主义，设计“马克思主义有用还是无用?”“中国特色社会主义是不是科学社会主义?”“全球化能否导致趋同化?”“资本主义为什么垂而不死?”等问题。在“毛泽东思想和中国特色社会主义理论体系概论”课中，加深学生对全面深化改革以及意义的理解，设计“改革是中国的一场新的伟大革命吗?”“改革开放只有进行时没有完成时吗?”“全面深化改革的关键是人的观念转变吗?”等问题。为了坚定大学生对全面从严治党的信心，设计“反腐永远在路上吗?”等。

第二，选好论题。选好论题是理论论坛有效进行的关键。教师在选择论题时，要选择具有代表性的典型的论题。既能调动大学生的主动性，又能起到学以致用的效果，使理论知识与实际价值统一起来，实现理中求实、实中见情、情中见行，使大学生的认知、思维、意识、情感和能力得到和谐发展。例如，在“思想道德修养与法律基础”课中，选择“人为什么活着?”“让梦想放飞”“市场经济与爱国主义是矛盾的吗?”“金钱追求与道德追求能够统一吗?”“大学恋爱是青苹果还是红苹果?”“社交网站使人们更亲近还是更疏离?”“社会秩序的维系主要靠法律还是靠道德?”“怎样做一个知法懂法守法的公民?”“修养和能力谁决定事业成败?”等论题。

第三，精心组织。理论论坛虽然是教师和大学生的角色位置发生转换，但是教师的精心组织仍然是不可或缺的。一是理论论坛内容的精心组织，即选择思想性和现实感较强的内容，使书本知识与社会现实、理

① 中国社会科学院语言研究所词典编辑室编:《现代汉语词典》,北京:商务印书馆2013年版,第1511页。

论与实践有机地统一起来。让大学生认识到理论来源于实践，实践推动理论的发展和深化，理论为实践服务。二是理论论坛辩手的精心组织，即选择辩手坚持自愿和指定相结合的原则，尽量让性格内向的大学生发表见解，同时还要指导辩手撰写、修改论稿，反复试讲，做到既各抒己见，又不偏题或跑题。让大学生体会到思想政治理论就在我们身边，就在我们心里，就在我们行动之中。三是理论论坛过程的精心组织，即把学生的思想、情感、行为统一起来，使目标明确、井然有序、严肃活泼，自始至终贯穿于论坛的全过程。让大学生意识到辩论的过程，既是自己对思想政治理论的深刻理解，也是对思想政治理论的自觉践行。

（三）理论论坛的双重效应

思想政治理论课教学实践表明，作为一种课堂实践教学活动的理论论坛，有着双重效应，也就是既有着现实价值，又存在着明显的不足。

第一，理论论坛的正面效应。理论论坛的最大优点就是能够调动大学生的学习与思考的积极主动性，提高学生践行思想政治理论的自觉性。辩手们根据教师出的论题，首先钻研教材、查询资料、撰写论稿、反复试讲，然后发表自己的见解，这些都是主动学习的过程。理论论坛的气氛活跃热烈，各方辩手各显神通、各抒己见，据理力争，都想用自己的观点来说服别人，从而能够加深对一些理论或现实问题的认识和理解，在不知不觉中践行思想政治理论。理论论坛第二个优点就是能够锻炼和提高大学生的口头表达能力。辩手们都想增强发言的感染力，尽量声音洪亮、快慢适度、读音准确、语言流畅。辩手们都想提高发言的吸引力，尽力言之成序、言之有理、言之动情、言之生趣。理论论坛第三个优点就是能够促使大学生之间相互依赖、相互沟通、相互合作、共同负责。辩手们共同查找相关资料，共同探讨相关问题，取得一致意见后，再用自己的语言表达体会和感悟。在场的观众大学生能够程度不同地学会欣赏辩手，宽容辩手的不足，帮助辩手消除内心的自卑和怕失败的局促。通过辩论交流思想和看法，不仅能够达到大学生自己教育自己的目的，而且也能够起到互相学习、取长补短和互相激励，实现自我升华的作用。

第二，理论论坛的负面效应。理论论坛只是辩手和踊跃发言提问的学生受益较大，大部分学生如果没有融入辩论氛围，只是听听精彩的辩词，看看热闹的场面，那么，受益肯定不大。因此，不宜安排过多，每学期每门课只安排一次，否则会影响大部分学生学习、思考和践行思想政治理论的情感和意愿。

四、主题演讲比赛，使大学生在思考中践行

主题演讲比赛是教学班的每个学生都必须参加的，学习思想政治理论的心得体会的演讲比赛。相对大学生而言，主题演讲比赛既是对思想政治理论的情感抒发和意愿表达，同时又是对思想政治理论的实际践行。

（一）主题演讲比赛的有效组织

主题演讲比赛，一般从教学的第四周开始，每周第3节课举行。

第一，主题演讲比赛的准备。第一步，任课教师召开教学班学生干部赛前准备会，统一思想，明了程序和职责：每组围绕一个主题谈体会；评委、主持、点评和每组组长都由学生自己担任，每组自主遴选或自荐组长；各组组长共同制订评判标准（10分制：演讲内容占5分——紧扣主题、贴近生活、内容充实，精神面貌占2分——着装整齐、大方得体、姿态自然、声情并茂，语言表达占2分——发音标准、用词精练、语言流畅，超时扣1分）；共同制订评分规则，评委明确给出评分，由记分员整理，去掉一个最高分与一个最低分，取平均分为比赛成绩，按成绩排名。第二步，每组组长与组员共同拟定主题，围绕主题分头准备。

第二，主题演讲比赛的程序。由于是大班教学（一般在100人左右），演讲比赛按照学号顺序排序，每场10人参加，每人3分钟演讲。上一场的第1名做下一场的主持，上一场的第2、第3名做下一场的点评；下一场的同学是上一场的评委（评委中有2名记分员），第一场的同学做最后一场的评委。每位同学既是演讲者又是评委。比赛成绩为学期平时成绩，每场的前3名的成绩为优秀，其他人的成绩为良好。按照公平、公正、公开的原则，经过小组讨论主题、拟定提纲、撰写演讲稿、上台演

讲、评委打分，评出优秀。

第三，主题演讲比赛的形式。主题演讲比赛有课内演讲比赛和课外演讲比赛两种形式。课内演讲比赛是在教室里举行的，课外演讲比赛是在校园周边的爱国主义教育基地举行。相对而言，课外演讲比赛更能激活大学生朝气蓬勃、积极向上的精神状态，在演讲中自觉践行思想政治理论。例如，“烈士墓前的誓言”的主题演讲，既能缅怀革命先烈，弘扬爱国主义精神，又能增强大学生的民族自豪感、社会责任感和历史使命感。

（二）主题演讲比赛的基本原则

所谓原则，就是人们说话行事所依据的准则和标准[①]。主题演讲比赛不是一般性的演讲活动，而是让每个大学生都参加的思想政治理论课的实践教学活动，必须制定并坚守相关原则，以确保不偏离课程方向。

第一，主题与教学内容相统一原则。主题是主题演讲比赛的核心，要与思想政治理论课教学内容相一致。因为主题演讲比赛，是帮助大学生全面理解和深刻把握思想政治理论的精神实质，践行思想政治理论的舞台。大学生在演讲比赛时，将思想政治理论课中所学的基本原理、基本原则和基本方法，用来观察、分析、阐述自己的观点，能够培养和提高学生运用理论分析和解决问题的能力。比如，“思想道德修养与法律基础”课，可以引导大学生进行“让我们插上理性的翅膀”“践行文明，从我做起”“责任与使命”“踏着雷锋的足迹”“青春的旋律”“大学校园与流星花园”“大学校园里的你我他”“感恩”等主题演讲比赛，以发挥“思想道德修养与法律基础”课理想的激情励志和信念的目标导向的作用；“马克思主义基本原理概论”课，可以引导大学生进行“我心中的马克思主义”“在旗帜的指引”“思考”“资本主义怎么了？”等主题演讲比赛，帮助大学生学会运用马克思主义的立场、观点、方法，实现自我提升。通过主题演讲，同学们在自我展示中既能完成自我激励，也能实现互相激励，自觉践行思想政治理论。

---

① 中国社会科学院语言研究所词典编辑室编：《现代汉语词典》，北京：商务印书馆2013年版，第1601页。

第二，多样性与统一性相统一原则。主题是现实生活的反映，现实生活的复杂性决定了主题的多向度性。一般说来，一个主题就是反映现实生活多重关系的复合体。因此，对它的认识可以从多角度进行，得出的结论也可以是各不相同的。这种情况要求在主题演讲比赛中，既要倡导百家争鸣，允许保留不同的见解，同时，更要注意引导，以形成健康的、正确的、科学的认识。例如，“中国近现代史纲要”课，可引领大学生组织“让爱托起中华民族”“感动中国的感动”“祖国，我以我的方式来爱你”“我的梦·中国梦”等主题演讲比赛，达到加深大学生对中国特色社会主义道路的政治认同、理论认同、思想认同和情感认同的教学效果。

第三，激情与务实相统一原则。这一原则要求主题演讲比赛与大学生的特质相一致。主题演讲比赛能够营造小组之间的竞争氛围，而这恰恰符合了大学生喜欢挑战的个性，能够激起学生主动参与的热情和表达意愿的激情。激情是必要的，但激情不是情感的一时冲动，更不是建立在空中飘浮、好高骛远的基础之上，这就需要着重引导大学生在主题上“务实”而不“务虚”，就是不搞“高”“空”“远”的主题。例如，“毛泽东思想和中国特色社会主义理论体系概论”课，可引导大学生设计“家乡的变化”的主题，以学生所熟悉的家乡为窗口，反映改革开放以来人的发展、社会的进步和祖国的昌盛，达到增强大学生对中国特色社会主义的道路自信、理论自信、制度自信和文化自信的教学目标。

（三）主题演讲比赛的现实意义

多年的教学实践表明，主题演讲比赛是一个有意义的实践教学活动。

第一，主题演讲比赛能够加深大学生对思想政治理论的践行。主题演讲比赛所要达到的是激发和强化大学生自主学习的主动意识，完成自我升华的思想道德教育目标。虽然主题演讲比赛的内容十分丰富，但它最根本的是一种近距离的、平等的、民主的教学活动，它可以使整个比赛过程在大学生主动、自觉的参与中顺利完成，使大学生积极主动地通过思考达到内省，并实现个性完善的内化过程。内化过程，是学生对马列主义、毛泽东思想、邓小平理论、“三个代表”重要思想、科学发展观和习近平新时代中国特色社会主义思想的认同过程。学生们正是在演讲的选题、写作和演讲中运用马克思主义的立场、观点和方法观察社会，触及思想，理顺情绪，摆正方向，从而促进了大学生对思想政治理论的践行。

第二，主题演讲比赛能够进一步提升教师的主导作用。主题演讲比赛并没有减弱教师的主导作用，反而进一步提升了教师的主导作用。在主题演讲比赛的过程中，教师的作用不是直接向大学生指明结论或答案，而是教给大学生发现和解答问题的马克思主义立场、观点、方法。同时，在如何选题，如何阅读文献，如何利用文献支撑自己的观点，如何引用他人的研究成果，以及演讲稿撰写的基本格式等方面辅导大学生，在演讲的心理准备、演讲的技巧等方面引导大学生，使大学生能够通过主题演讲比赛提升自己的主体能力。

第三，主题演讲比赛能够进一步提高教师的教学组织能力。主题演讲比赛不是“精英”活动，而是教学班全体学生受益的活动。规模大、时间长（以教学班100人计算，一般需要10个教学周）。主题演讲比赛的顺利进行，需要教师的认真准备和精心组织。例如，提前培训主持和评委，把控每一位学生的比赛时间，随时调动演讲比赛的气氛，掌握演讲比赛的节奏和方向，应对可能出现的突发情况等，教师就是在认真准备和精心组织的过程中提高自身的教学组织能力的。

五、学写调研报告，促大学生在考察中践行

大学生学写调研报告也是思想政治理论课的一种实践教学形式。通过组织调研和分析，加深对相关课程内容的理解、掌握和应用，同时培养和提高理论联系实际的能力和发现问题、分析问题、解决问题的能力。学写好调研报告，必须让大学生了解调研报告的内涵，明确学写调研报告的原则和意义。

（一）思想政治理论课调研报告的内涵

内涵包括涵义、核心和构成元素。明了思想政治理论课调研报告的

内涵，是学写调研报告的前提。

第一，思想政治理论课调研报告的涵义。思想政治理论课调研报告与一般的调研报告既有共同点，又有不同点。一般调研报告作为一种使用广泛的文体，是调研人员根据特定目的，有计划地对某一情况、某一事物、某一经验或问题进行深入细致的调查后，经过认真研究而形成的一种书面报告。从对象上看，有关于反映新生事物的调研报告、总结典型经验的调研报告、考察历史事实的调研报告、揭露问题的调研报告、探讨性的调研报告等类型。思想政治理论课调研报告是大学生用马克思主义的立场、观点、方法，对身边的某一情况、某一事物、某一问题，通过实地考察、座谈专访、问卷调查等形式，进行深入的了解和分析后，把结果如实地整理成书面文字的一种文体或书面报告。

第二，思想政治理论课调研报告的核心。思想政治理论课调研报告的核心与其他调研报告一样，是实事求是地考察和分析相关的情况、问题和事物。让大学生明白，调研报告失去了对相关的情况、问题和事物的实地考察，也就失去了它赖以存在的科学价值和应用价值。同时，还要让大学生明白，某一情况、问题和事物的本质，是其内部联系和根本性质，通过现象即其外部联系和表面特征表现出来。客观存在的情况、问题和事物的现象是复杂多样的。面对错综复杂的现象，不去“想一想”“剖一剖”，即不去做判断，不去做推理，就无法得出正确的结论，同样，也失去了它赖以存在的科学价值和应用价值。考察和分析相辅相成，缺一不可。

第三，思想政治理论课调研报告的构成元素。核心决定构成元素。围绕核心，思想政治理论课调研报告主要由三方面元素所构成。

一是调查。即深入实际，脚踏实地地调查情况，详细地占有符合实际的第一手资料。获取“生动的直观”，是写好调研报告的前提。正如毛泽东在《反对本本主义》所指出的：“一切结论产生于调查情况的末尾，而不是在它的先头。”[①]“只有感觉的材料十分丰富（不是零碎不全）和合于实际（不是错觉），才能根据这样的材料造出正确的概念和论理

①《毛泽东选集》第1卷，北京：人民出版社1991年版，110页。

来。"[①]二是研究。即认真分析材料，透彻地揭示事物的本质和规律。"抽象的思维"是调研报告的关键。因为占有大量的材料不一定就能写好调研报告，还需要把调查的材料加以分析综合，抽象概括，提炼出结论观点。对材料的研究，是运用马克思主义的立场、观点、方法，经过"去粗取精，去伪存真，由此及彼，由表及里"[②]的分析和概括。三是学写。即把分析综合出的有价值的思想观点，通过文字表达出来。做到"立论有据、观点鲜明"，是调研报告的归宿。

（二）学写思想政治理论课调研报告的原则

把握思想政治理论课调研报告的原则，是学写调研报告的可靠保障。

第一，真实性原则。所谓真实性，就是尊重客观事实，靠事实说话。要让大学生懂得，调研报告带有一定程度的主观性。一个人的情感状态，决定着其对材料取舍的倾向性，左右着调研报告写作的方向性。但归根到底，调研报告中所涉及的时间、地点、事情经过、背景介绍、资料引用等都必须是真实可靠、准确无误的。忌主观猜测、道听途说和网上下载。

第二，针对性原则。所谓针对性，是指针对发生在大学生生活中的、关注度高的、具有代表性的情况和问题、社会热点问题、焦点事件等，结合课程相关内容让大学生分组进行调查、分析和写作。忌表面文章和无的放矢。例如，在"思想道德修养与法律基础"课的第一章可进行"大学之路怎么走"，第二章可进行"我校（院）新生自信心"的调研，第三章可进行"今天，我们应该怎样爱国"的调研，第四章可组织"寻找身边的感动"的调研，第五章可组织"我校（院）大学生恋爱观""我校（院）大学生网络道德情况"的调研；"马克思主义基本原理概论"课的绪论，可进行"我心中的马克思主义"的调研等。

第三，论理性原则。所谓论理性，是指调研报告的写作是在对事实叙述的基础上进行逻辑的判断和推理，以表达调研报告的主旨。这就需要主题鲜明、立论有据、内容完整、用词准确、叙述清楚，论证完整而

①《毛泽东选集》第1卷，北京：人民出版社1991年版，第290页。

②《毛泽东选集》第1卷，北京：人民出版社1991年版，第291页。

不凌乱，逻辑严密而不松散，观点鲜明而不模糊。忌以事替论、空发议论和杂乱无章。

第四，具体性原则。所谓具体性，是指具体组织措施。首先，或按学号顺序、或自愿组合或寝室组合等原则分组。其次，各小组结合课程内容选定主题，设计调研提纲和调查问卷，选择调研方式和调研对象，同时进行组内分工。调研结束后，对回收的数据进行统计分析，撰写调研报告，制作汇报展示PPT。再次，5分钟课堂汇报，其他小组3分钟点评。最后，教师根据调研主题与课程内容是否紧密，调研提纲和问卷设计是否合理，调研内容是否真实，调研报告的逻辑结构是否清晰，文字表达是否精炼等评分标准进行评判，成绩纳入学期总成绩。

（三）学写思想政治理论课调研报告的意义

相对大学生而言，学写思想政治理论课调研报告主要有三方面的意义。

第一，能够深化大学生对思想政治理论的理解。调研活动比起课堂理论讲授，更便于理解思想政治理论。它通过真实的鲜活的感性材料，引导大学生透过现象看本质；通过对某一问题、某一情况的考查、研究和写作，引导大学生在领会所学理论真谛的同时，用所学的理论去思考和分析一些现实问题。大学生觉得思想政治理论不再是课本中抽象的冰冷的文字，而是充满亲和力和魅力的有趣的、有营养的、有用的理论。

第二，能够增强大学生对思想政治理论的认同。对思想政治理论的深刻理解，有力地促使大学生由认知转化为认同，由认同升华为信仰。调研及报告的写作过程，实际上也是大学生通过实践感受和切身体验，促进思想政治理论的内化和外化的两大飞跃的过程。大学生通过调研活动，实现了从接受结论到学会思考的变换，逐步提高了对思想政治理论的认同和接受。学生们说："我们不是不愿意接受马克思主义，而是不愿意接受空洞的、苍白的、呆板的、生硬的说教式的马克思主义。马克思主义是科学、是真理，既是'鱼'，更是'渔'，我们又哪有不欢迎、不认同、不接受、不信服的呢?"

第三，能够锻炼和提高大学生的综合能力。调研活动是一个促进大学生由书本理论向行为实践转化的重要方式。它从确定调研主题、调研方案到搜集材料、加工整理，分析研究到撰写并交流调研报告，都是提高综合能力的过程。在调研活动中，大学生不仅较深刻地认识了社会，同时，也对大学生活、大学生的形象进行了反思，较深刻地认识了自己；而调研报告的交流，更是给大学生提供了一个交流思想、展示才华的机会，大学生的责任意识、协同精神、辨别能力、践行能力和承受能力明显提高。

第八章 思想政治理论课教学的实效性研究

为了把思想政治理论课打造成大学生真心喜爱、终身受益、毕生难忘的优秀课程，广大思想政治理论课教师努力推进“三进”工作，在教学内容、教学方法和教学手段等方面进行了积极的改革探索，取得了明显成效。然而，思想政治理论课教学的重要性与实效性之间的落差依然很大。从认识根源上来看，这与对思想政治理论课教学实效性研究的误区相关联。

一、思想政治理论课教学实效性的规定

就整体而言，思想政治理论课教学的实效性研究，还多处于相对零散的、经验的、个案的层面，对思想政治理论课教学是否具有实效性的认知，多停留在教学结果上。这是一个认识偏差。纠正偏差，需要对“实效性”和“思想政治理论课教学实效性”给予正确的界定。

（一）人类实践活动实效性的一般涵义

人类是基于自身的生存和发展的需要从事一定实践活动的。那么，如何看待实践活动及其结果对人的生存和发展的意义，由此形成了“实

效性”的研究。

第一，人类实践活动实效性的界定。“实效，即实际的效果”[①]，是“实践活动结果对于目的是否实现及其实现程度”[②]。实际的效果是直接效果和间接效果、近期效果和远期效果、显性效果和隐性效果的统一。以马克思主义哲学的视野揽阅，人类是通过自身的实践活动为自己的生存和发展开辟道路的。在人类用以规约与衡量自身实践活动的尺度中，效用尺度有着重要意义。正是在对效用尺度的遵循中，人类的实践活动获得了发展动力。在效用尺度的支配下，人类的实践活动在满足自身的相应需要，实现自身的相应目的方面所表现出的积极特性，或曰人类实践活动的实际运作与实践活动的目标出现正向结果的“效能属性”，就构成了人类实践活动的实效性。它既体现于实践活动的内在效果，即能满足特定人群物质上、精神上和政治上的需要，促进个体的人的发展；又体现于实践活动的外在效益，即在满足和提高特定人群的物质上、精神上和政治上的需要的同时，促进社会文明程度的提高。

第二，人类实践活动实效性的本质。实践活动实效性，就其本质而言，是体现在特定价值关系中的价值属性。价值关系，表现为客体在满足主体需要的过程中所构成的主客体之间的关系。作为价值属性的一种体现，实效性是特定实践活动及其结果所具有的相应特性，且这种特性又是实践活动及其结果在与相应价值主体构成的价值关系，即对相应主体需要的满足关系中所表现出来的。实践活动的结果符合主体的预期目的，对主体有用、有价值，则实践活动是有效的；反之，实践活动的结果不符合主体的预期目的，对主体无用、没有价值，则说明实践活动是无效的。离开实践活动及其结果的特定属性，实效性便没有了得以确立的根基；离开了特定的价值关系，实效性也就无从谈起。实践活动实效性的这种特点，规定着我们探讨实践活动实效性必须坚持的方法论原则，即必须将实践活动实效性的探讨，始终置于具体的价值关系之中来

---

① 中国社会科学院语言研究所词典编辑室编：《现代汉语词典》，北京：商务印书馆2013年版，第1180页。

② 柳礼泉主编：《大学思想政治理论课实践教学研究》，长沙：湖南大学出版社2006年版，第66页。

进行。

第三，人类实践活动实效性的形成。实践是人类生存和发展的最基本的活动。人类实践活动的正常进行需要三大基本要素，这就是实践主体（具有一定的自然的和精神的能力、从事现实社会实践活动的人），实践客体（实践活动所指向的天然的和人工的、自然的和社会的、物质性的和精神性的对象）和实践中介（各种形式的工具、手段以及运用操作这些工具、手段的程序和方法）。实践主体与实践客体之间通过一定的实践中介发生相互作用的过程就构成了实践活动。实践活动实效性，就是在实践主体的积极特性与实践客体的积极特性通过实践中介的积极特性发生相互作用的过程中形成和显现出来的。

（二）思想政治理论课教学实效性的内涵

思想政治理论课教学实效性研究的目的，是如何有效地将大学生所接受的思想政治理论知识内化为其思想，从而指导他们的行为。而要达到这个目的，必须首先搞清思想政治理论课教学实效性的涵义，这是亟待进一步研究和解决的重要问题。

第一，对思想政治理论课教学实效性研究的反思。所谓反思，是指思考过去的事情，从中总结经验教训[①]。不可否认，“05方案”实施以来，思想政治理论课教学实效性研究取得了很大的进展，获得了丰硕的成果。例如，《试谈高校思想政治理论课教学实效性的三个基本维度》[②]《提高思想政治理论课教学实效性的教学理念和建设路径》[③]《高校思政课实效性问题的哲学反思》[④]《增强思政课教学实效的课堂模式新探

① 中国社会科学院语言研究所词典编辑室编：《现代汉语词典》，北京：商务印书馆2013年版，第361页。

② 李萍、林滨：《试谈高校思想政治理论课教学实效性的三个基本维度》，《思想理论教育导刊》，2005年第9期。

③ 宋进、王玲：《提高思想政治理论课教学实效性的教学理念和建设路径》，《思想政治教育研究》，2007年第1期。

④ 冯合国：《高校思政课实效性问题的哲学反思》，《理论观察》，2009年第4期。

索》[①]《态度改变理论视野下的高校思想政治理论课实效性研究》[②]《试论提高思想政治理论课教学实效性的四种力量》[③]《构建实践教学模式增强高校思想政治理论课教学的实效性》[④]《网络对高校思想政治理论课实效性的影响及思考》[⑤]等论文，从不同角度阐述了思想政治理论课教学实效性以及提高实效性的思路和经验，为切实有效地优化思想政治理论课教学提供了不可多得的理论资料和实践经验。然而，在已经发表的直接标以"实效性"的研究论文中，多以"实效性"为一个约定俗成的、人所共知的概念直接使用，并由此进入提高实效性的对策性研究，且这种对策性研究又多抓取几个具体问题展开，至于这些问题间的逻辑关系、这些问题的探讨在实效性问题研究中的逻辑定位等，往往是不完全清楚的。这样的思路和方法使得实效性问题的研究多徘徊在局部的、个别层次的、重复性的论说，经验性描述也相当程度地存在着。局部的个别的研究是必需的，但却是不够的。思想政治理论课教学实效性问题的研究要得到全面深化，必须首先对其"实效性"作出科学的规定。

第二，思想政治理论课教学实效性的涵义。同样，作为一种客观的社会实践活动，思想政治理论课教学实效性也是体现在思想政治理论课教学活动价值关系中的价值属性，是思想政治理论课教学在满足大学生成长发展的需求和期待，实现其人生价值等方面所表现出的积极特性。思想政治理论课教学，最根本的是坚定大学生对马克思主义的信仰和对中国特色社会主义的信念，最关键的是帮助大学生树立正确的世界观、人生观和价值观，最重要的是塑造大学生有追求、有担当、有品位的人格。所以，思想政治理论课教学的实效性，既通过教学的直接效果、近期效果、显性效果表现出来，但更重要的是通过间接效果、远期效果、

① 杜爱国：《增强思政课教学实效的课堂模式新探索》，《学习月刊》，2010年第9期。

② 陈西青：《态度改变理论视野下的高校思想政治理论课实效性研究》，《黑龙江教育》（高教研究与评估），2010年第12期。

③ 林滨：《试论提高思想政治理论课教学实效性的四种力量》，《思想理论教育导刊》，2011年第2期。

④ 李淑文：《构建实践教学模式 增强高校思想政治理论课教学的实效性》，《教育理论与实践》，2011年第21期。

⑤ 王静：《网络对高校思想政治理论课实效性的影响及思考》，《太原城市职业技术学院学报》，2012年第1期。

隐性效果表现出来。

第三，思想政治理论课教学实效性质与量的规定。思想政治理论课教学实效性从质上概括，就是帮助大学生领悟思想政治理论、提升道德情操、校正价值取向、确立良好的行为准则、自觉身体力行，促进自己德智体美全面发展，同时，推进物质文明、精神文明、政治文明、生态文明和社会文明的建设。从量上来看，就是思想政治理论课教学活动对于教学目的是否实现以及具体实现的程度，即大学生的思想水平、政治觉悟、道德品质、文化素养等方面所达到的程度，表现为从量变到质变的飞跃过程。离开思想政治理论课教学活动所具有的积极特性，实效性便没有了得以确立的根基，离开了这一特定的价值关系，思想政治理论课教学实效性同样无从谈起。

（三）思想政治理论课教学实效性的基本特征

思想政治理论课教学实效性是通过从初级、中级到高级的层层递进表现出来的。层次性是思想政治理论课教学实效性的基本特征。

第一，初级层面的实效性。初级层面是指通过有效教学，使大学生对思想政治理论课的态度发生正向转变。态度改变理论认为，学习态度是学习者对学习较为持久的肯定或否定的内在反应倾向。肯定的内在反应倾向显现出积极的学习态度，否定的内在反应倾向显现出消极的学习态度。积极的学习态度能引导大学生正确的学习行为，提高学习效率，对学习效果产生重要影响。不可否认，部分大学生在走进大学课堂时，就不同程度地存在着对思想政治理论课程的抵触心理和无奈心态。他们往往抱着先入为主的态度，带着听听看，好听就听，不好听就看其他书或干其他事或补觉或索性谈恋爱的想法来上课的，这是一种消极的学习态度。所以，使大学生的抵触心理和无奈心态发生正向变化，形成积极的学习态度，实现“高出勤率”到“高听课率”[①]的转变，是思想政治理论课教学实效性直接的、近期的、显性的展示。

第二，中级层面的实效性。中级层面是指通过有效教学，思想政治

① 宋进、王玲：《提高思想政治理论课教学实效性的教学理念和建设路径》，《思想政治教育研究》，2007年第1期。

理论被大学生认知、理解、认同、接受，内化为自己的精神追求。态度改变理论认为，受教育者对教育信息的认同及态度或行为改变的程度越大，教育的效果就越好。思想政治理论课教学，不仅受到大学生个人的生活环境、社会关系、社会地位、社会经历的影响，还受到他们原有的不成熟的世界观、人生观、价值观的影响，大学生原有的态度倾向、知识结构、人格特征等都会直接或间接地影响思想政治理论课的接受效果。思想政治理论对于大学生而言，是个“外在物”，只有在大学生主动认可和自主选择的前提下，才能有效地进入学生的头脑，并真正内化为自己的精神追求。所以，实现由“高听课率”到“高信课率”[①]的转变，促使学生认知、理解、认同思想政治理论，是思想政治理论课教学实效性的深度展现。

第三，高级层面的实效性。高级层面是指通过有效教学，大学生将思想政治理论的要求化为日常的行为准则，化为自己的自觉行动。思想政治理论课的最终目的是培养和提高学生的主体能力，推动其德智体美全面发展。如前所述，主体能力是作为个体的现实的人的认识和改造客观世界，适应社会生活和自我发展的能力，主要包括判断能力、选择能力和践履能力。思想政治理论课教学不单单是要大学生懂得“什么是正确的判断”“什么是正确的选择”，更重要的是使大学生具有“如何正确判断”“如何正确选择”“如何践行正确价值观”的能力。所以，坚持知行合一，实现由“高信课率”到“高践行率”的转变，促使思想政治理论成为大学生的价值追求和自觉行动，是思想政治理论课教学实效性的充分展开。

总之，由“高出勤率”到“高听课率”，再由“高听课率”到“高信课率”，由“高信课率”再到“高践行率”的飞跃，是思想政治理论课教学的实效性由低到高、由外到内、由近到远逐步实现的过程。

---

① 宋进、王玲：《提高思想政治理论课教学实效性的教学理念和建设路径》，《思想政治教育研究》，2007年第1期。

二、思想政治理论课教学实效性的具体表现

如同其他教学一样，思想政治理论课教学活动的发动和运行，是教学诸要素的矛盾运动过程。因此，思想政治理论课教学实效性通过教学要素的实效性、教学过程的实效性和教学结果的实效性表现出来。

（一）思想政治理论课教学要素的实效性

思想政治理论课教学活动得以进行，需要三个基本要素，这就是教师、学生和教学内容（包括教材、教案、手段和方法）。思想政治理论课教学要素的实效性就是教师教学的积极特性、大学生学习的积极特性和教学内容的积极特性。

第一，教师教的实效性。教师是教学活动的主体，教师的教学积极特性对思想政治理论课教学具有不可替代的重要作用。因为，教学的内容、方法、进程、结果以及教学的质量等，都主要由教师决定和负责。"一个学校能不能为社会主义建设培养合格的人才，培养德、智、体全面发展、有社会主义觉悟的有文化的劳动者，关键在教师。"①因为，"教师重要，就在于教师的工作是塑造灵魂、塑造生命、塑造人的工作"②。尤其是思想政治理论课教师，是党执政的坚定支持者，是"社会主义核心价值观的坚定信仰者、积极传播者和模范践行者"③，是大学生健康成长的指导者和引路人。"素质是立身之基，技能是立业之本。"④思想政治理论课教师的基本素质是否具备，即是否坚持正确的政治方向，具有正确的理想信念、良好的道德情操、扎实的马克思主义理论功底、过硬的教学能力、勤勉的教学态度和科学的教学方法，事关思想政治理论课教学过程能否健康运行，事关高校思想政治教育主渠道的作用能否充分发

① 《邓小平文选》第2卷，北京：人民出版社1994年版，第108页。

② 习近平：《做党和人民满意的好老师——同北京师范大学师生代表座谈时的讲话》，《人民日报》，2014年9月10日。

③ 习近平：《习近平在全国高校思想政治工作会议上的讲话》，《人民日报》，2016年12月9日。

④ 习近平：《在知识分子、劳动模范、青年代表座谈会上的讲话》，北京：人民出版社2016年版，第8页。

挥，事关教育总目标能否真正实现。

第二，大学生学的实效性。大学生是学习活动的主体，其学习积极特性对教学活动具有不可或缺的重要作用。大学生的学习积极特性集中体现在他（她）们对思想政治理论课具有浓厚的学习兴趣、高涨的学习热情、强烈的探究意识和对真理的执着追求，具有自觉奉行真理的行动。不过，大学生的学习积极特性是潜在的，可能通过正向路径直接体现出来，也可能通过反向路径扭曲地折射出来。这就表明，大学生的学习动机、学习目的、学习态度、学习方式和学习方法，在相当程度上影响着思想政治理论课的教学活动。能否把大学生的积极特性发挥出来，关乎思想政治理论课教学活动能否有效展开，关乎高校思想政治教育能否落到实处，关乎立德树人的教育根本任务能否真正完成。

第三，教学内容的实效性。教学内容的积极特性主要通过教材和相关教学资源体现出来。一般来说，教材是课程教学内容的载体，体现着教学目的和教学标准。教材是课程之本，一门课程的目的要求能否真正实现，关键在教材。与其他学科专业课程不同，思想政治理论课各门课程的教材是国家统一编定的。自2005年以来，思想政治理论课课程的所有教材，都是纳入党中央马克思主义理论研究和建设工程的高质量的重点教材，都比较全面准确地体现了马列主义、毛泽东思想、邓小平理论、“三个代表”重要思想、科学发展观和习近平新时代中国特色社会主义思想的基本原理，体现了社会主义核心价值观的基本精神，具有深厚的理论性、深刻的思想性、鲜明的政治性和现实的指导性。思想政治理论课通过教材章节的安排，凸显着思想政治理论课教学人才培养的社会主义性质，表征着党和国家的意志，是教学的基本遵循。所以，教学内容的积极特性对教学活动具有引领方向的作用。能否把教学内容的积极特性发挥出来，关系到能否深入推进马列主义、毛泽东思想、邓小平理论、“三个代表”重要思想、科学发展观和习近平新时代中国特色社会主义思想进课堂进头脑，关系到思想政治理论的说服力和可信度，关系到能否引领大学生“做有理想、有追求的大学生，做有担当、有作为的大学生，做有品质、有修养的大学生”[①]，真正成为实现中华民族伟大复兴的正能量。

（二）思想政治理论课教学过程的实效性

思想政治理论课教学过程是教师的积极特性和大学生的积极特性，通过理论教学和实践教学的和谐互动实现出来。因此，思想政治理论课教学过程的实效性是理论教学过程实效性和实践教学过程实效性的辩证统一。

第一，理论教学过程的实效性。理论教学过程的积极特性就在于教师能够实现教材体系向教学体系的转变、文字语言向口头语言的转变、理论讲授向信仰传播的转变，讲透大道理，讲深小道理，大学生情绪饱满、全神贯注地投入到听课、思考、领悟之中；能够形成教与学的良性互动，循序渐进地促进大学生对思想政治理论课的态度发生正向变化——由“排斥”到“亲近”到“喜爱”，由“要我听”到“我要听”再到“我爱听”；对思想政治理论发生正向变化——由“抵触”到“理解”到“认同”到“接受”。

第二，实践教学过程的实效性。实践教学过程的积极特性就在于能够引导大学生通过亲身的体验、感悟和思考，印证思想政治理论的正确性和现实指导性，促使大学生对马列主义、毛泽东思想、邓小平理论、“三个代表”重要思想、科学发展观和习近平新时代中国特色社会主义思想的基本原理由认知转化为认同，由认同升华为信仰；能够调动大学生学会运用马克思主义的立场、观点和方法认识历史、认识社会、认识自我，提高思想水平、政治觉悟、道德品质、文化素养，成为德才兼备、全面发展的人才，自觉把个人的理想追求融入国家和民族的事业中。

第三，实践教学过程的实效性与理论教学过程的实效性相辅相承，共同构成同一个教学过程的实效性。理论教学过程能够让大学生对马列主义、毛泽东思想、邓小平理论、“三个代表”重要思想、科学发展观和习近平新时代中国特色社会主义思想的真理性在逻辑上和思维上得到领

① 习近平：《习近平会见中国科学技术大学师生时的讲话》，《人民日报》，2016年4月30日。

会和掌握。实践教学过程能够让大学生在亲身体验和身体力行中加深对所学马列主义、毛泽东思想、邓小平理论、“三个代表”重要思想、科学发展观和习近平新时代中国特色社会主义思想的理解和把握，并将其内化为自己的思想，外化为自己的行为，从而实现着“教化”与“内化”的统一、“知”与“行”的统一，真正成为学生真心喜爱、终身受益、毕生难忘的优秀课程。

（三）思想政治理论课教学结果的实效性

思想政治理论课教学结果的实效性体现在理论知识传授的实际效果、能力培养的实际效果和思想政治品德教育的实际效果上。

第一，理论知识传授的实际效果。理论知识传授的实际效果，落脚于大学生对思想政治理论的认知、理解、认同、信服的程度。大学生真学了、真懂了、真信了，是理论知识传授的最佳效果。具体而言，就是大学生对思想政治理论课的态度发生了正向转变，对思想政治理论实现了从感性认识到理性认识的飞跃，从内心深处认同和信服马列主义、毛泽东思想、邓小平理论、“三个代表”重要思想、科学发展观和习近平新时代中国特色社会主义思想，明白了人生应该在哪用力、对谁用情、如何用心、做什么样的人的道理，主动把学习成果转化为不可撼动的理想信念，转化为正确的世界观、人生观、价值观。

第二，能力培养的实际效果。能力培养的实际效果，落脚在大学生从接受结论到学会思考、拥有解决问题的能力之上。换言之，大学生逐步学会运用马克思主义立场、观点、方法，提高了思想水平、政治觉悟、道德品质、文化素养，提升了学习能力、判断能力、选择能力和践履能力。能自觉把勤奋学习视为青春飞扬的动力，增长本领视为青春搏击的能量，脚踏实地，把远大抱负落实到实际行动中，是能力培养的最佳效果。

第三，思想品德教育的实际效果。思想政治品德教育的实际效果，落脚于大学生能够把“正确的道德认知、自觉的道德养成、积极的道德实践紧密结合起来”[1]，做到“学而信”“学而用”“学而行”。也就是大学生能够勤奋学习思想政治理论，自觉地把学习成果转化为提升思想境界和道德水平的精神营养，坚守精神家园、坚守人格底线，以执着的信念、优良的品德、丰富的知识、过硬的本领，融入国家和民族的事业中，做中国特色社会主义共同理想和中华民族伟大复兴中国梦的忠实实践者。

三、思想政治理论课教学实效性研究的逻辑的实践的路径

思想政治理论课教学要素的实效性、教学过程的实效性和教学结果的实效性之间的关系是不可剥离的。这种不可剥离的关系为我们提供了研究思想政治理论课教学实效性的逻辑思路。

（一）思想政治理论课教学实效性研究的基本依据

在名词的意义上，所谓依据，即依托或根据，是指作为论断前提或言行基础的事物[2]。任何活动的展开都要有依据，同样，思想政治理论课教学实效性研究也要有依据。而教学要素的实效性、教学过程的实效性和教学结果的实效性之间的内在关系是思想政治理论课教学实效性研究的基本依据。

第一，教学要素的实效性是教学过程实效性和教学结果实效性的实现前提。任何过程都不是脱离具体要素的抽象存在，任何结果都是具体要素间相互运作的产物。有效的要素构成了有效的过程，产生了有效的结果。同样，只要有了符合教学过程有效展开所要求的教学要素，就有了教学过程的有效展开，有效教学结果的形成。

第二，教学过程的实效性是教学要素的实效性和教学结果实效性的实现中介。教学要素的意义是在教学过程中显现的，只有通过实际的教学过程，教学要素的积极特性才能由可能的潜在的性质转化为现实的具体的形态，才能真正成为影响教学结果实效性的首要因素；教学结果的

① 习近平：《习近平在同各界优秀青年代表座谈时的讲话》，《人民日报》，2013年5月5日。

② 中国社会科学院语言研究所词典编辑室编：《现代汉语词典》，北京：商务印书馆2013年版，第4532页。

产生及其实效性的发挥，唯有通过教学过程的充分展开及其实效性的发挥才能实现出来。

第三，教学结果的实效性是教学要素的实效性和教学过程的实效性的实现归宿。有效的结果是有效的诸要素相互联系、相互影响、相互作用的产物，它同时又以其所内含的相应价值主体对于活动的具体需要，而为要素的实效性和过程的实效性提供着基本的判断标准。同样，思想政治理论课教学的有效结果，是有效的教学要素之间相互联系、相互影响、相互作用的产物，有效结果为我们评价要素的实效性和过程的实效性提供着基本标尺。

总之，教学要素的实效性、教学过程的实效性和教学结果的实效性之间的关系是密不可分的。这种密不可分的关系，为我们研究思想政治理论课教学实效性提供了基本依据和逻辑线索。

（二）思想政治理论课教学实效性研究的逻辑线索

教学要素的实效性、教学过程的实效性、教学结果的实效性之间的内在关系，为我们研究思想政治理论课教学实效性提供了基本逻辑线索。

第一，以对思想政治理论课教学实效性的认知和评价的既有思路为基本逻辑线索，由对教学结果实效性的研究入手，进而探讨教学过程的实效性，再而深入到对教学要素实效性的探讨。这条逻辑线索说的是，在对教学结果的静态分析的基础上，深入到导致教学结果形成的动态的教学活动过程，理清具体的教学要素之间的互动过程与相应结果之间的内在关联，就能正确达到对思想政治理论课教学实效性的总体认识。

第二，以思想政治理论课教学活动的实际展开、推进过程为基本逻辑线索，由对教学要素实效性的研究入手，进而探讨教学过程的实效性，再而深入到对教学结果实效性的探讨。这条逻辑线索说的是，在对教学要素具体分析的基础上，深入到导致教学结果形成的教与学互动过程的研究，便可以达到对思想政治理论课教学实效性的系统认识。

第三，以思想政治理论课教学要素的现实互动为基本逻辑线索，由对教学过程实效性的研究入手，进而探讨教学要素的实效性，再而深入到对教学结果实效性的探讨。这条逻辑线索说的是，在对教学过程动态分析的基础上，深入到导致教学结果形成的教学要素的研究，能够达到对思想政治理论课教学实效性的深刻认识。

在现实生活中，人们对于思想政治理论课教学是否具有实效性的认知与评判，其最初的感知点及最终的评判对象是教学活动的结果，这是不错的，然而又是很不够的。因为，仅停留在结果实效性的分析之上，充其量只能辨识和享受结果，而不可能优化和提升结果。把教学要素、教学过程、教学结果统一起来进行综合性研究，就可以达到对思想政治理论课教学实效性的全面认识。

（三）思想政治理论课教学实效性研究的实践路径

实效性既是思想政治理论课教学的生命力，也是思想政治理论课教学的目的和归宿。在文化多样化不断发展的当下，思想政治理论课教学的诸要素都发生了重大变化。思想政治理论课教学的实效性研究面临着复杂而多变的环境，需要在以下几个方面下功夫。

第一，精准把握和加长思想政治理论课教学的短板。短板理论又称为木桶理论，由美国管理学家彼得提出。短板理论的核心观点是一只木桶能盛多少水，并不取决于最长的那块木板，而是取决于最短的那块木板。而最短的那块木板就成了这个木桶盛水量的“限制因素”，彼得称其为“短板效应”。若要使此木桶盛水量增加，唯有换掉短板或将短板加长。短板理论对思想政治理论课教学有着重要的启发作用。毋庸置疑，思想政治理论课教学也存在着“短板”。“短板”，即薄弱环节。“精准把握和加长短板”，就是准确找出思想政治理论课教学的薄弱环节，改进薄弱环节。“05方案”实施以来，在思想政治理论课教师的共同努力下，思想政治理论课教学取得了明显成效，但仍然存在着一些问题。其中，“亲和力不够、针对性不强”，是制约和影响思想政治理论课教学实效性发挥的短板或薄弱环节。亲和力不够、针对性不强，难以满足学生成长的需要和期待。所以，提高思想政治理论课教学实效性，关键在于“提升思想政治教育亲和力和针对性”[①]。

① 习近平：《习近平在全国高校思想政治工作会议上的讲话》，《人民日报》，2016年12月9日。

第二，努力提升教师亲和力，使思想政治理论课成为最具吸引力的课程。在广义上，亲和力是指两种或两种以上的物质结合成化合物时互相作用的力。在狭义上，则是指使人亲近、愿意接触的力量[①]。这种使人亲近、愿意接触的力量，源于个人对他人的认同和尊重，是个人与他人之间信息沟通、情感交流和思想交融的一种能力。它所表达的不是人与人之间的物理距离的远近，而是情感上、思想上的通达与投合。亲和力是人的综合素质的体现，是人通过后天努力获得的一种能力。同样，思想政治理论课的亲和力，是一种使学生亲近、愿意接触的力量，主要通过教师的亲和力彰显出来。当然，教材的亲和力（突出表现为可读性）和教学内容的亲和力（突出表现为可听性）都是思想政治理论课亲和力的重要内容，然而，教师亲和力是使思想政治理论课最具吸引力的关键。《礼记·学记》曰，“亲其师信其道”，是说一个人只有亲近并尊敬自己的师长，才会相信师长所传授的知识和道理。相对思想政治理论课而言，“亲其师信其道”内含着两方面的深意：一是学生亲其师，师必先爱学生。师必先爱学生，说的是有仁爱之心，把引导大学生健康成长作为教学的起点和目的，通过真情、真心、真诚拉近同学生的距离，做学生的好朋友和贴心人的教师，才能让学生喜爱和尊敬。二是学生信其师，师必有道可信。师必有道可信，说的是教师所讲的“道”，不是一般的知识，而是教师本人在情感上、思想上、理论上都真正认同并孜孜不倦追求的真理，才是让学生相信、热爱和坚守的“道”。苏霍姆林斯基说得好：“教师成为学生道德上的指路人，并不在于他时时刻刻都在讲大道理，而在于他对人的态度（对学生、对未来公民的态度），能为人表率，在于他有高度的道德水平。”[②]这就表明，提升思想政治理论课教学实效性的基本实践路径，就是教师勤于修炼“内功”，全面提高素质，用良好的道德形象影响大学生，用优秀的思想作风带动大学生，用深厚的人格魅力感染大学生，用鲜活而不苍白、生动而不呆板、亲切而不生硬的教

---

① 中国社会科学院语言研究所词典编辑室编：《现代汉语词典》，北京：商务印书馆2013年版，第1051页。

② [苏]B.A.苏霍姆林斯基著，赵玮等译：《和青年校长的谈话》，北京：教育科学出版社2013版，第177页。

学，引领大学生从内心相信并自觉接受思想政治理论。

第三，努力提升教学针对性，使思想政治理论课成为对大学生成长最有帮助的课程。针对，即对准。针对性，就是完成和实现某任务或某工作或某目标，需要对准的或人或物或事的属性。思想政治理论课教学针对性的核心是对准大学生的思想实际，为其一生健康成长和全面发展奠定科学的思想基础。现在高校学生大多是“00后”，朝气蓬勃、好学上进、视野宽广、开放自信，同时，他们知识体系搭建尚未完成，价值观塑造尚未成形，情感心理尚未成熟，需要加以正确引导①；面对需要自己去观察、思索、实践、选择的一系列的人生课题，大学生也真心希望思想政治理论课能够给予自己思想上的教育和引导，方法上的启迪和示范。

这就表明，提升思想政治理论课教学实效性的有效实践路径，就是在教学过程中，一是首先阐明思想政治理论课与大学生根本利益的一致性，让学生看到思想政治理论课在引导人生、处理个人与社会的关系、实现人生价值方面的重要意义。二是着力把作为科学人生价值观的马克思主义与个人人生价值观结合起来、统一起来，使马克思主义在大学生人生价值观的形成、校正、转变或提升过程中发挥“导航仪”的作用，让科学的人生价值观成为当代中国大学生的基本思维方式和行为方式。三是真正实现授人以“鱼”与授人以“渔”的统一，帮助大学生养成追问、反思与批判的精神，引导大学生由接受结论转向学会思考、学会解决问题。

① 人民日报评论员：《沿用好办法 改进老办法 探索新办法——三论学习贯彻习近平总书记高校思想政治工作会议讲话》，《人民日报》，2016年12月11日。

第九章
思想政治理论课的教学评价

随着“05方案”实施的深入，思想政治理论课的教学评价越来越受到普遍的关注和高度的重视。思想政治理论课的教学评价，也以其固有的鉴定、导向、激励、调节、管理和教育等功能，已经和正在发挥着提升思想政治理论课教学实效性的重要作用。但就目前的情况看，普遍存在着亟待解决的重要问题，这就是“什么是思想政治理论课教学评价”“如何进行思想政治理论课的教学评价”。

一、思想政治理论课教学评价的基本特征

明确“什么是思想政治理论课教学评价”，必须首先界定“评价”“教育评价”“教学评价”各自的内涵、特点和功能。

（一）教育评价及功能

何谓“评价”？这是个看似简单，但却非常复杂的问题。有人从评价与实践的关系看待评价，也有人从评价与价值的关系看待评价，还有人从评价与认知的关系看待评价。在这里，我们从评价与价值的关系上界定评价。

第一，评价的哲学定义。在我国，对于评价问题的研究，源于20世纪70年代末的实践标准大讨论，首先在哲学领域展开。马俊峰指出，评价是主体以一定尺度和标准来衡度对象的观念活动，表现出一种规范意识或规定主义的特征（马俊峰：《评价活动论》，中国人民大学出版社1994年版）。冯平认为，评价是人把握客体对人的意义、价值的一种观念性活动（冯平：《评价论》，东方出版社1995年版）。陈新汉则界定了评价的两个环节，即一是以主体选择需要作为评价标准，二是主体整合价值信息以形成意义（陈新汉：《评价论导论》，上海社会科学院出版社1995年版）。张理海集中阐述了社会评价的本质、结构、特点及过程（张理海：《社会评价论》，武汉大学出版社1999年版）。李德顺先生则从价值论的高度，论述了评价活动、评价标准和评价标准中的矛盾（李德顺：《价值论》，中国人民大学出版社2007年版）。以上观点尽管表述不同，却都从哲学的高度研究了评价的内涵、特征、实质、标准和意义。

综合以上观点，我们认为，在哲学意义上，评价是人的一种对象性的观念活动，它同样由（评价）主体和（评价）客体两大基本元素构成，这种主客体结构贯穿于一切评价，评价的一切过程和一切过程的一切阶段；评价是人的一种价值判断的活动，是评价主体对客体是否满足自身需要及满足程度的判断；评价是人的一种有目的有意识的活动，其实质在于促进人的行为更加自觉，因而，它也是人对自己行为的一种反思。评价有广义和狭义之分。广义上的评价是指评价主体对评价客体及其发展过程作出有用与无用、利大与利小、合理与不合理、好与坏、美与丑的判断或断定。狭义上的评价就是评价主体对评价客体及其发展过程的价值（有用或无用）或量（作用大小）所作出的判断或计算。由于人类的活动是多种多样的，因而对活动的价值或量的评价也是多种多样的。其中，教育评价是一种重要的评价活动。

第二，教育评价的历史界定。世界各国教育评价学者一般都认为，从公元606年开始，在中国持续了近3000多年的科举考试是世界上最早的一种教育评价形式。在现代，系统提出教育评价的基本思想和方法的是美国泰勒，他在总结“八年研究”[①]实验成就时，就把教育评价界定为“确立教育目标在实际上被理解到何种程度的过程”，并形成了以教育目标为中心的目标评价模式。美国斯克里文把评价定义为“一种对优缺点或价值的判断活动”。他批评了泰勒目标评价模式，认为教育评价的着眼点应当着重判断教育活动、教育过程和教育结果所产生的效益，看其是否具有价值。所以，他把评价的重点从“课程计划预期的结果”转向“课程计划实际的结果”，并形成了目标游离评价模式。美国克龙巴赫从广义上界定了教育评价的内涵，认为“评价是为决策提供信息的过程，教育评价是一种系统寻找并搜集信息资料，以便协助决策者在诸种可行的途径中择一而行的历程”。1981年，美国教育评价标准联合委员会对教育评价进行了综合性界定，指出“教育评价是对教育目标和它的优缺点与价值判断的系统调查，为教育决策提供依据的过程”。这一评价概念集中了上述观点的基本内涵，既弥补了泰勒早期解释的不足，又强调了价值的判断，并且肯定了教育评价为教育决策服务这一特征，是一种较全面的观点。

鉴此，我们赞同金一鸣先生的观点：所谓教育评价，就是根据一定的教育目标，运用可操作的科学手段，通过系统搜集信息、资料，分析、整理，对教育活动、教育过程和教育结果进行价值判断，从而为自我完善和教育决策提供依据的过程[②]。

第三，教育评价的功能。教育评价功能，是指教育评价本身所具有的能够引起评价客体变化的功效和能力。从总体上看，教育评价具有认定、判断评价客体合格与否、优劣程度、水平高低等实际价值的鉴定（诊断）功能，引导评价客体朝着理想目标前行的导向功能，激发评价客体不断进取的激励功能，对评价客体的活动目标及进程进行适度整改的调节功能，对评价客体的检查和督促的监督功能，使评价客体顺利完成预定任务、达成预期目的的管理功能和影响评价客体思想、品质、思维

① 1934—1942年间，美国进步主义教育联盟在全国范围内挑选30所中学进行教育改革的实验，泰勒担任“八年研究”评价委员会主任。1942年评价委员会发表的《史密斯-泰勒报告》，被后人称为划时代的教育评价宣言，是现代教育评价的开端。

② 金一鸣：《教育原理》，合肥：安徽教育出版社2000年版，第400页。

的教育功能。其中，鉴定（诊断）功能是基本功能，其他功能都是在科学鉴定（诊断）的基础上实现的。

（二）教学评价及其原则和作用

教育和教学是整体和部分的关系。其中，教学是教育的实现载体和基本途径，由此决定了教学评价在教育评价中的核心地位。那么，何谓教学评价？

第一，教学评价及特点。教学评价指的是以教育目标为依据，运用可操作的科学手段，通过系统搜集信息，对教学活动、教学过程和教学结果作出价值判断，为评价客体的自我完善和教学管理部门的科学决策提供依据的过程。教学评价是研究教师的教和学生的学的价值的过程，一般包括对教学过程中教师、学生、教学内容、教学方法、教学环境、教学管理诸因素的评价，主要是对学生学习过程和结果的评价、教师教学工作过程和结果的评价。评价的方法主要有定性评价和定量评价相统一的方法、网上评价和网下评价相结合的方法、静态评价和动态评价相一致的方法。

教学评价有其自身的特点：首先，教学评价不是一个纯粹的意识过程，而是一种通过对实地实物的检测获得评价结果的活动，具有实践性。其次，教学评价不是某种“猎奇”或“雅兴”，而是在特定教学目的的支配下，按照特定的标准，有计划有组织的评判活动，具有计划目的性。最后，教学评价不是可有可无的“走程序”，而是为了提高教学的质量和水平，总结教学的进展和成就、提炼教学经验和查找存在问题，为制定解决方案提供信息资料，具有价值性。正是在这个意义上，可以说，教学评价是教学活动不可或缺的重要环节。

第二，教学评价的基本原则。教学评价的科学实施必须遵循以下基本原则。

一是客观性原则。在进行教学评价时，从评价的标准和方法到评价主体的态度，到具体的评价过程，特别是最终的评价结果，都要实事求是，符合客观实际，不能搞个人偏见和主观臆断。

二是全面性原则。在进行教学评价时，要对构成教学活动的方方面面作全方位的、系统的、精准的、真实的客观评价，既要避免随意评价，更不能以点代面、以偏概全、挂一漏万。

三是指导性原则。教学评价的目的是以评促教、以评促建、以评促改。通过对评价结果的认真分析，及时的具体的启发性的信息反馈，使评价客体明确调整和改进的方向。

四是科学性原则。教学评价是以教学目标为依据，确定合理的统一的评价标准，使用科学的评价程序和方法，对获得的各种数据进行严格的处理，而不是依靠直觉和经验进行主观判断。

五是发展性原则。在进行教学评价时，着眼于学生的思想、心理、情感的进步和动态发展，着眼于教师的教学改进和能力的提高，以调动师生的积极主动性，提高教学的质量和水平。

第三，教学评价的作用。教学评价是以教学目标为起点、以教学目标实施过程为关键、以教学目标实现为归宿的过程，对教学活动的健康展开具有重要意义。

首先，教学评价是提高学校教育质量的重要保证。在教育评价中，教学评价占有核心地位。因为，学校以教学为主，教学工作是整个教育工作的核心，它所产生的作用是最重要、最全面、最深刻、最系统的。一个学校的教育质量如何，主要取决于它的教学质量。教学评价是为最大限度地实现教学目标而进行的，开展教学评价，从设置教学目标入手，并以此为依据，对教学进行全面的价值判断。

其次，教学评价是完善教学系统的重要环节。教学评价是整个教学过程不可缺少的环节。从教学准备到教学实施，若没有评价这个重要的操作步骤参与其中，就不能说是一个完整的教学过程，也不能完成整个教学的“周期环”①。同时，教学准备与实施过程本身也包含各种评价因素。泰勒说：“评价是查明已形成和已组织的学习经验，在实际上带来多少预期结果的过程；同时，评价过程总是包括鉴别计划的长处和短处。这有助于检核已组织和已编制的教学计划的基本假设的效度；同时，也检核了特定的手段——也就是教师和用于实施教学计划的其他条件——

① 教学“周期环”指由教学准备→教学实施→教学评价→教学的维持与调整→新的教学准备所形成的周期性的特定教学过程。

的有效性。”[①]可以说，教学评价既是一个教学过程的结束，又是下一个教学过程的开始，既发挥了预测、监控功能，又起到了反馈、管理的作用。

最后，教学评价是推动教学活动价值最大化的重要手段。教学评价与教育评价一样，它的最终目的不仅仅是对教学活动的有效与否作出鉴定，更重要的是使教学活动的价值达到最大化。教学评价的这一作用，是通过提供教学活动的反馈信息、促进教学工作作出正确决策、激励教与学的积极主动性来实现的。通过评价活动，师生都可以获取反馈信息，从而对教与学的活动进行有效的调节，完善教与学的目的，教学效果得到不断强化。通过评价活动，为教学工作的决策和咨询提供了科学的可靠的依据，教学改革不断深化。事实也表明，没有教学评价所提供的具有说服力的结果，教学改革的决策就难以产生，教学改革的目的就难以实现，教学质量就难以提高。

（三）思想政治理论课教学评价的基本特征

思想政治理论课教学评价，是依据一定的标准、程序和技术手段对思想政治理论课教学进行全面的准确的评估，进而作出价值判断的过程。思想政治理论课教学是一种特殊的教学活动，这就决定了其教学评价在具有一般教学评价的共性之外，还有着个性特点。

第一，鲜明的政治性。思想政治理论课是对大学生进行思想政治教育的主渠道，是坚持和发展马克思主义主流意识形态的基本途径，是高校的社会主义性质得以体现的重要方面。思想政治理论课的这种特殊定位，赋予它极其鲜明的政治性。这种鲜明的政治性，贯穿于思想政治理论课教学评价的全过程。评价思想政治理论课教学，首要的是评价思想政治理论课教学是否坚持马克思主义指导思想，始终与党中央保持高度一致、与党的思想理论体系和路线方针政策的指向高度一致，是否坚持不懈传播马克思主义科学理论、坚持不懈培育和弘扬社会主义核心价值观，培养全面发展的建设者和接班人。没有鲜明的政治性，思想政治理

① [美]泰勒著，施良方译：《课程与教学的基本原理》，北京：人民教育出版社1994年版，第84页。

论课的教学评价就失去了自身最基本的特性。只有坚守政治性，才能对思想政治理论课作出准确的教学评价。

第二，突出的综合性。思想政治理论课教学评价的突出综合性，有着多方面的表现。它不仅要对教学的构成要素进行评价，而且要对教学的实际推进历程进行评价，还要对教学的实际效果进行评价；不仅要对“教”的活动进行全面评价，而且还要对“学”的活动进行全面评价；对大学生学习效果的评价，不仅涉及大学生的认知领域、情感领域，而且涉及行为领域，既要对大学生个体“知”和“德”的状况进行测评，又要对学生个体“行”和“智、体、美”的状况进行考察；既要看考试的成绩，更要看平时的实际表现，等等[①]。只有充分认识到思想政治理论课教学评价的综合性，并在评价实践中予以准确把握，才能对思想政治理论课教学作出全面的深刻的评价。

第三，高度的复杂性。思想政治理论课教学评价高度的复杂性，集中表现于大学生个体的“认识——思想——行为”系统的形成和发展的复杂性。一方面，大学生个体的“认识——思想——行为”系统的形成和发展是多种因素互相影响的产物，到底哪些是思想政治理论课教学效果的体现，哪些是思想政治理论课教学与其他影响因素共同作用的结果，在共同作用结果中，思想政治理论课教学的影响作用到底有多大，都是很难确定的。正如朱光明先生所指出的，因为该学科的教学评价涉及人的情感、品性、理想、信念等非认知领域，所以其评价结果具有模糊性和不确定性。即使我们得到一个比较可靠的评价结果，我们也很难确定是什么因素导致了这一结果。因为能影响人的品德、价值观、情感形成的因素太多了，我们很难在教学评价过程中将这些因素清理除出去[②]。另一方面，思想政治理论课教学对学生个体的影响，是通过学生对教学内容的选择——接收——认同——转化——实施等多个环节实现的，对于这一进程，我们虽然可以大致地描述，但在实质上仍是一个有

① 郭聪惠：《思想政治理论课教育教学评价面临的困境及其解决路径》，《社会科学家》，2008年第6期。

② 朱光明、蓝维、高德胜：《思想政治学科教育学》，北京：首都师范大学出版社2000年版，第228–229页。

待于进一步研究的难题；而大学生对所学内容的践行也是不会立即产生的，这种行为可能在数十年之后，在其人生的另一个阶段才会得以展现，如此等等，都增加了思想政治理论课教学评价的复杂性。

二、思想政治理论课教学评价的标准、类型和方法

教学评价作为一种价值评判，是在相应的评价标准的支配下展开的，没有评价标准，就没有价值评判，也就没有教学评价。教学评价标准的确立是教学评价展开的基本前提。

（一）思想政治理论课教学评价的具体标准

思想政治理论课教学评价标准的制定，以思想政治理论课教学目的为根本依据，制定过程就是对思想政治理论课教学目的进行分解，给予具体化和操作化定义的过程，体现着教学目的的基本指向与总体倾向。

评价客体不同，评价标准也便不同。根据不同的教学评价客体，我们可以将教学评价标准分为要素评价标准、过程评价标准、实效评价标准。

第一，要素评价标准。任何教学活动都是相应要素的相关互动。在教学评价中，以教学活动的诸要素为评价客体的教学评价就是教学要素评价，在教学要素评价中所采用的评价标准就是要素评价标准。如，教师是教学活动的基本要素，对教学活动中教师的评价所采用的标准，就是一种要素评价标准。中共中央宣传部、教育部在《关于加强和改进高等院校马列主义理论教育的若干规定》中指出的，评定马列主义课教师的职称，主要是考察教学效果，考察教师转变大学生思想的本领，同时也要考察教师的科研成就；在《中共中央 国务院关于进一步加强高等学校思想政治理论课教师队伍建设的意见》进一步指出，要完善教师队伍建设的考核评价体系和教师职务评聘体系，注重考核教学能力和教学实绩。

第二，过程评价标准。教学活动的诸构成要素的相互作用构成了教学活动的具体运作过程。教学活动过程本身，也可以作为教学评价的客

体。在以教学过程为客体的教学评价中所采用的评价标准，即过程评价标准。

美国米斯曾将教学评价的指标分为媒介指标和终极指标。所谓媒介指标即教学过程的评价标准。对于媒介指标，米斯列出了十二个子标：（1）学生是否已被引起动机？（2）学习经验的结构，是否已对照目标而恰当地决定下来？（3）授课内容是否有秩序，有概括性？是否适合学生的学习能力？（4）教师对学习经验的干预是否同学习经验的目标没有矛盾？（5）是否有充裕的时间，能够使学生更好地进行思考和做出反应？（6）同学习经验的目标相对照，赏罚是否合适？（7）学生对自己在做什么，为什么要做，以什么形式受到评价是否理解？（8）到达目标或成果，是否已清清楚楚地明确化？（9）评价的标准和方法是否已经明确？对照目标来看，是否合适？（10）学生所取得的成果，是否反映了学习经验的目标？（11）为教学指导而准备的材料的种类和多样性，是否同学习理解经验的目标以及学生的能力相矛盾？（12）从学习经验的目标和学生的学习能力来看，教学指导方法是否合适？等等①。这十二个方面，实际上就是教学过程评价标准的具体化。

在思想政治理论课教学评价中，过程评价标准也包含着极其丰富的内涵，例如：思想政治理论课教师在教学中的投入程度，对教学过程有效调控的情况，思想政治理论课教师与学生的关系状况，大学生对思想政治理论课的学习投入程度、对教学内容的接纳和认同情况，等等，都是思想政治理论课教学过程评价的具体内容。围绕这些内容所确立起来的具体指标，便构成思想政治理论课教学过程评价的具体标准。

第三，实效评价标准。在任何教学评价活动中，实际教学成效的评价都占有极其重要的地位。以教学活动的实际成效为客体而进行的教学评价即教学实效评价，亦即教学结果评价；围绕着教学实际效果评价而确立的评价标准即教学实效评价标准。对教学实效的评价，我们可以从多个维度进行。例如，从思想政治理论课教学在大学生身上所实际引起的发展变化情况入手，从“注重考察大学生对所学内容的理解程度和实

① 参见张玉田、李忠康、赵恒德等编著：《学校教育评价》，北京：中央民族学院出版社1987年版，第140页。

际接受程度”上考察实效；从思想政治理论课教学所产生的社会效应入手，考察教学在促进社会共同性政治认知的形成、中国特色社会主义共同理想的确立中所具有的实际效用。围绕这些内容所确立的具体指标，便构成思想政治理论课教学实效评价的情感的、认知的、践行的和根本的具体标准。

情感标准（表层的、显现的、直观的、即时的）。这一标准是以大学生对思想政治理论课的情感（态度）为衡量尺度。教师课堂教学的吸引力和大学生在课堂上的情感表现，是运用这一标准对思想政治理论课教学实效进行评价的基本前提。思想政治理论课教学的主要阵地在课堂，课堂教学效果的好与差是衡量实效性的基本标准。这种标准通常又体现为“三看”“三率”：一看大学生的到课情况，即看其出勤率，因为思想政治理论课的课堂教学不仅是不可替代的，而且是主要形式，大学生如果到课率低，其效果肯定是不好的；二看大学生的听课情况，即看其抬头（注意）率。因为大学生虽然到了课堂，但不认真听课，显然也谈不上有好的教学效果；三看大学生对教学内容的接受情况，即看其点头（认同）率。如果教学内容与大学生的成长环境、生活经历、认知水平、思想素质水平相对吻合，讲授生动活泼、有吸引力，就易于被学生所接受。反之，大学生感到味同嚼蜡，缺乏吸引力，自然就会缺乏“抬头率”和“点头率”。

认知标准（理解的、认同的、内化的、习得的）。这一标准是以大学生对思想政治理论课教学内容的理解、认同、接受以及运用作为评价依据。大学生的作业、考试或考查成绩的优劣，是测量其对基本理论的掌握程度，进而也是衡量实效性的重要环节。思想政治理论课教学的基本前提是使大学生通过各门课程的学习，比较系统地掌握马克思主义的基本原理、基本立场、基本观点和基本方法。只有掌握好科学理论，才谈得上联系实际分析问题和解决问题，才谈得上提高大学生的综合素质。

践行标准（外化的、显现的、行为的）。这一标准是以大学生对思想政治理论课教学内容内化后形成一定的思想政治素质、在言行中的各种表现作为评价尺度的。大学生能否坚持理论联系实际，运用科学的理论分析和解决问题，是衡量实效性的关键因素。思想政治理论课教学的生命力在于紧扣时代特征，坚持其针对性，不断与时俱进。随着我国的社会经济成分、组织形式和分配方式、就业方式日益多样化，改革开放和现代化建设中各种矛盾相互交织，国内外各种文化相互激荡，势必会影响大学生的思想。思想政治理论课教师在教学中不仅要有正面的论证，而且需要对不同思潮进行辨析，引导大学生掌握和运用马克思主义的立场、观点和方法分析新情况，解决新问题。只有这样，才能将教学效果落到实处。

根本标准（根本的、关键的）。通过教学活动，看大学生是否为树立科学的“三观”打下了坚实的思想基础，这是评价思想政治理论课教学的根本标准。这一标准是以大学生经过思想政治理论课教学之后在大是大非问题上的表现作为评价尺度的。思想政治理论课教学是一种思想政治教育，而世界观、人生观和价值观又是最根本最核心的问题。一个人在青年时期树立什么样的“三观”，对人生的道路、事业的发展有着深刻的影响。因此，衡量思想政治理论课教学效果好坏的根本标准，就是看对大学生在思想上是否真正树立正确的“三观”产生了积极的影响，并在当时和以后较长时期内的日常行为中加以检验和评价。

上述几方面的评价标准，虽然具体内容不一样，但在其制定过程中，却有着必须共同遵守的基本原则。这就是方向性、先进性、可行性和激励性相统一的原则。方向性是指坚持正确的政治方向，坚持正确的价值导向；先进性是指要反映时代精神，反映最新的教学理念；可行性是指充分考虑当前的客观现实，便于操作，并具有实际操作的可能性；激励性是指评价的目的是有助于激发热情，鼓起干劲，研究新情况，解决新问题，推动教学的健康运行。

（二）思想政治理论课教学评价的基本类型

对于思想政治理论课教学评价进行类型细化，是我们进一步深化认识思想政治理论课教学评价的特点，准确把握思想政治理论课教学评价实施的原则和方法的重要环节。根据不同的标准，可以对思想政治理论课教学评价的类型作出不同的划分。

第一，准备性评价、过程性评价、结果性评价。准备性评价、过程性评价、结果性评价是根据评价实施时机的不同来划分的。

“准备性评价”，是在思想政治理论课教学活动开始之前进行的评价，是对教学活动的准备。这种教学评价采用要素评价标准，对教学活动的各构成要素的情况作出评价。例如，对教师“教”的准备性评价，目的是检查教学目标是否定得太高或太低；教学内容选择是否恰当，教学方法能否激发和调动大学生的学习兴趣及学习积极主动性，并据此进行理论教学和实践教学的设计；对大学生“学”的准备性评价，目的是了解大学生是否储备了学习思想政治理论课的知识基础，了解大学生学习思想政治理论课的基本态度、能力倾向等情况。对大学生的准备性评价不是给学生贴标签，而是为因材施教提供客观依据。

“过程性评价”，是在一个相对完整的思想政治理论课教学活动过程进行中开展的教学评价。这种教学评价采用过程评价标准，对教学活动过程进行评价，目的在于了解思想政治理论课教学的进行状态和阶段效果，及时发现教学中存在的问题与缺陷，起到诊断问题、提供信息和改进教学工作的作用。过程性评价，一方面可以加强对教学活动的过程性分解，从各个实施环节上进行评价；另一方面，可以对过程中的阶段性结果进行评价，既是一次总结性评价，是整个思想政治理论课教学总量变中的一次部分质变，也是对最终评价结果的形成性评价，是思想政治理论课教学最终评价形成前的量变。

“结果性评价”，是在一个相对完整的教学活动过程结束之后进行的教学评价，这种教学评价采用实效评价标准，对教学活动的最后成效进行评价。结果性评价重在发挥评价活动肯定成绩、探索规律、总结经验方面的作用。它的首要目标，是给大学生评定成绩，或为大学生作证明，或者是评定教学方案的有效性①。例如，每学期的思想政治理论课期末考试，就是思想政治理论课教学结果性评价的一种形式，通过这种形式的评价，我们可以得到大学生对思想政治理论课教学内容具体掌握情况的有关信息，这些信息既表明了大学生的学习成绩，又表明了思想政治理论课教师的教学效果；既是对大学生进行奖惩和鼓励的依据，也是

① [美]B.S.布卢姆等编，邱渊、王钢、夏孝川等译：《教育评价》，上海：华东师范大学出版社1987年版，第100页。

思想政治理论课教师进一步调整教学方案、充实教学内容、改革教学方法的依据。又如，每学期期末在大学生中进行的对思想政治理论课教师教学情况的调查也是结果性评价的一种形式，通过这种形式的评价，我们可以得到大学生对思想政治理论课教师教学情况的实际看法和真实评价。这些信息，可以在一定程度上帮助我们对思想政治理论课教师在整个学期中教学状况有一个准确的把握，如了解教师的实际授课能力、为人师表的热情与自觉性、对大学生的态度、对教学工作的责任心等，这些信息可以为我们加强对教师教学工作的管理和调控、有针对性地做好思想政治理论课教师培训、引导教师自觉提高素质、改善教学关系、优化教学效果等提供帮助。

准备性评价、过程性评价、结果性评价与我们在前面提到的实效评价、过程评价、要素评价存在着对应关系。在具体的运用过程中，我们应该认清它们各自的功能范围与评价对象，从而有针对性地做好教学评价工作。

第二，相互参照评价、客观标准评价、个体差异评价。相互参照评价、客观标准评价、个体差异评价是根据评价参照对象的不同来划分的。

“相互参照评价”，是在评价客体的团体中选取一个或若干个评价客体作为基准，然后把各个评价客体与基准进行比较，从而进行评价的方法。例如，在对思想政治理论课教师教学能力的评价中，请一位思想政治理论课教师作观摩教学，并对其教学能力进行综合评定，将其所得成绩作为评判的基准，在此之后对其他所有作为评价客体的思想政治理论课教师的教学情况进行考察和考核，对其教学能力予以评定，然后将这些教师的教学能力评定成绩与作为评判基准的那位思想政治理论课教师的教学能力评定成绩进行比较，凡是高于基准成绩的都评定为合格，凡是低于基准成绩的都评定为不合格。这种评价就是相互参照评价。

由于“相互参照评价”的基准或参照体系是确定的、唯一的，既可以客观地标示出评价客体的状况在其所属团体中的相对位置，又可以避免评价标准不一而带来的一系列问题。但是，“相互参照评价”只是对评价客体集体内部的评定，无法准确地得到其对教学目标实现的情况；所确立的评价标准只能运用于所选定的评价客体集体，而不具有普遍适用意义，容易导致评价客体之间的“病态竞争”，还易于流为“矮子里拔将军”，从而在实质上降低评价标准。

“客观标准评价”，是在评价客体的集合之外确定一个标准，然后把各个评价客体与这一标准进行比较，从而进行评价的方法。例如，在对大学生思想政治理论课学习成绩的评价中，我们确定80分以上为良好、60分为及格、60分以下为不及格等这样的绝对标准，所有大学生的学习成绩都与此进行对照，作出相应的判断。这种评价就是客观标准评价。

“客观标准评价”可以使评价主体准确地把握每个评价客体的实际状况，却难以保证所确定的评价标准一定是准确的、客观的；而以所确立的唯一的、不变的评价标准来衡量所有评价客体，往往可能会产生忽视评价客体的具体情况、特殊情况的现象。

“个体差异评价”，是以评价客体自身的状况为基准，对评价客体进行价值判断的教学评价。个体差异评价是要素评价的一种特殊表现。这种评价，主要运用于对大学生的评价和对教师的评价。例如，对大学生思想政治理论课学习状况的评价，就可以采用个体差异评价。我们可以在思想政治理论课教学开始之前，对大学生进行相应的测试，了解大学生对教学内容直接相关的知识或者理论的掌握情况，了解大学生的基本政治素质和道德素养，并基于这种了解对大学生作出相应的评价。当一个学期的思想政治理论课教学结束之后，或当整个高等教育阶段的思想政治理论课教学结束之后，再对大学生进行全面了解，把握其政治素质与道德素养的最新发展状况，并将之与此前的评价结论相对比，从而对接受了思想政治理论课教育的大学生作出新的评价。当然，个体差异评价除了按照历时态的进程进行对比和评价外，还包括对共时态条件下个体发展的各个方面的对比和评价。个体差异评价，究其实质而言，也是一种相对评价，是以作为评价对象的个体的某一阶段的发展状况为基准的相对评价。

个体差异评价可以充分考虑评价对象的个体实际，注重从评价对象的实际出发，做到评价的个性化，更能发挥引导并促进评价对象发展的作用。但这种评价缺乏客观的外在标准，无法判定评价对象的实际水准及其在相同对象中的相对位置。例如，一个大学生在接受思想政治理论课教学之前，对思想政治理论知识知之甚少，接受之后，对思想政治理论有了初步的了解，较之其接受之前，该大学生应该说是有了很大进步，但是这种进步，离思想政治理论课教学的目的还有多远？与同班级的同学相比，该学生的学习成绩处于什么样的层面？这些问题，个体差异评价是很难给出准确的、直接的回答的。这种缺点的存在，使得个体差异评价容易导致评价对象不能认清自己努力的方向和奋斗目标，容易自我满足，甚至坐井观天。

第三，学生评价、教师评价、社会评价。学生评价、教师评价、社会评价是根据评价主体的不同来划分的。

“学生评价”，是以进行思想政治理论课学习的大学生为评价主体进行的教学评价。这种评价的客体既可以是思想政治理论课教学的要素和过程，也可以是思想政治理论课教学的实效。学生评价可以充分地调动大学生的积极主动性。调动大学生参与整个教学活动过程的自觉性，对于学生自己的发展有着重要的意义。当大学生成为评价主体，对自己的学习情况进行评价时，实质上开始了对自己学习的反省，开始了自我评判，也开始了为自己设定新的发展目标和途径，这是大学生学习主体性开掘的重要方式，是促进大学生学习自觉性与自主性的重要力量。美国林格伦认为：“当学生为了看到他是在怎样进步和决定他下一步该做什么，而能够检查他自己的表现时，这样做就可以更好地促进学习。”[①]布鲁纶说：“教师必须采取提供学习者最后能自行把矫正机能接过去的那种模式，否则，教学的结果势将造成学生跟着教师转的掌握方式。”[②]这些论述都强调了学生自我评价的重要性。学生评价对于思想政治理论课教师进一步改进教学，提高教学效果也具有重要意义。一方面，通过学生评价，大学生学习的自主性与自觉性得到增强，这本身便为教师有效地开展思想政治理论课教学创造了条件；另一方面，通过学生评价，教师可以获得大量的有助于思想政治理论课教学进一步推进的信息。例如，大学生如何认识自身的学习积极性？影响大学生学习积极性的原因何在？大学生如何评价思想政治理论课教师的教学？对教学不满意的地方

① 转引自李秉德主编：《教学论》，北京：人民教育出版社1991年版，第319页。

② 转引自李秉德主编：《教学论》，北京：人民教育出版社1991年版，316-317页。

主要是哪些？这些意见是否正确、合理，是否可以采纳？等等。这些信息可使教师对教学内容、教学方法、教学技术的改革与改进会更有针对性，更有助于提高思想政治理论课的教学水平和效果。

“教师评价”，是以思想政治理论课教师为评价主体进行的教学评价。这种评价的客体既可以是思想政治理论课教学的要素和过程，也可以是思想政治理论课教学的实效。在这种评价中，思想政治理论课教师对自己教学情况的评价，也是一种自我评价。如同学生的自我评价一样，思想政治理论课教师的自我评价，也是教师努力提高自身素质、增强教学改革与创新自觉性的重要促进力量，对于提高思想政治理论课教学效果具有重要意义。

“社会评价”，是以社会为评价主体对思想政治理论课教学进行的评价。这里所谓的社会，主要是相对于学校、相对于个体的教学活动而言的。凡是学校领域之外的、思想政治理论课教学活动之外的社会群体、机关或人员对思想政治理论课教学进行的评价都是社会评价。社会评价的评价主体是外在于学校、外在于相应的思想政治理论课教学活动的。如，大学生家长对思想政治理论课教学的评价，社会团体对思想政治理论课教学的评价，教学管理部门组织对思想政治理论课教学进行评价，一个课堂的思想政治理论课教师对自己并没有参与的另一个思想政治理论课教学课堂的教学情况进行的评价，等等。

社会评价构成了对思想政治理论课教学的发展有着重要影响的舆论环境，这种舆论环境以其性质的不同，对思想政治理论课教学或具有建设性的、支持性的意义与价值，促进着教学的改革与发展；或具有否定性的、阻碍性的意义与作用，制约着思想政治理论课教学的推进和深化。此外，这种社会评价，有其反映社会对思想政治理论课教学需要、要求、建议的一面，也容易导致由于对思想政治理论课教学了解的不深入、不准确而具有盲目性、误导性等。因此，对于社会评价需要我们进行认真的研究和分析，以对其合理地引导。

在教学评价中，应该自觉促成学生评价、教师评价、社会评价的有机统一。在这三个方面的评价中，倚重于任何一个方面，都是不全面的，都不可能促成教学过程的良性运作。“如果我们在教学中只重视教师对学生学习的评价，只强调外部评价对学生学习的促进作用，而忽视自我评价以及自我评价能力的培养，我们的教学就很难发展学生的独立性、创造性思维及自我教育等这些现代社会要求学生具备的重要品质。反之，只重视学生的自我评价，只强调发展学生的独立性，而忽视教师评价对学生的重要促进作用和外部评价对自我评价形成的作用，学生的自我评价能力就根本不可能形成。”[①]同样，如果我们只注重学生评价、教师评价，而忽视社会评价，那么我们的教学评价也很难做到全面、准确，因为在学生评价、教师评价中，评价主体即教学活动中的主体，均与作为评价对象的教学活动有关，很难保证所得到的评价信息的客观性。反之，如果我们只注重社会评价而忽视学生评价、教师评价，则也会影响我们教学评价的全面性，因为社会评价中，评价主体虽与作为评价对象的教学活动无关，有可能增强评价结果的客观性，但评价主体是外在于作为评价对象的教学活动的，许多教学活动内部的情况并不见得能在短时间内了解清楚，从而并不见得能对教学活动作出全面、准确的评价。此外，单纯依赖于社会评价，学生与教师的学习、教学积极性以及自我反省、自我评判、自我改进的自觉能动性也会受到压抑。总之，在思想政治理论课教学评价中，我们应该自觉地坚持学生评价、教师评价与社会评价的有机统一。

（三）思想政治理论课教学评价的根本方法

思想政治理论课的教学评价是一项艰巨而复杂的工程，其评价方法也是多种多样的。其中，定性评价与定量评价相统一的方法、网上评价与网下评价相结合的方法、静态评价与动态评价相一致的方法是基本的方法。

第一，定性评价与定量评价相统一的方法。定性评价和定量评价相统一的方法，是以事物的质的规定性与量的规定性的辩证关系为客观依据的。

定性评价是从事物的质的方面着眼，对思想政治理论课教学进行质

① 李秉德主编:《教学论》,北京:人民教育出版社1991年版,第320页。

的分析，运用的是分析、综合、比较、分类、演绎、归纳等逻辑分析方法，分析结果是一种没有量化的描述性资料。我们对思想政治理论课教师的教学态度和教学技能进行考评，就是一种定性评价；我们对大学生听课的认真程度、完成平时作业的质量、参加实践教学活动的态度和考试的成绩等进行考评，也是一种定性评价。定性评价简便易行，能较形象地描述师生的思想、行为的主要特征表现，具有激励与教育作用。但是，定性评价的缺点是评价结论模糊，很难清晰地将被评师生之间的差别明显反映出来，因而容易产生“千人一面”的定性评语。

定量评价是从事物的量的方面着眼，主要是运用数据的形式，通过对被评师生表现出来的一些量的关系的整理分析，从数量上相对精准地把握思想政治理论课教学全貌的方法。这种评价得出的统计数字具体、明确，能够反映被评师生之间的差别，从而客观地反映评价结论。我们对思想政治理论课任课教师在一个学期内的课时数、实际完成的教学工作量进行考评，就是一种定量评价；对大学生的到课次数、按时完成作业的次数、参加实践教学活动的次数等进行考评，也是一种定量评价。大学生的综合测评，也是一种定量评价。定量评价可以得出精确的、数字化的评价结果，为定性评价提供必要的参考和依据，但评价过程的量化是一个难点，例如，对学生是否是社会主义建设者和接班人的评价，很难得出百分之几的“合格”或“可靠”的结论。

由于定量评价的方向、范围必须由定性评价来确定，所以定性评价与定量评价两者是互相补充、不可偏废的。我们必须坚持定性评价与定量评价并重，努力实现定性评价与定量评价的统一。

第二，网上评价与网下评价相结合的方法。网下评价是指常用的纸笔测验、座谈了解等方法，例如，以大学生打分为主的问卷调查，领导、专家、教师同行的听课，召开部分师生座谈会等。网下评价是目前最常用的不可少的评价方法，但网下评价具有滞后、费时、费力的局限。

网上评价是指通过网络进行评价的方法。在网上评价过程中，网络作为知识与信息的载体而存在，可视之为评价媒体的自然延伸。所不同的只是网上具有更高的信息容量，使用起来既集成了网下评价的特点，又弥补了网下评价的滞后、费时、费力的不足，而且功能强，效率更高。网上评价代表着一种未来的方向，这种方向顺应了信息时代和现代社会发展的趋势，为科学评价提供了必要条件。

第三，动态评价与静态评价相一致的方法。动态评价是对思想政治理论课教学的各个方面的发展进程、发展状态、发展趋势的评价。例如，对思想政治理论课教学活动的实际过程的评价，对思想政治理论课教学体系的演进历程的评价，对参加思想政治理论课课程学习的大学生思想政治素质与道德素养的发展状况与发展趋势的评价等，就是一种动态评价。动态评价，不仅有利于指导和激发评价客体的进取精神，而且有助于把握思想政治理论课教学改革与发展的趋势，增强思想政治理论课建设的预见性。

静态评价是对思想政治理论课教学进程中的某一横断面的情况进行评价。例如，在一个学期的思想政治理论课教学结束之后，我们对参加思想政治理论课学习的大学生的学习情况、思想政治素质与道德素养进行评价，对思想政治理论课教师掌握、运用思想政治理论课教学多媒体技术的情况进行评价等，就是一种静态评价。静态评价是对评价客体目标达成程度的评价，其特点是考虑评价客体在特定时空范围内的现实状况，有利于横向比较。例如，通过学习考核，可以准确地把握一个参加思想政治理论课课程学习的大学生在同时参加思想政治理论课课程学习的所有学生中，他的学习成绩处于什么样的位置。

动态评价与静态评价对于思想政治理论课教学评价分别具有各自的功用。仅通过动态评价，我们无法对思想政治理论课教学及其相关方面进行横向性的比较性研究，静态评价解决了进行横向比较的问题，但是却不利于纵向比较，不利于把握思想政治理论课教学的发展趋势。动态评价与静态评价功能互补，坚持动态评价与静态评价相结合，更有助于对思想政治理论课教学作出准确的全面的评价。

三、思想政治理论课教学评价的实施

教学评价的实施是按照一定的原则或规则进行的。思想政治理论课教学评价的实施原则是对教学评价的规律性认识的一种反映，对于正确地进行教学评价具有重要的指导作用。

（一）思想政治理论课教学评价的实施原则

《中国普通高等学校德育大纲》指出，“德育考评应坚持实事求是，采取科学方法和技术手段进行整体考核和综合评定，力求客观公正。应当以事实为依据，做到动态考评与静态考评相结合，定性考评与定量考评相结合，全面考评与重点考评相结合，阶段性考评与总结性考评相结合，教师考评与学生考评相结合。在考评过程中，要贯穿教育，注重实效。要激发学生参与的积极性，引导学生自我评价、自我教育。”①这一论述，实际上揭示了思想政治理论课教学评价应该遵循的基本原则。

第一，阶段性评价与总结性评价相结合的原则。阶段性评价是在思想政治理论课教学进行过程中的不同时间点上进行评价。如对学期中间进行的教学情况评价，就是一种阶段性评价。阶段性评价可以是定时性的评价，如每隔一个固定时间段进行一次教学评价，也可以是随机的而不是固定的，两次评价之间的时间段是不同的。阶段性评价可以促进思想政治理论课教学评价的经常化，使我们得到的思想政治理论课教学的信息更丰富，能够全面地了解思想政治理论课教学的真实情况，从而为总结性评价提供良好的实施基础。

总结性评价是在一个相对完整的思想政治理论课教学完成之后进行评价，如每学期结束之后，教师对自己本学期的教学情况进行自我评价，组织对参加学习的大学生进行期末考试或考核等，都是总结性评价。总结性评价以其对思想政治理论课教学最后结果和实效的关注，客观准确地对思想政治理论课教学的总体情况作出评价。

阶段性评价与总结性评价对于切实做好思想政治理论课教学评价具有同等重要的意义。在教学评价中，阶段性评价与总结性评价相结合，既有助于以对思想政治理论课教学日常情况的掌握为基础，加强教学过程的管理；又有利于以对思想政治理论课教学实效的了解为基础，促进对教学活动的全面管理、指导与对整体发展的推动。

① 国家教委：《中国普通高等学校德育大纲》，教政[1995]11号。

第二，专项评价与综合评价相结合的原则。专项评价是对思想政治理论课教学的某一个方面或某一方面的某个问题进行的专门评价。如对教学活动的各构成要素的评价、对教学过程的评价、对教学实效性的评价等。综合评价是从整体上对思想政治理论课教学的评价或对其教学的某一方面的整体性的评价。如对思想政治理论课教学的要素、过程、实效等进行全面评价。

专项评价与综合评价都是在相对的意义上讲的。在一种意义上的专项评价在另一意义上可以视作综合评价，在一种意义上的综合评价在另一意义上则可视作专题评价。比如，相对于整个思想政治理论课教学评价而言，对教师的评价就是一种专项评价。而对教师的评价又可以分为许多方面，如对教师知识结构进行评价，对其政治素质进行评价，对其运用现代化教学手段的能力进行评价等，把这些方面综合起来，就是对教师的一种综合评价。而对教师知识结构的评价、政治素质的评价、运用现代化教学手段的能力的分别评价，就是专项评价。

专项评价与综合评价之间是紧密关联的。任何专项都是综合之中的专项，任何综合都是专项基础之上的综合。离开综合，无法真正认识专项；而离开专项，则无法深入进行综合。专项评价是综合评价的深化，综合评价是专项评价的指导，两者相辅相成，互为条件，互相促进。因此，在思想政治理论课教学评价中，必须自觉坚持专项评价与综合评价的有机结合。

第三，自评与他评相结合的原则。自评即自我评价，评价主体与评价客体是合一的。例如，参加思想政治理论课课程学习的大学生对自己学习的综合表现进行评价就是一种自评。在这一评价中，大学生既是评价的主体，又是评价的客体。思想政治理论课教师对自己的教学态度、教学能力、教学效果等进行评价也是一种自评，在这一评价中，教师既是评价的主体，又是评价的客体。与自评不同，在他评中，评价主体与评价客体不是合一的。例如，教学管理部门对思想政治理论课教学进行评价，就是一种他评，评价主体是教学管理部门，而评价客体则是思想政治理论课教学。

在思想政治理论课的教学评价中，自评有助于调动教师和学生的积极主动性，自我反思、自我批判，从而自我创新、自我超越。但有时难以保证评价的客观性，或容易造成一叶障目只见树木不见森林的盲目自大，或容易造成自我贬低，缺乏进取的动力。他评则有助于增强教学评价的客观性，有利于引导评价对象准确地认识自我，认识现状，但却不易于调动评价对象的积极性，有时也可能产生不了解评价对象的“内情”的现象，从而影响评价结果的准确性。自评与他评的上述特点，决定了在思想政治理论课教学评价中自评与他评相结合的重要性。

（二）思想政治理论课教学评价的实施内容

着力提升教学的质量和水平，切实增强学生获得感和提高学生满意度是思想政治理论课教学评价的价值取向和目的。为此，必须消除“为管理而评价”和“为金钱、荣誉而评价”的现象，确定评价的实施内容。

第一，教学内容要素评价的内容。在课程教学方面，重点评估围绕坚持和发展中国特色社会主义的主线，加强理想信念教育，培育和践行社会主义核心价值观，提升大学生的“四个意识”和“四个自信”等情况；在教材方面，重点评估统编教材的呈现方式的情况；在方法创新方面，重点评估提升思想政治理论课教学亲和力和针对性，发挥课堂教学主渠道作用，调动大学生学习的积极性、主动性、创造性的情况，评估运用新媒体新技术开展工作，推动现代信息技术与思想政治理论课教学深度融合的情况；评估学校党委重视的程度和领导机构独立的情况。

第二，学生要素评价的内容。围绕大学生对思想政治理论的接受程度和价值判断能力、价值选择能力、价值践履能力的生成状况，重点评估大学生正确认识世界和中国发展大势、正确认识中国特色和国际比较、正确认识时代责任和历史使命、正确认识远大抱负和脚踏实地的情况。具体是看通过思想政治理论课教学，大学生的思想理论水平有了多大程度的提升，大学生的思想困惑得到了多大程度的解决，大学生的理想信念有了多大程度的转变和升华，大学生运用马克思主义立场、观点、方法分析和解决实际问题的能力有了多大程度的提高[①]，等等。

① 刘福州:《也谈思想政治理论课教学实效性的提高》,《思想理论教育导刊》,2005年第10期。

第三，教师要素评价的内容。围绕提升思想政治理论课教师的使命感、责任感、成就感，对马列主义、毛泽东思想、邓小平理论、“三个代表”重要思想、科学发展观和习近平新时代中国特色社会主义思想，高校思想政治教育总体要求的把握、传播和践行的能力，重点评估教师坚持教书和育人相统一、坚持言传和身教相统一、坚持潜心问道和关注社会相统一、坚持学术自由和学术规范相统一，以德立身、以德立学、以德施教[①]的情况。

（三）思想政治理论课教学评价的具体步骤

思想政治理论课教学评价的具体实施就是运用关于教学评价的特点、原则、类型的基本知识，开展思想政治理论课教学评价的具体活动过程。按照思想政治理论课教学评价的理想进程，其具体实施包括以下几个环节。

第一，明确评价目的。任何一种教学评价都是有目的性的评价活动。因此，明确目的，是教学评价的方向，也是设计评价方案，推进评价活动的根本保证。同样，在思想政治理论课教学评价开始之前，需要对评价的目的有明确的认识。坚持在改进中加强，提升教学的亲和力和针对性，满足大学生成长发展需求和期待，是思想政治理论课教学评价的目的，它包括维系运作、调控过程、强化管理、引导发展等四个具体目的。评价的内容不同，直接影响到评价的具体目的不同。例如，对教师的评价，其具体目的可能就是了解教师的教学素修，为思想政治理论课教师培训方案的设计提供材料；对教学过程的评价，具体目的则可能是为了加强思想政治理论课教学的管理，做好对教学过程的动态调控。只有明确了评价的具体目的，思想政治理论课教学评价的实施才有了方向，才有可能制定切实可行的实施方案。可以说，明确目的是思想政治理论课教学评价的首要环节。

第二，确立评价标准。明确评价目的是为了确立评价标准。有了标准，有了尺度，才有可能实施具体的评价。教学评价标准的确立过程就

① 习近平:《习近平在全国高校思想政治工作会议上的讲话》,《人民日报》,2016年12月9日。

是教学活动相关方面的理想化状态的现实化、具体化的过程。例如，在对教学实效的评价中，教学评价标准的确立过程就是教学目标的现实化、具体化的过程。教学目标即教学活动所要达到的实际的理想状态的一种表达。在任何教学评价中，评价标准与教学目标都有着紧密的关系，教学评价从某种意义上讲就是要看一看教学目标是否已经实现，或者实现的程度如何。“评价离开了教育目标就不能成立。”[1]教学评价标准的确立过程就是对教学目标予以细分化、具体操作化的过程。例如，思想政治理论课教学的重要目标之一就是要引导大学生树立中国特色社会主义的共同理想，要评价思想政治理论课教学是否产生了相应的实效，就需要对这一教学目标进行细分，分解为一个一个可以具体测量的指标。在对教学要素的评价中，教学评价标准的确立过程就是理想性的教学要素特征的细分化和具体化。评价思想政治理论课教师的各项标准就是理想的思想政治理论课教师所应具备的各种条件的具体化，政治素质如何、人格修养如何、理论素养如何等，都是由此转化而来的具体的评价标准。评价标准的制定是一个复杂的工作，也是关系到教学评价成败的关键性的环节。评价标准不合理、不全面，教学评价就不可能做到准确、全面、深入。

第三，选择评价类型。教学评价的类型是多种多样的。评价目的不同，评价客体不同，评价的类型就有相应的不同。因此，在具体的思想政治理论课教学评价中，还必须根据具体的情况，选择相应的评价类型。当然，在某一具体的思想政治理论课教学评价中，并不是只能运用某一种教学评价类型，而是可以也应该运用多种合适的评价类型。多种评价类型的综合运用，可以使我们得到更多、更丰富的评价信息，从而增强教学评价的客观性、准确性与全面性。

第四，制定评价方案。制定评价方案的过程是对教学评价进行具体的、综合的、周密的设计并形成书面材料的过程，即对开始思想政治理论课教学评价之后所进行的一切准备工作进行整合的过程，对评价工作的进程、技术等进行总体规划的过程。在评价方案中，一般都要写明评

① 钟启泉编译:《现代教学论发展》,北京:教育科学出版社1988年版,第481页。

价目的、评价客体、评价标准、评价类型、评价技术运用、评价结果的形成、评价结果的运用和评价结果的检验等。评价方案制定得越详细，教学评价工作的计划性就越强，操作起来也就越容易、越方便。当然，在制定评价方案的时候，要留有一定的弹性空间，不能规定得过死；一般还应该准备备用方案，在评价条件有所变化的时候选用。评价方案的制定可以在相关专家多次论证成熟的基础上确定正式的文本。

第五，组织实施评价。组织实施，即将评价方案付诸实践的过程。教学评价的组织实施包括多个方面或多个环节的工作。例如，在评价开始前，要进行教学评价的动员工作，要做好评价材料的印制工作，要对评价实施人员进行相应的培训，要对评价工作进行具体的布置，等等。此外，还要组织好对评价工作的监督和检查工作。

第六，总结评价成果。总结评价成果，即在评价结束之后，对评价所得信息和材料进行分类整理、统计分析，形成评价结论或评价报告。评价成果是对评价对象给予信息反馈的基本形式，是进一步推动思想政治理论课教学改革和发展的基本依据，同时也是加强对思想政治理论课教学管理的基本依据。在总结评价成果的过程中，要坚持做到客观、公正，不能以个人偏见歪曲性地使用评价活动所得的材料。除此之外，总结评价成果还包括对评价活动本身的总结，即开展对思想政治理论课教学评价的评价，检验所进行的教学评价的有效度和可信度，以此促进评价活动的公正、准确、全面。

第七，促进教学发展。从根本上说，思想政治理论课的教学评价，是促进思想政治理论课教学的发展，因此，在对思想政治理论课的教学评价有了评价成果即有了评价结论或评价报告之后，要及时地使评价成果与思想政治理论课教师、参加思想政治理论课课程学习的大学生等评价对象见面，以促进他们从中总结经验、吸取教训，获得进一步发展的激励力量。还要及时从评价成果中发现思想政治理论课教学中值得肯定的地方，应该改进的地方，有针对性地制定出思想政治理论课教学改革和发展的方案，从而充分发挥思想政治理论课教学评价成果促进教学发展的作用，不断增强教学的实效性。

第十章
思想政治理论课教师教学素养的完善与提升

教学素养是思想政治理论课教师必备的基本素养。由于我国至今没有出台思想政治理论课教师职业标准，更由于相关文献没有清晰地界定其教学素养的内涵和外延，在理论研究和实践操作上都不同程度出现了偏差。因此，积极探寻思想政治理论课教师教学素养的内涵底蕴，进一步明确其作用，对坚持在改进中加强思想政治理论课教学具有十分重要的意义。

一、思想政治理论课教师教学素养的内涵、特征及意义

科学地诠释和准确地把握思想政治理论课教师教学素养的内涵和特征，是提升思想政治理论课教学质量的基本前提。而要明了思想政治理论课教师教学素养的内涵及特征，首先要厘清素养与教学素养之间的关系。

（一）素养与教学素养

在现实生活中，人们常常把素养和素质等同使用。应当看到，素养与素质是既相互区别又彼此联系的概念。

第一，素养与素质。从词性角度分析，素养与素质是有区别的。素养是个动性词，指人“经常修习的涵养”“平素所豢养”，人平日的修养，是人在环境和教育的影响下，通过自身的努力，以发展和完善自己为目标的一种调整、充实和提高自我的活动及结果，是一种动态生成的过程。主要包括身体素养、心理素养、文化素养和职业素养等。素质则是一个名性词，就其本义而言，是指事物本来的性质，在社会学意义上，是指人在先天遗传基础上，经过后天长期身心积淀形成的一种相对稳定的品质，主要包括身体素质、心理素质、文化素质和职业素质等。素质是内在的，通过能力表现出来。素养与素质又互相联系，素养是后天培养和修习获得的经验系统，当素养稳定下来沉淀为人的品质时，就转变为素质。所以，素养既是素质的基础，又是素质的彰显，还是提高素质的路径。

早在《汉书·李寻传》中就说出了人的素养的重要性，这就是“马不伏历（枥），不可以超道；士不素养，不可以重国”。陆游在《上殿札子》中也强调，“气不素养，临事惶遽”。刘祁则在《归潜志》卷七中进一步说，“士气不可不素养。如明昌、泰和间，崇文养士，故一时士大夫，争以敢说敢为相尚”。

第二，教学素养和教学素质。教学素养是教师经常修习的涵养，是教师通过专业学习和专业实践形成和发展起来的，适应教学工作需要的整体性的专业涵养，表征着教师理解教学本质及设计教学、实施教学与研究教学等方面所达到的高度、宽度和厚度。教学素养不仅包括显性维度的教学能力和教学技巧的修习，而且还包括隐性维度的诸如视野、情感、态度与价值观等方面的涵养，是认知、情感和能力的统一。教学素质是教师在教育教学实践中，经过修习与修养积淀形成的一种稳定的职业品质。在当代中国，坚定的理想信念、良好的道德情操、扎实的知识功底、过硬的教学能力、勤勉的教学态度、科学的教学方法是教师的基本素质[①]。教学素质离不开教学素养，教学素养既成就了教学素质，又体现了教学素质，还促进了教学素质的提高。教学素养与教学素质，既不

① 习近平:《做党和人民满意的好老师——同北京师范大学师生代表座谈时的讲话》,《人民日报》,2014年9月10日。

能等同，又不能割裂。

第三，教学素养提升的路径。教学素养直接关系教学素质的提高，关系教育教学的成效，因此，提升教学素养至关重要。习近平指出，教学素养“需要教育培养，更需要教师自我修养”[①]，这就明确了教学素养提升的两个路径。一是学校。学校是教师从事教学和研究工作的主要环境，从而也是提升教学素养的重要途径。完善骨干教师培训制度，扩展学术交流平台，加大教学科研力度，建立健全教学激励机制，是学校保证和促进教师教学素养提升的基本内容。二是教师自身的修养。教师自身的修养是提升教学素养的根本路径。健全人格与职业道德的修养，教学思维的扩深和教学理念的更新，专业知识的积累和教学能力的磨砺，是教师自身提升教学素养的基本内容。这就要求教师始终处于学习状态，站在知识发展前沿，刻苦钻研、严谨笃学，不断充实、拓展、提高自己[②]。

当然，由于学科专业不同、课程内容不同、教授对象不同，对教师教学素养的具体要求和呈现出的特征也就不尽相同。

（二）思想政治理论课教师教学素养的基本特征

如同其他学科教师一样，思想政治理论课教师教学素养，也是教师经常修习的专业涵养。这种专业涵养是通过思想政治理论课教师特有的专业意识、专业道德、专业技能和专业行为等体现出来的，具有鲜明的特定性。

第一，专业意识的政治性。思想政治理论课教师专业意识的政治性，主要体现在教师应具有坚定的政治信念。思想政治理论课教师要成为先进思想文化的传播者、党执政的坚定支持者、学生健康成长的指导者和引路人，必须具有坚定的政治信念。只有具备了坚定的政治信念，才能坚持正确的政治方向，在事关政治原则、政治立场和政治方向的问

① 习近平：《做党和人民满意的好老师——同北京师范大学师生代表座谈时的讲话》，《人民日报》，2014年9月10日。

② 习近平：《做党和人民满意的好老师——同北京师范大学师生代表座谈时的讲话》，《人民日报》，2014年9月10日。

题上与党中央保持一致[①]。正如列宁所说的："在任何学校里，最重要的是讲课的思想政治方向。这个方向由什么来决定呢？完全只能由讲课人员来决定。"[②]对中国特色社会主义的坚定信念，对党的路线方针政策的真心拥护，对真理的无限探索是专业意识政治性的根本体现。

第二，专业道德的示范性。"老师的人格力量和人格魅力是成功教育的重要条件。"[③]与其他学科教师不同的是，思想政治理论课教师对中国特色社会主义的理论认同、思想认同、情感认同、文化认同，对中国特色社会主义的道路自信、理论自信、制度自信、文化自信，直接通过自己爱岗敬业、甘于奉献的精神和行动体现出来。一个老师如果在是非、曲直、善恶、义利、得失等方面老出问题，是不能担起立德树人的责任的。这就需要思想政治理论课教师，用自己的一言一行、一举一动感染并带领大学生做中国特色社会主义的坚定信仰者和忠实实践者。

第三，专业技能的宽厚性。思想政治理论课教学的一个重要旨归是进行马克思主义理论教育，为学生一生成长奠定科学的思想基础。这就要求思想政治理论课教师不仅具有广博的通用知识，更重要的是具有坚定的信仰，扎实的马克思主义理论功底，切合大学生思想实际的教学方法，自觉运用马克思主义的立场、观点和方法去分析和解决问题的能力。唯有如此，才能吸引大学生认同马克思主义，接受马克思主义，信仰马克思主义，运用马克思主义。

第四，专业行为的坚定性。专业行为的坚定性，主要表现在思想政治理论课教师应该具有的稳重自持、从容自信、坚定自励。道不可坐论，德不能空谈。思想政治理论课教师的稳重自持、从容自信、坚定自励的专业行为的养成绝非一日之功，更非夸夸其谈。既要立意高远，又要立足平实。勤于学习、敏于求知，善于明辨是非，善于决断选择，无论什么时候都能扎扎实实干事，踏踏实实做人。

思想政治理论课教师教学素养的鲜明特定性表明，思想政治理论课

① 教育部：《高等学校思想政治理论课建设标准》，教社科[2015]3号。

②《列宁论教育》，北京：人民教育出版社1990年版，第344页。

③ 习近平：《做党和人民满意的好老师——同北京师范大学师生代表座谈时的讲话》，《人民日报》，2014年9月10日。

教学，本质上是一种思想教育，它追求的不是知识的扩张，而是思想、态度和信念的转变。所以，思想政治理论课教师应当消除“为知识而知识”的倾向，将知识的传授当作手段，让其服务于思想的引导这一目的。思想政治理论课教师应该是“经师”和“人师”的和谐统一，既做传授知识的教育工作者，更做转变思想、态度和信念的思想教育工作者。

（三）思想政治理论课教师教学素养的重要性

思想政治理论课教师教学素养至关重要，它是完成教学任务，实现培养目标的根本保证。

第一，思想政治理论课教学任务的特殊性，要求思想政治理论课教师必须具备特殊的教学素养。如前所述，思想政治理论课是帮助学生树立正确的世界观、人生观、价值观的重要途径，承担着培养德智体美全面发展的社会主义建设者和接班人的历史使命。要实现其历史使命，必然要求承担思想政治理论课的教师具备特殊的教学素养，用自己的学识、阅历、经验点燃大学生对真善美的向往，用自己对中国特色社会主义的“四信”，加深大学生对中国特色社会主义的“四信”。

第二，思想政治理论课教学的艰巨性，要求思想政治理论课教师必须具备特殊的教学素养。思想政治理论课是一种知识传授，但绝不能把它等同于知识传授。因为它触及的不是学生的认知结构，而是评价结构；它追求的不是知识的扩张，而是态度和信念的转换。如果不能够从理论上说明“为什么”，不能够“以理服人”，就不能够从根本上使大学生的态度和信念发生转换。有的大学生即使在学校这样相对单纯的环境中能够接受思想政治理论教育，可一旦走上社会遇到种种问题时，就会不可避免地出现困惑、迷茫，甚至发生世界观、人生观和价值观的彻底颠覆，思想政治理论课教学的长效性大打折扣。马克思说过，理论只要说服人，就能掌握群众；而理论只要彻底，就能说服人。所谓彻底，就是抓住事物的根本。要抓住事物的根本，必须首先运用历史的和逻辑的相统一的辩证思维方法，论证理论的真理性。思想政治理论课教师如果没有特殊的教学素养，将很难从根本上完成这样的教学任务。

第三，思想政治理论课教学环境的复杂性，要求思想政治理论课教师必须具备特殊的教学素养。当下，思想政治理论课教学处在多样多元多变和互联网+的时代，面对着各种思潮的相互激荡，面对着纷繁多变、鱼龙混杂、泥沙俱下的社会现象，面对着快捷化、碎片化的现实生活，思想政治理论课教师如果无力做出应有的价值判断和理论应答，就会造成大学生在受教育过程中的“心理排斥”或“情感冷漠”，导致学生的“视线移动”或“有意缺场”，出现“不愿接受”或“拒绝接受”或“难以接受”或“虚假接受”等现象，思想政治理论课教学实效性也就无从谈起。在纷繁复杂的社会环境中，为大学生筑起一个“同心圆”和一座“承重墙”，必然要求思想政治理论课教师具备特殊的教学素养。

从教学过程看，思想政治理论课教师的教学素养主要通过教学语言素养、情感素养和心理素养等彰显出来。

二、思想政治理论课教师教学语言素养的训练与提高

教学语言素养是思想政治理论课教师的基本素养。一个思想政治理论课教师如果没有良好的教学语言素养，既不能很好地传授思想政治理论，更不能实现马克思主义信仰的传播。

（一）思想政治理论课教师的教学语言素养的涵义

思想政治理论课教师的教学语言素养与语言素养是个别和一般的关系。搞清思想政治理论课教师的教学语言素养，须从语言素养的一般涵义说起。

第一，语言素养的一般涵义。语言素养指的是现实的人在实践活动中，运用本民族语言表达思想观点和意愿态度的涵养，主要包括口头语言素养、肢体语言素养和情感语言素养。从微观上看，语言素养对个人发展具有重要的意义，它的高低影响着一个人整体素质的高低。从宏观上看，语言素养是一个民族或一个国家文明程度的显著标志。语言素养体现着一个民族或一个国家的民族精神、民族审美情趣和民族文化，滋养着全民的整体素质，提高着社会的文明水平。

第二，教学语言素养的内涵。教学语言素养是教师在教育教学实践

过程中，准确规范地运用本民族语言表达教育教学目标的职业语言涵养。主要包括口头语言素养、肢体语言素养和情感语言素养。教师无论在何地何时教授何种学科，都必须具备娴熟的口头语言素养、丰富的肢体语言素养和深厚的情感语言素养。苏霍姆林斯基指出了教学语言对于教育教学的意义，他说，教师讲的话带有审美色彩，这是一把最精致的钥匙。它不仅开发情绪记忆，而且深入到大脑最隐蔽的角落。所以，语言是率领人们冲锋陷阵的统帅，是拨动人们心灵琴弦的乐师[①]。

第三，思想政治理论课教师教学语言素养的特质。思想政治理论课教师教学语言素养，是教师在思想政治理论课教学过程中养成的符合教学需要的职业语言涵养。教学语言是教师传播思想政治理论知识，引导学生认同、接受和运用马克思主义的载体，它采用叙述性语言、论证性语言、评断性语言、总结性语言、演示性语言等，讲授马克思主义真理，让大学生信服马克思主义；采用委婉性语言、赞同性语言、暗示性语言、启迪性语言等，让大学生懂得人生的意义和价值，获得分析和处理问题的根本方法。所以，思想政治理论课教师教学语言素养，是教师与学生的情感与知识、思想与行为相互交融和共同提高的过程。

（二）思想政治理论课教师教学语言素养的构成

思想政治理论课教师的教学语言素养包括教学语言表达素养、非语言表达素养和教学风格。教学语言表达素养、非语言表达素养和教学风格既有区别，又有联系，共同构成教学语言素养。

第一，教学语言表达素养。教学语言表达素养是教学语言素养的最基本的方面，主要包括三方面的内容。

一是能够运用准确、严谨、真实的语言讲授马列主义、毛泽东思想、邓小平理论、“三个代表”重要思想、科学发展观和习近平新时代中国特色社会主义思想的基本原理，达到言之可信。首先，思想政治理论课教学是向学生传授知识、传播真理，帮助学生树立正确的“三观”的课程，它来不得半点虚伪，要不得分毫谬误，只能准确无误，严谨误

①［苏］B.A.苏霍姆林斯基著，杜殿坤编译：《给教师的建议》，北京：人民教育出版社2013年版，第119-120页。

差。其次，马列主义、毛泽东思想、邓小平理论、“三个代表”重要思想、科学发展观和习近平新时代中国特色社会主义思想，从来就不是一种枯燥的条文、现成的结论和空洞的说教，而是有着丰富的思想内涵和理论魅力、直面现实问题的勇气与胆识、激发深刻的理论思考和直击心灵的震撼的理论体系。只有用准确、严谨、真实的语言讲活、讲深、讲透马列主义、毛泽东思想、邓小平理论、“三个代表”重要思想、科学发展观和习近平新时代中国特色社会主义思想的真谛和特质，才能激发大学生的兴趣、拓宽大学生的视野、撞击大学生的思维和提升学生的境界。

二是能够运用形象生动的口语，语调优美动听的语音，抑扬顿挫的语调，缓急快慢、变化有致的语速，融洽畅达的表述，达到言之有趣。也就是说，思想政治理论课教学具有政治性、严肃性，但教学语言绝非是单调、刻板、冷冰冰与缺乏情感的灌输，而是通过自然、连贯、轻松、流畅的表达，让大学生在一种愉悦、宽松、和谐的语言氛围中学习和思考。夸美纽斯曾形象地指出，一个能够动听地、明晰地教学的教师，他的声音便该像油一样浸入学生的心里，把知识一道带进去。

三是能够富有魅力地彰显语言的情感激励，达到言之有望。00后大学生的思想特质就是渴望获得人类文明的精华，有着对马克思主义科学真理、共产主义伟大理想和中国特色社会主义的向往和追求，但是排斥苍白、呆板、生硬的说教。思想政治理论课所蕴含的丰富的思想内涵及其理论魅力，与大学生的特质形成了天然的关联。这就决定了教师运用“鲜活而不苍白、生动而不呆板、亲切而不生硬”的教学语言，透射出理想信念、表达出自信和自豪，从而使大学生产生“如临其境”“如见其人”“如闻其声”“如睹其色”之感。正如英国的锡尼所说的，形象的语言更能打动和深入人们的心灵，更能占据其心田。

思想政治理论课教师良好的教学语言表达素养，是发挥思想政治理论课教学实效性的根本保证。通过教学语言的良好表达，创设既有节奏，又生动形象且和谐宽松的教学情境，使大学生在感受教学语言美的同时，产生浓厚的学习兴趣和强烈的求知欲，自觉地进入具体的教学内容境界中去，这样的理论讲授，会使整个教学活动生动活泼，情趣盎然，增强教学效果。

第二，非语言表达素养。从广义上看，思想政治理论课的教学语言素养，还包括非语言表达素养。因为，非语言表达素养既是教学语言的重要辅助，展现着教学语言的魅力；又是学生思考的调动仪，教学氛围的调节器。

有学者研究表明，在传递信息的形式中，言语信号占7%，声音信号占38%，面部信号占55%。由此建议，为了使教学获得成功，必须采用“AIDA”公式，A（attention）指注意力，I（interest）指兴趣，D（desire）指愿望，A（action）指姿势，四者缺一不可。这说明，非语言表达在教学中有着非常重要的作用。

非语言表达又称为“人体语言表达”，主要是指教师在教学中运用自己身体的动作和姿态，例如，眼神、表情、手势、摇头、耸肩、站姿、步态等进行教学表达的活动。非语言表达以动态的形象诉诸大学生的视觉，生动灵活、鲜明真实，易于引起大学生的注意，激活大学生的兴趣。非语言表达的基本特征是“可意会而不用言传”。相对语言表达而言，非语言表达有时能达到“此时无声胜有声”的效果。非语言表达包括以下内容。

一是表情的自然美。马卡连柯曾下过如此判断：“做教师的决不能没有表情，不善于表情的人不可能做教师。”当然，“这种表情并不是死板的表情，不是机械式的表情，而是我们的心灵所具有的那些话的真实反映”“是完善的人格和表情的结合”。[①]这就是说，表情是在师生交往过程中，面部的动力表现，教师的表情是一种动态的无声语言，它蕴含了大量的情感交流的信息，是一种重要的信息源，是师生情感沟通、思想交流的重要的“外显点”。教师亲切自然的表情，直接作用于大学生的情绪，而大学生的积极情绪体验的产生，又有助于兴趣的增加、注意的维持、记忆的增强、理解的加深，从而收到较好的整体教学效果。表情是人内心情绪的“晴雨表”，教师要学会控制和运用表情来引导大学生，同时又善于察言观色以获得学生的反馈信息。一般情况下，教师表情应和颜悦色，自然亲切。教师的表情还应在稳定中有变化。稳定时应像孔子

① 吴式颖等编：《马卡连柯教育文集》上卷，北京：人民教育出版社2012年版，第146页。

所说的“温而不厉，威而不猛”。

二是眼神的神韵美。眼神是面部表情中最富于表现的部分。俗话说：“眼睛是心灵的窗户。”在教学中，眼神的灵活变化及丰富内涵，有时比语言表达还来得微妙，它能使每个大学生都感到自己处在教师的“注意圈”中，都有自己是教师“注意中心”的感觉。这样，教师柔和的眼神，能使每个大学生感到温暖；教师镇定的眼神，能使大学生感到安全；教师信任的眼神，使大学生感到鼓舞；教师不满的眼神，使违纪学生感到内疚。一般情况下，教师应避免对大学生久久直视、斜视。当然，大学生回答问题时，教师不宜目光旁落。讲课时，目视天花板和教室外，都是不可取的。

看来，教师眼神美的教育价值是显而易见的，所以，区分“眼睛”和“眼神”对于教师来说极其重要。“眼睛”是视觉器官，“眼神”是共鸣、微笑、表情，是精神的表现，教师不是借助“眼睛”，而是借助“眼神”与学生交流，学生才会产生同教师融为一体的体验。

教师不仅要研究自身的眼神，还要读懂大学生的眼神。大学生的眼神常常能表现学生对教学的反应。大学生对讲课感兴趣时，眼神是闪光、兴奋的；听不懂时，眼神是困惑的；不感兴趣时，眼神是漫不经心的；疲劳时，眼神是呆滞的。优秀教师能从大学生眼神中了解很多真实的东西，从而改进教学，提高教学效果。

三是举止的从容美。举止是人的一系列动作的总和。教师的举止动作能表达一定的心理状态和信息内容。俗话说：“举手投足，可见其内心机蕴。”教师举止的审美标准是从容大度，从容大度既是一种美，又蕴含一定的教育价值。从容大度就是指教师的举止从容、安详、轻柔、大方。教师举止从容，大学生感到踏实和安全；教师举止安详，大学生感到自信满满；教师举止轻柔，大学生感到亲切；教师举止大方，大学生感到舒适自然。反之，教师举止忙乱、笨拙、粗鲁或忸怩作态，不仅有损教师讲台形象的塑造，还会使大学生感到忧虑、慌乱、怀疑、不安。

第三，教师的教学风格。教学语言直接表征着教师的教学风格。所谓教学风格，是指教师在一定教学理念指导下和长期教学实践中形成的独特的教学风貌。教学风格是教师掌握和善于运用教材的能力、教学组织能力、表达能力、灵活应付突发事变的能力、自我控制能力、了解研究学生的能力、教育科学研究能力和社会交往能力等的外在表现。如同其他学科的教师一样，每一个思想政治理论课教师都有着各自不同的社会阅历、人生态度、价值取向、思维方式、审美情趣、知识结构、性格气质和教学追求，这种主体自身的特殊性，决定了教师教学风格的独特性。例如，感情丰实的教师可以形成情感型的教学风格；逻辑严密的教师可以形成理智型的教学风格；性格外向且善于语言表达的教师可以形成鼓动型的教学风格；性格内向、出语不凡的教师可以形成感染型的教学风格。无论是哪种教学风格，只要能取得良好的教学效果，都应予以肯定。

那么，教师应该怎样学习才能有效地提高自己的语言素养呢?

（三）在教学实践中训练和提高教学语言素养

思想政治理论课教师教学语言素养的完善和提升不是一朝一夕的事，而是在实际教学中，不断探索、不断改进、不断提高的艰苦而长期的训练过程。完善和提升思想政治理论课教师教学语言素养的途径和方法是多种多样的，概括起来看，主要有以下几方面。

第一，正确认识教学语言素养修习的重要性。在实践中训练和提高教学语言素养非常重要。苏霍姆林斯基在《给教师的建议》中说：如果你想使知识不变成僵死的静止的学问，就要把语言变成一种最重要的创造工具。因为，高度的语言修养是合理地利用教学时间的重要条件。“同样的教学方法，因为教师的语言修养不同就可能相差20倍”。因为“教师的语言修养在极大程度上决定着学生在课堂上的脑力劳动的效率”[①]。这就说明，教师的教学语言素养是上好课，尤其是思想政治理论课的关键。完善和提升教学语言素养，是发挥思想政治理论课教学实效性的重要保证。

第二，努力提高自己的学识修养。古人云，“言为心声，心慧则言秀”，就是说语言是一个人发自内心的声音。心中思绪清楚，语言的表达

① [苏]B.A.苏霍姆林斯基著，杜殿坤编译:《给教师的建议》，北京：教育科学出版社2015年版，第427–428页。

就准确、灵秀，也就是“谁想得清楚，谁就说得清楚”；反之，如果语言表达不贴切或含糊其词，就说明说话者本人思维混乱。作为思想政治理论课教师要想从根本上提高自己的教学语言素养，就必须提高自己的专业学识、思想认识和道德修养。因为，教学内容的真善美和教师的知意情互相渗透托撑起了教师教学语言素养的大厦。这就是说，教师的教学语言不仅能够反映自己的知识面与知识量，更能彰显教师的思想道德水准，是教师个人修养的综合体现，所谓“课上十分钟，课下十年功”，就说明了教师，尤其是思想政治理论课教师的自身修养是教学语言素养完善和提升的坚实基础。这就必须加强自身对马列主义、毛泽东思想、邓小平理论、“三个代表”重要思想、科学发展观和习近平新时代中国特色社会主义思想的学研和对教育教学理论的学习，自觉屏弃跟不上时代步伐的教学理念，汲取和实施具有时代气息的、适宜大学生发展需求的教学方法。只有这样，思想政治理论课教学才会有吸引力和感染力。

第三，语言表达能力的经常训练。作为思想政治理论课教师，自己所上的每一节课都是训练自己语言表达的场所。语言表达素养训练，首先，采集大量语言材料，分析综合语言材料，在此基础上，研究、掌握和运用一些必要的语言表达技巧，提高自己的语言表达。其次，学习并吸纳同事们的语言范例，丰富自己的语言表达；借鉴文学语言的描绘力、外交语言的规范力、演员语言的感染力，提高自己语言的表现力。最后，录音录像自己的教学过程，认真分析，从中取长补短，提升语言表达素养。

第四，在教学实践中提高教学语言艺术。老舍先生说，我们是语言的运用者，要想办法把话说好，不光要注意说什么而且要注意怎么说。这说明，提高思想政治理论课教师语言艺术是不容忽视的。与其他学科教学一样，思想政治理论课教学也是一门艺术，是教师在理论教学中采用优美的语言，自然而不做作、诚挚而不虚饰的和谐的动作，丰富而不夸张的情感，营造一种和谐的课堂气氛，激发大学生兴趣，引发大学生思考。大学生透过教师高超的教学语言艺术，探知到了教师的思维进程，学习到了思考问题的良好方法，体验到了思维过程的快乐。所以，提高教学语言艺术应当是思想政治理论课教师的自觉追求。

从语言素养进到情感素养，这是通向知识同道德和谐一致的道路。这就是说，作为思想政治理论课教师，仅仅具有良好的教学语言素养是不够的，还要具有丰富的情感素养。具有丰富情感素养的教师能够激发和调动大学生的情感，实现师生之间的情感交融和思想贯通，达到知识与道德的和谐一致。

三、思想政治理论课教师情感素养的修炼与升华

思想政治理论课教学的任何环节都离不开情感。思想政治理论课教师健康向上的丰厚情感，对于思想政治理论课教学实效性的发挥具有重要意义。

（一）情感与教师情感素养

“情感生活是人的世界的最鲜明的表现之一。”[①]现实中的人都是一种情感丰富的人，每个人同样感受着喜悦、忧愁、激动和愤怒，同时也表现着自己的喜悦、忧愁、激动和愤怒。喜悦、忧愁、激动和愤怒，表达着人的情感的复杂多样性。

第一，哲学意义上的情感。在哲学的意义上，情感是人们对客观事物是否满足自身需要的态度体验。情感依次包括情绪和感情。情绪直接受情境影响，一般是不稳定的、较冲动的外显的体验。依据情绪发生的强度、持续度和紧张度，情绪有心情、激情、热情等三种表现状态。心情是一种微弱的、弥散的、持久的情绪；激情是一种猛烈的、迅疾的、短暂的情绪；热情是一种较稳定的、较持久的、较深刻的情绪。情绪既受感情的影响和推动，又积累和表现感情。

感情是人独有的，是随着人对客观事物的认识而产生的一种稳定的、深刻的、持久的、受意识控制的体验。依据感情的性质和内容，感情有理智感、道德感和美感三种表现状态。理智感是人们在分析和评判客观事物过程中所表现出来的理性的情感体验，求知欲、好奇心、深究感、自信感等是理智感的表现形式。道德感是人们依据一定的道德标

① 马克思：《1844年经济学哲学手稿》，人民出版社2000年版，第90页。

准，在评价别人和自己的思想和言行时产生的情感体验，宽泛地说，道德感就是人们口语中常说的“良心”，即责任感、民族感、正义感、满足感等，是道德感的具体内容。美感是人们根据一定的审美观，在认识和实践活动中所表现出来欣赏或厌恶的情感体验，是最高层次的情感。把理智感、道德感和美感这三者紧密地联系在一起，就能很好地把控自己不切实际的欲望，做一个脱离了低级趣味的人。所以，理智感、道德感和美感互相影响、互相促进。

总之，情感是人的生命的重要组成部分，没有情感的生命，是呆板的、机械的，因而也是黯然失色的；有情感的生命是有活力的、有朝气的，因此，是光彩夺目的。

第二，教育学意义上的情感。在教育学的意义上，情感是教师对教育教学活动是否满足自身需要的态度体验。教师的情感有狭义和广义之分。狭义的情感是指教师在特定的教学中通过表情、语调和肢体语言所表达出的情绪；广义的情感则是指教师在长期的教学实践中形成的，具有正向影响力的感情。在当今中国，教师的情感主要包括教师对教育事业的情感——对教育事业的热爱之情、对教育对象的情感——对学生的关爱之情、自我实现的情感——自身的获得感和成就感。情感是师生之间产生思维共振、心灵和谐的一种特殊手段。积极的情感可以产生师生之间的良性互动，而消极的情感则有可能导致恶性循环。所以，教师要既善于修炼自己的情感，又要勇于丰富自己的情感。

第三，教师情感素养。教师的教育事业情感、教育对象情感、自我实现情感构成了教师的情感素养。教师情感素养作为一种职业情感素养，不同于先天的血缘亲情、异性之间的爱情、后天形成的友情，它不仅仅是一种本能、自然的情绪反应，更是一种职业的情感诉求，具有明确的目的性和原则性，是教师一种“应然”的情感。在现实生活中，教师情感素养彰显为教师的情感表现能力。情感表现能力主要包括情感认知能力——对己对人情绪状况觉察和评价的能力、情感调控能力——有效调节和控制自己情绪的能力、情感沟通能力——与他人有效的情绪交流的能力和情感影响能力——有效影响或改变他人情绪状态的能力。这四种能力共同支撑情感素养的长度、宽度、厚度和温度。

（二）思想政治理论课教师情感素养的内涵

一般认为，情感主要指教师通过语调、表情、动作和手势等方面的变化，表达内心世界的真实感受，增强教学的感染力，引起学生的感情共鸣，这是正确的。但是，就完成思想政治理论课教学的任务而言，仅仅从这些方面去提高教师的情感素养是不够的。思想政治理论课教师的情感素养应有更深层次的内涵要求。

第一，稳健的情感。稳健的情感即稳定和健康的情感。在教学过程中，思想政治理论课教师的情感越稳定、越健康，对大学生的世界观、人生观和价值观的树立就越能产生积极的直接的影响。稳健的情感素养主要表现于具有坚定的理想信念、爱岗敬业意识和乐于奉献精神。

坚定的理想信念是思想政治理论课教师情感稳定的根本保障。理想信念是人们在实践中形成的对未来的向往和追求，以及为实现这一向往和追求而具有的坚定不移的观念或态度。“百学须先立志。”思想政治理论课教学的特定性，决定了具有坚定的理想信念是思想政治理论课教师的立身之本。“正确理想信念是教书育人、播种未来的指路明灯。不能想象一个没有正确理想信念的人能够成为好老师。”[①]思想政治理论课教师的理想信念就是为人民服务、为中国特色社会主义服务、为改革开放和社会主义现代化建设服务，努力成为中国特色社会主义共同理想和中华民族伟大复兴中国梦的积极传播者和忠实践行者。如果没有或缺失这一理想信念，那么，思想政治理论课教学既不可能达到使大学生接受马克思主义的科学理论，树立正确的世界观、人生观和价值观的目的，也不可能做到用正确的理论引导大学生，更不可能使大学生“诚学之，笃信之，躬行之”。

爱岗敬业意识是教师稳健情感的突出表现。爱岗敬业意识就是忠诚思想政治教育事业，挚爱思想政治理论课教学，既精于“授业”“解惑”，更以“传道”为责任和使命。爱岗敬业意识主要表现在两个方面：一是具有从事思想政治理论课教学的责任感和事业心，把传马克思主义

① 习近平：《做党和人民满意的好老师——同北京师范大学师生代表座谈时的讲话》，《人民日报》，2014年9月10日。

的“道”、授社会主义的“业”、解大学生的“惑”、促大学生的“发展”、固主流意识形态的“位”视为天职，尽力贴近社会、贴近生活，把在现实生活中获得的真情实感、真知灼见融入理论教学，使理论焕发出生命力；二是贴近大学生、了解大学生，结合大学生的思想实际，讲授马克思主义的理论，引领大学生理解马克思主义的真谛，培养和提高运用马克思主义的立场、观点和方法的能力。

乐于奉献精神是教师稳定情感的重要表现。对于思想政治理论课教师来说，爱岗是职责，敬业是本分，奉献是追求。乐于奉献，就是心甘情愿地付出，“捧着一颗心来，不带半棵草去”，用我为人人的奉献精神指导自己的有偿行为。无论何时何地，都把思想政治教育事业放在心上，把育知、育德、育心、育人的责任扛在肩上，把大学生全面发展的目标落在行动上。

坚定的理想信念、爱岗敬业意识、乐于奉献精神构成了思想政治理论课教师的稳健情感。

第二，深厚的情感。在教学过程中，思想政治理论课教师的情感越深厚，对大学生的世界观、人生观和价值观的树立就越能产生健康的影响作用。深厚的情感主要表现在教师的学识魅力和人格力量上。

习近平指出了教师的学识魅力的重要性：“学生往往可以原谅老师严厉刻板，但不能原谅老师学识浅薄”，“教师不仅要有胜任教学的专业知识，还要有广博的通用知识和宽阔的胸怀视野”①。思想政治理论课教师学识魅力体现在准确传授马列主义、毛泽东思想、邓小平理论、“三个代表”重要思想、科学发展观和习近平新时代中国特色社会主义思想，使马克思主义理论成为大学生日常的行为准则和自觉奉行的信念理念上，体现在德智体美全面发展的培养目标的最终实现上。

思想政治理论课教师的人格力量是其深厚情感的重要表现。人格，是个人的思想、品行、尊严、价值、学识和能力的总和，它反映在人的言行举止、风度气质上。理想的人格是一种完美的人格，它既是一种价值目标，又体现在现实活动中。人格力量，是高尚的思想境界、政治品

① 习近平：《做党和人民满意的好老师——同北京师范大学师生代表座谈时的讲话》，《人民日报》，2014年9月10日。

德、道德情操、价值取向等所产生的影响力，这种影响力是任何教科书、任何道德箴言、任何惩罚和奖励制度都不能代替的一种教育力量。人格力量具有行为上的示范作用，它能使教师成为最可信服的行为榜样。思想政治理论课教师的一言一行、一举一动，都是其人格力量的生动体现，都在潜移默化地影响着大学生。教师品德越高尚，学识越渊博，身心越健康，教师人格力量就越大，教师对大学生的吸引力也越强，教学效果也就越好。

学识魅力会使大学生对思想政治理论课教师产生敬佩感和信赖感，人格力量将产生积极的、健康的感染力和影响力。学识魅力与人格力量统一于思想政治理论课教师的深刻情感中。

第三，纯粹的情感。在哲学意义上，人是社会存在物。这就决定了人的情感具有社会性。人类社会是复杂多样的，所以，人的情感也是复杂多样的。相对来说，思想政治理论课教师的情感应该是纯粹的。纯粹的情感主要表现在良好的师德风范和仁爱之心上。

师德是深厚的知识修养和文化品位的体现。德高为师，身正为范。大学生往往通过教师的师德风范去体会马克思主义的理论品质，通过对教师的信赖程度去推测他所讲授的马克思主义理论的可信度。因此，对思想政治理论课教师来说，在教学中坚持马克思主义理论的真理性，在行动上必须严于律己，让大学生从教师的一言一行中领会马克思主义理论的精髓，信服马克思主义；用自己良好的思想品德和正直的为人态度感化学生，促使大学生理解、认同、接受马列主义、毛泽东思想、邓小平理论、“三个代表”重要思想、科学发展观和习近平新时代中国特色社会主义思想。

苏霍姆林斯基指出了仁爱之心的重要性。他说，没有一条富有诗意的感情和审美清泉，就不可能有学生全面智力的发展。夏丏尊也说到，教育没有爱，如同池塘没有水一样，没有水就不能称其为池塘，没有爱便没有教育。相对思想政治理论课教师而言，仁爱之心，就是对大学生的理论灌输和思想教育充满爱心和信心，在严爱相济的前提下，把自己的温暖倾注到每一个大学生身上，让每一个大学生都健康成长。仁爱之心具体表现在，通过真情、真心、真诚拉近同大学生的距离，使自己成为大学生的好朋友和贴心人，在传授马克思主义理论知识的同时关注大学生的日常进步，及时发现大学生在成长过程中的挫折、困惑和沮丧的心情，使之重新振作，昂扬奋进；尊重、理解、宽容和信任大学生，在教学过程中，善待大学生的质疑，对大学生提出的思想认识问题以平等亲和的态度予以阐释和研讨。大学生就是在爱的培育中“亲其师而信其道”，并将“道”升华为自己立身处世的行为准则。

良好的师德风范和仁爱之心统一于思想政治理论课教师的纯粹情感中。

（三）思想政治理论教师情感素养的修养与升华

思想政治理论教师情感素养是个养成的过程。在教师情感素养养成的过程中，外部条件固然不可缺少，但更重要的是教师情感素养的自我修养。

第一，研读经典著作，升华情感素养。研读经典著作是升华情感素养的根本前提。读书能让人情感更加丰富。苏霍姆林斯基认为：读书，读书，再读书——教师的教育素养的这个方面正是取决于此。要把书当作第一精神需要，当作饥饿者的食物。要有读书的兴趣，要喜欢博览群书，要能在书本上坐下来，深入地思考。相对于思想政治理论课教师而言，不仅要广览古今中外群书，开阔理论视域，陶冶情操，深化情感厚度，更重要的是认真研读马克思主义经典著作，尤其是中国特色社会主义理论体系，以划清马克思主义与非马克思主义和反马克思主义的界限，坚守马克思主义信仰，坚定对中国特色社会主义的认同和信心，升华情感素养。

第二，扩展胸怀，丰富情感素养。扩展胸怀是丰富情感素养的重要保证。丰富的情感素养是一种精力充沛、情绪饱满、乐观向上的精神风貌。向大学生展示这种精神风貌，需要扩展胸怀。一是随时调整好自己的情感，不带不良心境走向课堂，及时纠正突发事件引起的不愉快的情绪，保持豁达开朗的情感状态。二是真挚、坦诚地与大学生相处。既对大学生的错误思想、不良行为决不妥协，又珍爱大学生的自然的健康的同情心、敬畏心与羞耻心，欣赏和接纳大学生的愉悦感与成功感。三是敢于在大学生面前剖析自己的缺点和不足，让大学生懂得缺点和不足并不可怕，只要能改正和补板，就能更好地发展自己。胸怀扩展了，情感素养丰富了，教师就能满怀信心地、清晰而准确地、生动而形象地、广泛而深入地向大学生阐明马克思主义理论知识，将马克思主义理论渗透到大学生的世界观、人生观、价值观的形成、巩固和完善中去。

第三，修习道德涵养，提升人格力量。高尚的道德情操是一种表现在情感、意志和活动中的主观状态。在一定意义上，思想政治理论课教师能够被大学生认可，就在于其道德人格的完善，在于他对待自己的事业和生活的态度。修习道德涵养，提升人格力量，一是提高敬业精神，明确“培养什么人，如何培养人”的问题，增强自己对思想政治理论课教学的获得感；二是提高忠诚意识，强化自己对思想政治理论课教学的责任感和使命感，以向祖国负责、向人民负责、向大学生负责的精神引领大学生健康成长；三是激发创新意识，调动自己对思想政治理论课的教学和研究的积极主动性，努力完成从大学生思想问题出发从事科研活动，再用科研成果促进教学，进而解决大学生思想问题的“三步走”。

思想政治理论课教师情感素养既以其心理素养为基础，又是心理素养的重要体现。而良好的心理素养表现为心理健康，在这个意义上，良好的心理素养与心理健康具有同等的意义。

四、思想政治理论课教师心理健康的健全与维护

从总体上看，思想政治理论课教师的心理是健康的，但是，不可否认，有些教师还存在一些心理问题，有的甚至患有心理疾病，其中某些不良心理现象已经并正在继续影响和制约着思想政治理论课教学实效性的发挥。为提高思想政治理论课的教学质量，必须对思想政治理论课教师的心理健康给予高度的关注和足够的重视。

（一）思想政治理论课教师心理健康的内涵和标准

关于心理健康，至今尚无一个公认的定义。这是因为，心理健康是一个复杂的概念，由于受到社会制度、民族风俗、传统习惯、道德观

念、宗教信仰等因素的影响，因此，在不同的国家、不同的民族，不同的历史时期，对心理健康有着不同的理解。

第一，心理健康内涵的界定。1930年，美国白宫会议的报告指出："心理健康可以界说为个体以有效的、快乐的、社会所能接纳的行为，面对应接受的现实生活，以谋求对自己、对周围世界最好的适应。"[①]因此，心理健康的理想境界，可描述为个体对一己有自知之明，体会自己能力之所及，并且以极大的满足，接受自己，接受社会。同时，在任何情况下，均能以其所有智慧与平静的情绪，面临各种考验，而不轻易紧张、退却或激怒。

1948年，世界心理健康联合会（WFMH）对心理健康定义为："心理健康是指在身体、智能以及情感上与他人的心理不相矛盾的范围内，将个人的心境发展成最佳的状态。"[②]

《简明不列颠百科全书》指出："心理健康是指个人心理在本身及环境条件许可范围内所能达到的最佳功能状态，但不是十全十美的绝对状态。"[③]

在国内，张承芬认为，心理健康乃是指个体在各种环境中能保持一种良好的心理效能状态，并在与不断变化的外界环境的相互作用中，能不断调整自己的内部心理结构，达到与环境的平稳与协调，并在其中渐次提高心理发展水平，完善人格特质[④]。

综合国内外的论述，可以得出这样的共识：心理健康指的是人的一种内外协调的良好心理状态。当然，人的心理健康是动态变化的，它只是反映人在某一个特定时间内的良好心理持续状态。因此，我们所说的心理健康只是指在较长一段时间内持续存在的状态，而不是一时看到的偶发现象。

第二，思想政治理论课教师心理健康的符合原则。作为一个特殊的职业群体，思想政治理论课教师的心理健康是指他在与周围环境的交互

① 转引自韩永昌主编：《心理学》，上海：华东师范大学出版社2001年版，第311页。

② 转引自姚本先、方双虎：《学校心理健康教育导论》，上海：东方出版中心2002年版，第4页。

③《简明不列颠百科全书》编辑部译编：《简明不列颠百科全书》第8卷，北京：中国大百科全书出版社1986年版，第613页。

④ 张承芬、孙维胜主编：《学生心理健康教育》，北京：北京警官教育出版社1997年版，第13页。

作用中，保持的一种持续、积极、发展的心理状态。思想政治理论课教师保持良好的心理状态，与其他职业群体一样，必须符合以下基本原则：

一是心理活动与客观环境的同一性原则。不论在形式上还是内容上都要与客观环境保持同一。失去同一，即失去平衡；失去平衡，则心理失调，行为异常。

二是各心理因子之间协调一致性原则。即一个人的认知、情感、意志等心理活动保持自身的完整统一、协调一致，保证准确有效地反映客观现实。如果失去这种协调和统一，必然会出现异常心理。

三是个性特征的相对稳定性的原则。即一个人在长期的生活经历中形成的个性心理特征，具有相对稳定性，一般是不易改变的。但是，如果在外部环境没有巨大变化的情况下，一个人个性出现明显变化，就应考虑到心理活动是否出现异常，心理是否出现问题。

第三，思想政治理论课教师心理健康的衡量标准。依据同一性、一致性和相对稳定性这三个基本原则，参照现实社会生活以及人们的心理行为表现，我们认为，衡量思想政治理论课教师心理健康的标准大致包括以下几方面：

一是具有积极的职业态度和对教师角色的认同。思想政治理论课教师不仅肩负着“传道、授业、解惑”的责任，而且更重要的是他本身是一位马克思主义者，兼有“马克思主义理论教育工作者”“德育工作者”“师长与朋友”“学生德行的榜样”等多种角色。这就决定了思想政治理论课教师必须热爱思想政治理论课教学工作，不仅把思想政治理论课教学作为一种职业，更重要的是作为事业，对思想政治理论真学、真信、真讲、真做；为了大学生的全面发展，能够充分认识并始终努力适应社会进步对思想政治理论课教师不断提出的新要求，调整、改进和提升自己的教学理念和教育行为，做到与时俱进。

二是具有良好和谐的人际关系。思想政治理论课教师是一种群体性合作的职业，教师的劳动成果是个体劳动与集体劳动相结合的产物。能否协调并形成与大学生、同事、领导之间乃至家庭内部的和谐的人际关系，也是思想政治理论课教师心理健康的标志之一。良好和谐的人际关系具体表现在：了解双方的权利和义务，将关系建立在平等互惠的基础上，和睦相处，友好相待；客观地了解和评价别人，不以貌取人，也不以偏概全；与人相处时，尊重、信任、赞美、喜悦等正面态度多于仇恨、疑惧、妒忌、厌恶等反面态度。教师良好的人际关系在教与学的互动中则表现为尊师爱生的融洽关系。教师能够理解大学生，引导大学生，乐于、善于作大学生的良师益友。

三是能正确地了解自我、体验自我、控制自我和创新自我。能否正确地认识复杂的现实环境，处理好自我与现实、理想与现实的关系，是思想政治理论课教师心理健康与否的关键。思想政治理论课教师心理健康，在教学活动中主要表现为正确地了解自我、体验自我、控制自我和创新自我；能根据客观环境和自身的实际情况确定教学工作目标；具有较高的个人教育效能感；能在教学活动中进行自我监控，并据此调整自己的教学观念，完善自身知识结构，做出适当的教学行为；能通过他人认识自己，学生、同事的评价与自我评价较为一致，具有自我控制、自我调适的能力；能根据大学生的年龄特征、心理特点，富有创造性地理解教学内容，选择教学方法，设计教学环节，提高教学质量等，具有教学的独创性。

四是在教学活动和日常生活中均能真实地感受情绪并恰如其分地控制情绪。由于思想政治理论课教师劳动和服务的对象是大学生，因此，情绪健康对于教师而言尤为重要。具体表现在：在教学中能以乐观的、积极的、向上的情绪状态潜移默化地感染大学生，使他们随之产生一种乐观的、积极的、向上的心境，并以这种心境为背景，开展思想政治理论课的各种教学活动；善于自控情绪波动，能在大学生面前尽力去克制、转移、淡化工作和生活中的烦恼与失意，不将生活中不愉快的情绪带入教学活动，并能冷静地处理教学活动中的不良事件；尊重和信任大学生，关爱和理解大学生，引导和帮助他们确立起科学的世界观、人生观和价值观。

（二）影响思想政治理论课教师心理健康的主要因素

思想政治理论课教师生活在纷繁复杂的社会环境中。纷繁复杂的社会环境不免会导致教师产生心理问题，影响心理健康。

第一，影响思想政治理论教师心理健康的主要心理问题。心理问题一般是指个人与环境不能取得协调一致而出现的个人心理发展过程中的不良适应状况。心理问题是由多种其他因素造成的。思想政治理论课教师的心理问题主要是由于教学活动造成的有损于其心理健康的问题。思想政治理论课教师心理问题的出现，既有与其他群体相同的共同性，也有其特殊性。

思想政治理论课教师常见的心理问题主要表现为职业倦怠。一般来说，职业倦怠是个体不能顺利应对工作压力时的一种极端的心理反应，是个体伴随于长时期压力体验下而产生的情感、态度和行为的衰竭状态，常常表现为工作缺乏激情，消极敷衍，丧失职业理想，无成功追求，安于现状，不思进取，得过且过；情绪上常常表现为焦躁不安、紧张、萎靡不振，效能感降低，猜疑、自责等。思想政治理论课教师的职业倦怠是指个人不能有效地缓解教学工作压力或不能妥善地应对教学工作中的挫折所经历的身心疲惫的状态。它依次包括职业焦虑和职业疲惫。

职业焦虑。焦虑，是一种强烈的担心或忧虑状态①，或多或少由于情绪低落并因此产生的对新情况和新变化的明显怀疑和可能抵制的一种心理状态。包括持续广泛的焦虑和急性短暂的焦虑。现代社会的快节奏、多变化的生活，使每个人（当然包括思想政治理论课教师）都面临各种各样的压力，适度的压力是正常现象。但是由于思想政治理论课教学是一个要求很高的职业，随着改革开放的进一步深入和全方位推进，社会经济成分、组织形式、就业方式、利益关系和分配方式日益多样化，大学生的心理、思想、行为日益个性化，或是对思想政治理论课的期望和要求不断提高，或是把某些大学生的品行不端等问题一味归咎于思想政治理论课教师的教育不到位，对思想政治理论课及其教师缺乏良好的公共信任氛围，等等，客观上造成了思想政治理论课教师的工作负担越来越重、工作压力越来越大。工作压力过大，总感觉缺乏条件和能力来进行有效的教学活动，便常常出现一种内心紧张不安，面对不利情况而又难于应付的不愉快情绪，这就是职业焦虑。思想政治理论课教师的职业

①《简明不列颠百科全书》编辑部译编：《简明不列颠百科全书》第4卷，北京：中国大百科全书出版社1985年版，第339页。

焦虑基本上属于持续广泛的焦虑。

职业疲惫。职业疲惫，是指对工作内容本身和工作环境失去激情和兴趣，产生无法克服的心理倦怠，强烈地希望逃避工作现状。由于心态上调适不够，职业焦虑得不到缓解，产生了心理负担，导致身心疲惫。思想政治理论课教师职业疲惫往往表现在两个方面：一是心境不好，情绪烦恼，对工作提不起精神，懒动脑子，想不出点子。在教学态度上，重知识讲解、轻品德培养，对涉及大学生思想政治道德培养的问题，例如，大学生对学习马克思主义理论知识持什么态度？学了这些知识后在实践中用不用？会不会用？怎么样用？很少去想。在教学内容上，或是重视知识的传授而淡化意识形态的教育，把思想政治理论课变成了纯粹文化知识课，或是把思想政治理论课与时政联系在一起，教学内容成了党的路线、方针、政策的翻版。在教学方法上，或多或少地仍是把大学生当作装知识的“容器”，对于如何激发学生的学习兴趣，调动学生的学习主动性，很少去想，因此，工作敷衍了事，甚至不负责任的现象不同程度地存在。二是对教学表现出绝对心理、片面心理和否定心理。这就是以非黑即白的单色调看待大学生，下意识地否定了大学生在专业上、思想上以及需求上的多种色彩；以只见树木不见森林的“近视”眼光评价自己和学生，当主观评价与客观效果不一致时，过多地埋怨甚至指责学生，师生之间缺乏真正平等、民主、信赖、尊重的相互关系；面对新时代带来的思想政治理论课教学的新情况、新问题、新要求，缺乏必要的心理准备，“难”字当头，只求无过，不思发展；面对大学生的厌学和逆反心态，先是惊慌失措，后是习以为常，认为这是思想政治理论课教学的常态。

第二，造成教师心理问题的主要原因。造成教师职业怠倦的原因是多种多样的。其主要原因在于：

一是教师的角色冲突[①]。教师的角色冲突是指教师个人在履行不同角

① 角色，在这里主要指社会角色。社会角色是指与人们在特定的社会环境中相应的社会身份和社会地位。每个人都生活在不同群体之中，并在每个群体中获得位置，扮演着相应的角色，每个人都集多种角色于一身。由于人们对每一种角色有各种不同的角色期望，因此，每个人常会感到角色冲突或矛盾，称为角色冲突。

色义务中，不能同时满足其多种角色期望所产生的矛盾。思想政治理论课教师既是知识的传承者，更是思想认识的引导者；对于大学生，既是老师，更是朋友。这样的社会角色，使大多数教师有完美主义心理倾向，因此对自己的期望值甚高，期望值越高，与现实的冲突就越激烈，因而遭受的挫折也就越来越多，于是产生的失望、烦恼、痛苦也就越多。随着信息网络化的发展，大学生的学习渠道越来越多，教师在学生思想成长中的影响力逐步下降，在这种情况下，有相当数量的教师，一方面，失落、惶恐、紧张愈来愈明显；另一方面，自我实现和自尊需要愈来愈强烈。这种矛盾心态得不到调适，就会出现心理问题，损害教师的心理健康。

二是学校管理的某些不当。学校管理对教师各方面工作的影响都比较大。不可否认，当前，思想政治理论课教师的心理状态呈现出双面性。一方面，随着待遇提高等举措的实施，大多数教师与学校的心理距离拉近了；另一方面，部分教师的消极心理有所抬升。例如，学校管理部门或学校领导有意或无意地对思想政治理论课教师或其工作评价不公正，导致其自尊心受到不同程度的挫伤；思想政治理论课教师（尤其是青年教师）的一些实际生活问题得不到解决而又没有得到必要的精神安慰，导致其情感失落；随着岗位聘任、职称评定、年度考核、奖金分配等方面的要求越来越高，竞争越来越激烈，再加上教学与科研的沉重工作负担使教师处于高度紧张和焦虑之中。这些都成为思想政治理论课教师心理上的巨大压力，稍有不慎，将导致心理问题的产生，消极心理的抬升。

三是大学生不良心理现象的影响。大学生不良的心理现象也是影响教师心理健康的一个重要原因。教学中大学生比较突出的不良心理主要有两方面：一个是厌学心理，另一个是逆反心理。“厌学心理”主要表现在对思想政治理论课不感兴趣，平时不想上课，不愿听讲，考前临阵磨刀、强记硬背，“60分万岁，61分浪费，59分受罪”成为时尚。“逆反心理”主要表现为对思想政治理论课所讲授的理论观点持怀疑态度，不认同、不接受，甚至产生抵触情绪和背道而驰的行为。有的大学生往往受这种不正常心理情绪的驱使，对思想政治理论课教学中所讲的正确的思想观点和教师所肯定、所赞美的东西，不仅不能理智冷静地分析接受，反而会非常固执地去否定，提出反对意见，采取对抗性态度。大学生中的这两种不良心理现象，已经并正在直接影响着思想政治理论课教学的效果。前者使之产生“零效应”，后者使之产生“负效应”。由于对思想政治理论课教学有“厌学心理”的学生人数不少，所以，思想政治理论课教学在较大范围内未能发挥出应有的作用，甚至在一定范围内产生了不应有的负作用。这不仅加大了教学的难度，而且也加重了教师的心理负担，影响着教师的心理健康。

（三）思想政治理论课教师心理健康的健全与维护

具体来说，健全与维护思想政治理论课教师的心理健康，必须着力建设两个积极向上的心理环境。这就是积极向上的和谐的校园心理环境和积极向上的和谐的个人心理环境。

第一，增加情感投入，着力建设积极向上的和谐的校园心理环境。积极向上的和谐的情感氛围，构成了积极向上的和谐的校园心理环境。每一个正常的人都是有情感的，都渴望生活在积极向上的和谐的情感氛围之中，思想政治理论课教师也不例外。积极向上的和谐的情感氛围，能够增强教师的存在感、认同感、归属感和获得感。积极向上的和谐的情感氛围主要有以下内容：

一是既有刚性的措施，又有柔性的情感，给思想政治理论课教师一个温暖的校园心理空间。教师年复一年的教学活动，使自己与学校、与学生结下了不解之缘，总想为学校为学生作出贡献，为祖国为人民为社会为自己作出成绩，在实现自己的社会价值的同时，实现自己的个人价值。因此，教师希望自己的职业能力和工作成绩得到认同和肯定，获得应该得到的待遇和荣誉。而长期的角色定位，也使教师产生了强烈的自尊意识，希望别人尊重他的劳动，希望别人对他以礼相待、以诚相待，尊重他的人格，希望发挥个人的特长与才能，希望自己不断得到进修及深造。所以，学校管理者的职责之一，就是科学认识思想政治理论课教学的真实意义，制定并实施公正、可行的管理决策，形成心理相容、互相信任、真诚相待、互相支持的情感空间，公众信任和支持的氛围，为每个思想政治理论课教师的充分展示、充分发展和职业荣誉感、归属感的获得，提供心理上的支持力量。

二是帮助教师建立心理防御机制。思想政治理论课教学的特殊性，使教师随时有可能产生烦恼和困惑，形成心理问题，除了给予必要的关注与理解以外，还要帮助教师建立心理防御机制，特别是建立预防性干预心理机制。预防性干预心理机制是针对心理适应不足，或遇到困难，情绪发生异常时进行心理干预的措施，其目的是加强心理适应能力，同时减少发生行为偏离的易感性。在一般情况下，预防性干预多用于心理虚弱者，如遇到问题缺少主见和抗争能力，难以应付突如其来的转变的人，多数是采取加强自控能力和自信心的训练。另一种情况发生在能估计到的刺激性事件对人产生影响的时候，应用预防性干预措施，或是给予思想疏导，提前告诫其做好思想准备；或是预先沟通信息，消除其紧张情绪，减轻无谓的心理负担。这种预防性干预，特别是对一个刚刚走进新的生活环境或刚刚走上工作岗位的青年教师来说，尤为重要。因而，从社会心理学的意义上说，预防性干预是人与人之间的一种互相帮助，以老带新的心理防御方法。

三是对思想政治理论课教师开展心理健康教育和心理健康咨询。心理健康教育和心理健康咨询，也是健全和维护教师心理健康所必需的。为此，首先，让教师了解重视健全和维护心理健康的必要性。其次，善于倾听，注意疏导，让教师的不良情绪得到合理释放的同时，以亲切、灵活、适当的言语，启发教师自我醒悟，增强其自我心理调节的信心，促进心态平衡。最后，帮助教师特别是青年教师，正视现实，正确地进行自我评价和自我调整，辩证地看待前进中的挫折和失败，激励教师自尊自强，培养和提高心理康复能力。比如，如何准确地了解自己的真情实感；如何克服冲动，延迟不满意；如何设身处地为他人着想，真诚地去理解他人；如何调适情绪，避免因过度沮丧影响思考；如何激励自己，愈挫愈奋，对未来永远怀抱期望等，提高教师对己对人对事的自制力、刚毅力、善解人意能力和与人热忱相处的交往能力，主动创设思想政治理论课教学的广阔天地。

四是建立科学的激励机制。激发思想政治理论课教师的工作积极性和创造性，升华其工作的成就感，关键在于建立科学的激励机制。而建立科学的激励机制，学校管理者既要克服见物不见人的机械的刻板的管理心态，制定并实行切合实际的慰问、关切、奖励等情感措施；更要用远大的理想去鼓舞教师，用高尚的情操去塑造教师，用正确的舆论去引导教师，用优秀人物的事迹去激励教师，从而促使教师把对马克思主义的坚定信仰、对社会主义的坚定信念、对改革开放和现代化建设的坚定信心、对党和政府的坚定信任，作为自己的自觉追求。

第二，学会自我调适，营造积极向上的和谐的个人心理环境。思想政治理论课教师要保持健康的、乐观的心态，除了要有一个宽松的和谐的外部环境之外，更重要的是有一个良好的个人心理环境，目的是为内心驱动力输氧。

一是建立积极的心理防御机制。心理防御机制又称为心理自卫机制。人一生中的某个时候，发生某些意外事件或面临某种困境总是难免的，不尽人意的社会现象时时会发生。当产生挫败感、失落感，体验到焦虑、抑郁、痛苦时，为了减轻这种心理上的失衡，人都有一种自我保护的功能，会不自觉地用自己较能接受的方式来处理与缓解主客观之间的冲突，这种心理平衡的自我保护倾向被称为心理防御机制。心理防御机制包括积极的心理防御机制和消极的心理防御机制。

积极的心理防御机制主要是采用仿同、迁移和升华等心理调适方法，缓冲心理挫折感，培养积极的、愉快的、自信的进取心理倾向，目的是促进心理健康。

仿同是效仿他人获得成功的经验和方法，使自己的思想信仰、目标与言行更能适应环境的要求，从而增强获得成功的信念和信心。仿同的关键是找到适合自己情况的先进榜样、先进思想和先进方法。这样的防御针对性强，效果好。

迁移是采用变换环境的方法，在合适的时间、合适的地点，向合适的对象——亲朋好友和值得信任的领导倾吐心中的苦恼，宣泄消极情感；或通过听听音乐、看看电视，做点别的事情等，暂时回避一下伤脑筋的问题，让感情迁移，使心情平静下来。这是维护心态平衡，促进心理健康的一种有效方法。

升华又称为理智分析法，是一种根本的、最有效的心理调适方法。在教学活动中，当遇到困难，产生不良情绪时，要冷静下来，分析不良情绪产生的原因是什么，相互关联的事项是哪些，可能会造成怎样的后果，以及如何消除业已发生的不良情绪所造成的影响等，这样可以有效地减轻心理压力，走出情绪困扰的怪圈，培养乐观的情绪，促进心理健康。

建立积极的心理防御机制是营造积极向上的和谐的内部心理环境，健全和促进心理健康的重要保证。

二是恰当地使用消极的心理防御机制。消极的心理防御机制最常用的是“酸葡萄心理”“甜柠檬心理”。也就是当一个人的目标无法实现时，便通过贬低目标来求得心理平衡，以减少苦闷，这就平时讲的“吃不到葡萄，便说葡萄是酸的”的“酸葡萄心理”；相反，当一个人的追求所达到的结果不是自己所希望的，只是借这一结果来进行自我安慰，以暂时减轻与解除内心的矛盾和痛苦，这便是平时所讲的“甜柠檬心理”。当然，这种防御机制不能多用，更不能完全依赖，因为这毕竟是一种消极的心理调控方法，它本身并不能使问题得到解决，过多地使用有可能引起心理疾病，后果更为严重。所以，还应以积极的心理防御为主。

第三，积极的心理防御机制形成和确立的内部途径。积极的心理防御机制是通过心理修养这个内部途径形成和确立的。修养是一个涵义广泛的概念，“修”是“切磋琢磨”，《诗经·卫风·淇奥》上有“有匪君子，如切如磋，如琢如磨”，这里说的“君子”人品如同经过琢磨的玉石，含有学习和锻炼的意思；“养”是涵养，含有培养、形成的意思。所以，心理修养在这里专指思想政治理论课教师在心理方面的学习、陶冶和锻炼等方面的功夫，以及经过长期努力所形成和达到的心理调适能力，既包括思想政治理论课教师的个性心理、角色心理、职业理想心理的修养，还包括教学中的心理认同、心理沟通、心理引导、心理协调、心理控制和心理承受等能力的修养。修养既是一个学习的过程，更是一个实践的过程。

从心理学意义上说，心理健康是优良的心理素质的重要体现。心理素养是教师，尤其是思想政治理论课教师综合素质的基础。失去了这个基础，身体素质、思想素质、文化素质和专业素质等均难以和谐地发展。因此，有效地提高思想政治理论课教师的精神生活质量，时常帮助教师清理心理“垃圾”，把教师的心理状态调整到符合个体心理特征的最佳位置，也就是积极维护和健全教师的心理健康，是实现思想政治理论课教学过程优化的前提条件。

主要参考文献

一、经典著作

[1]马克思恩格斯全集 第40卷[M].北京:人民出版社,1982.

[2]马克思恩格斯选集 第2卷[M].北京:人民出版社,1995.

[3]1844年经济学哲学手稿[M].北京:人民出版社,2000.

[4]马克思恩格斯文集 第9卷[M].北京:人民出版社,2009.

[5]列宁论教育[M].北京:人民教育出版社,1990.

[6]列宁选集 第1卷[M].北京:人民出版社,1995 .

[7]列宁专题文集:论辩证唯物主义和历史唯物主义[M].北京:人民出版社,2009.

[8]毛泽东选集 第1卷[M].北京:人民出版社,1991.

[9]毛泽东选集 第3卷[M].北京:人民出版社,1991.

[10]毛泽东文集 第7卷[M].北京:人民出版社,1999.

[11]邓小平文选 第3卷[M].北京:人民出版社,1993.

[12]习近平谈治国理政[M].北京:外文出版社,2014.

[13]决胜全面建成小康社会 夺取新时代中国特色社会主义伟大胜利——在中国共产党第十九次全国代表大会上的报告[M].北京:人民出版社,2017.

二、学术著作

[1]B.A.苏霍姆林斯基.和青年校长的谈话[M].赵玮,等,译.北京:教育科学出版社,2013.

[2]B.S.布卢姆,等.教育评价[M].邱渊,王钢,夏孝川,等,译.上海:华东师范大学出版社,1987.

[3]W.海森伯.物理学家的自然观[M].吴忠,译.北京:商务印书馆,1990.

[4]本书编写组.马克思主义基本原理概论[M].北京:高等教育出版社,2018.

[5]陈新汉.评价论导论——认识论的一个新领域[M].上海:上海社会科学院出版社,1995.

[6]柴秀敏.现代教学艺术新论[M].北京:中国戏剧出版社,2007.

[7]杜德栎,范远波.教学艺术论纲[M].北京:中国人民大学出版社,2013 .

[8]杜威.学校与社会·明日之学校[M].赵祥麟,任忠印,吴志宏,译.北京:人民教育出版社,1994.

[9]冯平.评价论[M].北京:东方出版社,1995.

[10]冯友兰.冯友兰学术论著自选集[M].北京:北京师范学院出版社,1992 .

[11]韩永昌.心理学[M].上海:华东师范大学出版社,2001.

[12]金一鸣.教育原理[M].合肥:安徽教育出版社,2000 .

[13]李秉德.教学论[M].北京:人民教育出版社,1991 .

[14]李德顺.价值论[M].北京:中国人民大学出版社,2007.

[15]拉尔夫·泰勒.课程与教学的基本原理[M].施良方,译.北京:人民教育出版社,1994.

[16]刘佛年.教育学[M].北京:人民教育出版社,1979.

[17]联合国教科文组织国际教育发展委员会.学会生存——教育世界的今天和明天[M].华东师范大学比较教育研究所,译.北京:教育科学出

版社，1996.

[18]梁启超.饮冰室合集·文集 第40卷[M].北京：中华书局，1989.

[19]马俊峰.评价活动论[M].北京：中国人民大学出版社，1994.

[20]邱兴元.教师素质培训与研究[M].成都：四川大学出版社，2000.

[21]施良方，崔允漷.教学理论：课堂教学的原理、策略与研究[M].上海：华东师范大学出版社，1997.

[22]腾大春.美国教育史[M].北京：人民教育出版社，1994.

[23]吴式颖，等.马卡连柯教育文集 上卷[M].北京：人民教育出版社，2012.

[24]姚本先，方双虎.学校心理健康导论[M].上海：东方出版中心，2002.

[25]尤·克·巴班斯基.教学过程最优化——一般教学论方面[M].张定璋，等，译.北京：人民教育出版社，2013.

[26]张承芬，孙维胜.学生心理健康教育[M].北京：警官教育出版社，1997.

[27]张理海.社会评价论[M].武汉：武汉大学出版社，1999.

[28]朱明光，蓝维，高德胜.思想政治学科教育学[M].北京：首都师范大学出版社，2000.

[29]钟启泉.现代教学论发展[M].北京：教育科学出版社，1988.

[30]张玉田，李忠康，赵恒德，等.学校教育评价[M].北京：中央民族学院出版社，1987.

三、报纸和论文

[1]习近平.青年要自觉践行社会主义核心价值观——在北京大学师生座谈会上的讲话[N].人民日报，2014-05-05.

[2]习近平.做党和人民满意的好老师——同北京师范大学师生代表座谈时的讲话[N].人民日报，2014-09-10.

[3]习近平.习近平在全国高校思想政治工作会议上的讲话[N].人民日报，2016-12-09.

[4]习近平.习近平会见中国科学技术大学师生时的讲话[N].人民日报,2016-04-28.

[5]习近平.在知识分子、劳动模范、青年代表座谈会上的讲话[N].人民日报,2016-04-30.

[6]人民日报评论员.沿用好办法 改进老办法 探索新办法——三论学习贯彻习近平总书记高校思想政治工作会议讲话[N].人民日报,2016-12-11.

[7]陈秉公.试论思想政治理论课教材体系向教学体系转化的规律性[J].思想理论教育导刊,2008(9).

[8]谌秀梅.浅谈教师的语言艺术[J].语文天地(高中版),2009(6).

[9]陈西青.态度改变理论视野下的高校思想政治理论课实效性研究[J].黑龙江教育(高教研究与评估),2010(12).

[10]杜爱国.增强思政课教学实效的课堂模式新探索[J].学习月刊,2010(9).

[11]邓世喆.对于教学主体的思考——兼评《论教学过程中教与学的矛盾运动》[J].教育理论与实践,1987(3).

[12]戴兆国,王玉侠,牛菲.高校思想政治理论课分类教学模式探析——以安徽师范大学思想政治理论课改革为例[J].思想理论教育导刊,2014(11).

[13]冯合国.高校思政课实效性问题的哲学反思[J].理论观察,2009(4).

[14]房玫.让马克思主义可亲可爱可敬可信[J].思想理论教育导刊,2011(2).

[15]房玫.学生自讲互评:“马克思主义基本原理概论”课实践教学的有益形式[J].思想理论教育导刊,2014(12).

[16]郭聪惠.思想政治理论课教育教学评价面临的困境及其解决路径[J].社会科学家,2008(6).

[17]甘其勋,蔡明.关于“主体”与“主导”的问题[J].教育研究,1988(2).

[18]黄甫全.试论学生主、客体双重性的动态模式[J].东北师范大学

学报(哲学社会科学版),1992(6).

[19]黄蓉生,白显良.关于加强高校思想政治理论课社会实践教学环节的几点思考[J].学校党建与思想教育,2009(2).

[20]林滨.试论提高思想政治理论课教学实效性的四种力量[J].思想理论教育导刊,2011(2).

[21]刘福州.也谈思想政治理论课教学实效性的提高[J].思想理论教育导刊,2005(10).

[22]吕健.对思想政治理论课实践教学的几点思考[J].沈阳航空工业学院学报,2006(6).

[23]李梁."慕课"背景下思政课教学改革的问题逻辑视角[J].中国高等教育,2014(2).

[24]李梁."慕课"视域下深化思想政治理论课教学改革的若干思考[J].思想理论教育导刊,2014(12).

[25]李萍,林滨.试谈高校思想政治理论课教学实效性的三个基本维度[J].思想理论教育导刊,2005(9).

[26]李淑文.构建实践教学模式 增强高校思想政治理论课教学的实效性[J].教育理论与实践(学科版),2011(7).

[27]李文阁.用马克思主义中国化的理论成果武装青年——访《毛泽东思想、邓小平理论和"三个代表"重要思想概论》首席专家吴树青[J].求是,2007(9).

[28]马福业.教学过程中主体和客体问题的再思考[J].天津师范大学学报(社会科学版),1988(4).

[29]宋进,王玲.提高思想政治理论课教学实效性的教学理念和建设路径[J].思想政治教育研究,2007(1).

[30]师曙光.浅谈信仰教育[J].山西高等学校社会科学学报,2001(6).

[31]孙正聿."语言转向"的根据与意义[J].长春市委党校学报,1999(1).

[32]汤俪瑾.思想政治理论课实践教学的基本原则和具体环节[J].思想理论教育导刊,2014(1).

[33]汤俪瑾,黄金满.基于慕课的思想政治理论课混合式教学实践研

究——以“思想道德修养与法律基础”课为例[J].思想理论教育导刊,2015(10).

[34]唐文利.高校思想政治理论课实践教学存在问题与对策研究[J].高教论坛,2010(3).

[35]王策三.论教师的主导作用和学生的主体地位[J].北京师范大学学报(哲学社会科学版),1983(6).

[36]王静.网络对高校思想政治理论课实效性的影响及思考[J].太原城市职业技术学院学报,2012(1).

[37]魏立言.教育主体论(上、下)[J].上海教育科研,1989(5、6).

[38]熊友华.浅议思想政治理论课实践教学的必要性[J].思想政治教育研究,2005(2).

[39]燕国材.论学生是教育过程中的唯一主体[J].教育科学研究,1993(4).

[40]杨建毅.北京地区高校“毛泽东思想和中国特色社会主义理论体系概论”从教材体系向教学体系转化研讨会会议综述[J].思想理论教育导刊,2011(4).

[41]阎占定.对高校思想政治理论课实践教学中相关问题的探讨[J].湖北社会科学,2008(11).

[42]张传燧.论教育过程中主体的作用及其转换[J].教育理论与实践,1999(3).

[43]张君,刘洁,龙兵.师生团队调研:高校思想政治理论课实践教学的有效形式[J].思想理论教育导刊,2017(6).

[44]左鹏.思想政治理论课实践教学研究进展[J].思想教育研究,2011(1).

[45]张森年.“‘感—行—思’三阶一体实践教学模式”的建构与实践[J].思想理论教育导刊,2011(7).

[46]赵贞祥.也评“教师是主导”“学生是主体”[J].教育理论与实践,1989(2).

后 记

2011年，我们获得了教育部人文社会科学研究专项任务项目“高校思想政治理论课实践教学研究”（11JDSZK011）的研究机会。在教学和研究中，我们形成了一个共识——实现思想政治理论课的可亲可爱可敬可信，根本在于优化教学过程。而“什么是思想政治理论课教学过程优化，怎样实现思想政治理论课教学过程的优化”就成了我们思考与实践的高度关注点。在这几年的理论探索和实践操作中，我们积累了不少资料，并有了阶段性成果，主要有“让马克思主义可亲可爱可敬可信”“学生自讲互评：‘马克思主义基本原理概论’课实践教学的有益形式”“思想政治理论课实践教学的基本原则和具体环节”“基于慕课的思想政治理论课混合式教学实践研究——以‘思想道德修养与法律基础’课为例”等。在此基础上，我们铸就了一个心愿——把我们怎么想的，怎么做的，做的效果如何，等等，整理成册。

然而，当我们进入写作阶段以后，却困难重重。主要是各种教学活动形式都得在不同的学校、不同的教学班边探行边总结。幸运的是，我们得到了大学生们的深度理解和积极配合，得到了校教务部门的高度认可和热情援助；我们汲取了前辈和同仁们研究成果的丰富营养；我们得到了安徽省高等教育振兴计划“弘扬核心价值观名师工作室”项目“房玫工作室”（2014SZKMSGZS002）、安徽省质量工程教学研究重点项目“思想政治理论课混合式教学的教学要素优化研究”（2016jyxm1140）和安徽省质量工程大规模在线开放课程（MOOC）示范项目“‘思想道德修养与法律基础'课"（2016mooc3380）的大力支持和鼎力帮助，得到了安徽师范大学出版社的竭诚安排和悉心运作。对此，我们充满了谢意和敬意。

尤其幸运的是，2016年4月26日，房玫荣幸地参加了由习近平总书记主持的"全国知识分子、劳动模范、青年代表座谈会"。会后，习总书记语重心长地对她说："高校思想政治教育很重要。你们要好好研究教材，好好研究教学方法，让学生喜欢听。"习总书记的话使我们深受鼓舞，深感责任重大，更激起了我们完成这个小册子的信心。

这个小册子是我们集体智慧的产物。从书名的推敲到框架的构思、提纲的拟定，再到最后的定稿，甚至在各章的内容中，无不印有我们的集体思考。同时我们又有着明确的分工：前言、导论、第二章、第五章、第七章、第九章、后记主要由房玫撰写，第一章、第四章、第六章主要由汤俪瑾撰写，第三章、第八章、第十章主要由黄金满撰写，最后由房玫统稿。

由于我们学力有限，对思想政治理论课教学的研究还不深刻、不透彻，难免有不妥不足，甚至是错误，恳请专家和同仁们指正。

房玫　汤俪瑾　黄金满

2018年4月20日